中小企業の
ビジネスシステム

―仕組みによる多様な事業へのイノベーション―

小川 正博 著

同友館

はしがき

　本書は事業の仕組みという視点から，多様な事業の可能性を解明する。原材料や情報，知識，能力などの資源を顧客価値に変換して，対価を獲得するための構造的な事業の仕組みを本書ではビジネスシステムと呼ぶ。それは事業概念をもとに業務プロセスや組織，資源，製品・サービス，顧客との情報作用，そしてこれらの要素を結びつけるケイパビリティ（組織能力）の7つの要素からなるシステムである。製品だけでなく，サービスや知識，提供方法などを組み合わせて顧客価値を創造するのが事業の仕組みである。それが支持されると，企業と顧客との独自な関係が形成できる。

　システムは要素の相補的な集合体で，その結びつきによって個々の要素にはない機能を全体として発揮する。資源などの要素すべてが優れたものでなくとも，練り上げたビジネスシステムによって優れた顧客価値を創出できる。このため中小企業であっても，大企業をしのぐ事業を創出できる可能性を検討することができる。

　ところで事業の仕組みについて，今日ではビジネスモデルという用語が広く用いられている。ビジネスモデルが悪いから業績不振とか，新しいビジネスモデルによる事業計画とか言われる。しかしその概念は必ずしも明確ではない。便利に多様に使用されるものの，その定義さえ曖昧で使用される。

　事業の仕組みは次のような背景のなかで注目されている。社会や経済環境の変化によって，従来の仕組みで事業を行っていても利益が獲得できない，製品や技術開発が利益に結び付かない。多様化する顧客価値の提供には仕組みも含めて抜本的に事業を変革しなければ難しい。一方で急速に進歩する情報技術や海外の資源など社会には多様な資源が存在し，それらを斬新な視点で新たに結合させることで，新しい顧客価値を提供できる事業が創造できる。こうした新しい事業経営を模索するなかでビジネスモデルという言葉が使用される。

　このような状況からいえば本書でもビジネスモデルという用語を使用しても

よい。実際，迷った。しかしビジネスシステムという言葉にこだわったのは次の2つの理由からである。1つは古くなるが拙著(1996)で中小企業の事業の仕組みに注目し，事業システムと呼んでおり，その後に登場したビジネスモデル概念との違いを出そうとしたこと。第2に，これがより大きな理由であるが，注目を浴びるビジネスモデル論で提示される構成要素を活用して事業を解明しようとしても，ツールとして十分ではないこと。新しい事業をデザインするために活用しようとするとさらに難しい。それは事業のとらえ方が大枠過ぎて，特徴ある事業のデザインに適さないためである。

今日，事業のイノベーションが重要になり，そのとき事業の仕組みは重要な設計ツールになるはずで，事業デザインにも適用できる仕組みのモデルが必要になる。その課題に少しでも応えるという意図のもとにビジネスシステムという用語を使用して本書を構想した。

本書を企図してから久しい時間が過ぎた。研究領域の中堅・中小企業の経営を観察していると，素晴らしい技術やノウハウがありながら収益の低い企業がある。一方でとりわけ優れた製品や技術を保有しなくても安定した収益の企業がある。また斬新なアイデアや技術の事業計画で公的資金を獲得したり，株式市場で資金を調達しながら事業に失敗していくベンチャー企業が少なくない。それらの理由を事業の仕組みという視点で説明しようと着想した。

そこで，事業の変革や創造を説明できる事業の仕組みモデルや要素の解明に努め，幾編かの小論を発表してきたものの十分ではなかった。さまざまな事業における仕組みを一般的にモデル化しようとするとあまりにも幅広くそして事業は深淵であるため，それは複雑になってしまう。反対に単純なモデルでは事業の特質を解明するのに，事業ごとにその説明要素が変わらざるを得なくなる。このような格闘のなかで生まれたのが本書である。本書では，事業の仕組みの要素とそれを構成するサブ要素，その中で事業を多様化していくパラメータというレイヤ構造にして，少しでも仕組みが具体的になるように提示した。

本書の完成まで多くの時間を費やしたが，この間にお世話になった方々に謝意を表したい。遠山曉中央大学教授には新しい学問の知見を絶えず教示頂いている。中小企業の研究領域では渡辺幸男慶應義塾大学名誉教授，黒瀬直宏嘉悦大学教授，同じく三井逸友嘉悦大学教授，佐竹隆幸兵庫県立大学教授，髙橋美樹慶應義塾大学教授をはじめとする先生方には知的刺激とご指導を頂いている。そして西岡正兵庫県立大学教授，岩崎邦彦静岡県立大学教授，酒井理法政大学准教授には研究会や著作でお世話になった。かつての同僚加藤秀雄埼玉大学教授には共同での調査などお世話を頂いている。また岐阜大学産学連携コーディネーター砂田博氏にはいつも快く調査協力を頂いている。

　勤務する大阪商業大学では谷岡一郎学長，片山隆男副学長，南方建明副学長，安室憲一大学院研究科長，前田啓一教授をはじめとする各先生には研究環境の配慮とご指導を頂いている。また本書を着想した前勤務地札幌で，研究環境に配慮を頂いた札幌大学と八鍬幸信教授にお礼を申し上げたい。それに森杲北海道大学名誉教授と故小林好宏北海道大学名誉教授のお二人には，研究者としての生き方を，札幌大学で身近で教えていただき薫陶を得たことを感謝したい。

　このほか研究費や研究の機会を頂いた一般財団法人北海道開発協会や一般財団法人機械振興協会経済研究所をはじめとする多くの研究機関にも感謝したい。その他個々に記すことはできないが，さまざまな先生方や友人たちには感謝の気持ちでいっぱいである。

　最後に厳しい出版事情のなかで本書の刊行だけでなく，いつも快く著書刊行をお引き受けいただいている同友館の脇坂康弘代表取締役社長，そして多忙のなか編集校正作業に面倒をかけた出版部次長佐藤文彦氏には厚く御礼申しあげたい。

2015年春

　　　　　　　　　　　　　　　　　　　　　　　　　　　　小川　正博

◉目　次◉

はしがき　*iii*

序章　事業の仕組みの解明視座 …… *1*

第1節　研究の背景　*1*
第2節　問題の所在　*5*
第3節　解明するビジネスシステム・モデルの視座　*8*
第4節　本書で検討するビジネスシステム　*11*
第5節　本書の構成　*13*

第1章　先行研究の検討 …… *19*

第1節　ネットビジネスとビジネスモデル　*20*
第2節　ビジネスモデル論の検討　*30*
第3節　事業の仕組み論の検討　*49*
第4節　ビジネスシステムのあり方　*61*

第2章　ビジネスシステムのモデル …… *69*

第1節　事業のとらえかた　*70*
第2節　事例にみる事業の仕組み　*78*
第3節　ビジネスシステムのモデル　*82*
第4節　下請企業のビジネスシステム　*96*
第5節　事業の仕組み構築の発想　*101*

第3章 ものづくりのパラダイムと業務プロセス … 108

- 第1節　業務プロセスの意義と新しいパラダイム　*109*
- 第2節　事例：デザイン企業の業務プロセス　*122*
- 第3節　業務分野とバリューチェーン　*125*
- 第4節　コア・プロセス　*129*
- 第5節　コア技術と独自能力　*136*
- 第6節　業務プロセス創造の視点　*140*
- 第7節　業務プロセスとビジネスシステム　*146*

第4章 ビジネスシステムを運営する組織 … 153

- 第1節　組織の役割　*153*
- 第2節　事例：顧客本位のビジネスシステムを運営する組織　*162*
- 第3節　組織構造と組織形態　*168*
- 第4節　組織のコミュニケーションと情報技術　*178*
- 第5節　組織のエネルギー発揮　*186*
- 第6節　組織とビジネスシステム　*192*

第5章 ビジネスシステムの基盤としての資源 … 196

- 第1節　戦略論の視点と資源　*197*
- 第2節　事例：コア技術のイノベーションによる資源の育成　*201*
- 第3節　資源とは何か　*208*
- 第4節　競争力のある資源　*219*
- 第5節　ネットワークによる外部資源の活用　*224*

第6節　競争力のある資源の育成　*234*

第7節　資源とビジネスシステム　*239*

第6章　ビジネスシステムと事業の進化 ……………………… *247*

第1節　事業の進化とビジネスシステム　*248*

第2節　ビジネスシステムの進化と形成要因　*254*

第3節　ビジネスシステム進化の外的要因　*261*

第4節　ビジネスシステム進化の内的要因　*268*

第5節　ビジネスシステムのイノベーション　*272*

第6節　小括　*281*

終章　変革と創造に向けた事業の仕組みと課題 ……………… *285*

第1節　事業のデザイン・ツールとしてのビジネスシステム　*285*

第2節　本書の解明課題への対応　*286*

第3節　事業の仕組み解明に残された課題　*291*

初出一覧　*292*

参考文献　*293*

索引　*308*

著者が実態調査のうえ本書で提示した中堅・中小企業の事例

第2章　株式会社イビザ，株式会社伊藤製作所，株式会社マテリアル

第3章　株式会社カンディハウス，有限会社清田製作所

第4章　総合商研株式会社

第5章　並木精密宝石株式会社

第6章　ソメスサドル株式会社，ナミティ株式会社，明和グラビア株式会社

序章
事業の仕組みの解明視座

　顧客の価値観の多様化や激しい競争環境のなかで，顧客が求める価値を創造するための事業の仕組みや，競争優位を形成するための事業の仕組みが必要になっている。ただ「ビジネスモデル」や「事業システム」などの従来の発想では，顧客価値の提供や競争優位な事業の仕組みの解明，そして事業創造のデザイン用具として十分とは言えない。この課題に応えるため本書では，提示する事業の仕組みを「ビジネスシステム」として主に中小企業を題材に検討し，そのモデルの特質と構成要素の特質，そして仕組みの進化やイノベーションなどの検討を通じて多様な事業の可能性を探る。

　序章第1節では事業の仕組みの必要性を今日の事業環境に求め，またなぜ仕組みが企業経営上の課題になるのかを提起する。第2節では今日広く用いられるビジネスモデルをはじめとする事業の仕組み論の持つ特質と，その課題や限界について概略を提示する。第3節では本書で検討するビジネスシステムに求められる要件を提示して検討課題を示す。第4節では従来の事業の仕組みに代わって，本書で検討するビジネスシステムの定義とその特質について概観する。第5節では本書全体の構成について示す。

第1節　研究の背景

　事業が存在すればそこには事業活動の仕組みがある。ただ技術や製品中心の従来の仕組みでは，複雑化する製品や社会環境のなかで顧客価値を創出することは難しい。そこで環境変化のなかでの新たな顧客価値の実現や，競合企業に模倣されにくいような事業の仕組みへの変革が必要になってくる。

　中小企業の事業は多様だが，より多様な事業への変革が必要であり，仕組み

に注目することで，それが可能なことを本書を通じて示したい。

1 技術的発想による製品価値創出の限界

　事業の在り方について今日では，知識やサービスを製品に付加・一体化することが注目されるようになってきたものの(Albreckt, 2002)，基本的に製品そのもので顧客ニーズに対応し，競合企業に対抗しようとしてきた。そのため他社よりも優れた製品の開発が重視される。とりわけ日本企業は戦後一貫して高品質で低コストな製品を生産すれば顧客は購入する，という技術的発想によるものづくりパラダイムで事業の仕組みを形成してきた。それは1980年代までは先進国市場で日本企業を躍進させた。高度な技術による優れた製品の開発と，それを高品質かつ低コストで生産する業務の仕組みで，日本企業は競争力を発揮してきたのである。

　しかし今日「安くて品質の良いものを作れば売れる」というパラダイムでは，顧客に十分な価値を提供できず，その結果，企業活動の維持や向上に必要な利益も獲得できなくなっている。それは顧客の価値観が多様化して個々の顧客の求める「良い製品」が多様化しているため，企業側で構想する製品価値を多くの顧客が支持してくれる機会が少なくなったからである。

　また製品の機能や性能だけでなく，個々の顧客側の使用場面での製品の使い易さ，製品に付随する知識やサービス，それに販売や提供方法，使用へのサポート，さらに廃棄・回収などを含めたトータルな価値を，顧客はそれぞれに評価するようになった。顧客は製品にかかわるさまざまな側面で，顧客個々に多様な満足を求めている。そして経済のグローバリゼーションのなかで，新興国企業が低価格で品質の良い製品を提供しはじめた。低価格という側面では日本企業は新興国企業の後塵を拝するだけでなく，成長する新興国市場で求められている製品を提供できなくなっている。

　こうして，技術的発想だけでは顧客を獲得できなくなった。多様化する顧客ニーズに対して，求められる顧客価値を新たなパラダイムで創造する新たな事業の仕組みが日本企業には不可欠なのである。

2　製品と事業の複雑化

　製品そのものの価値や活用方法が，ソフト化やサービス化，さらにシステム化によって複雑化していることも新たな事業の仕組みを求めている。情報機器のようなデジタル製品だけでなく，自動車や家電，工作機械などさまざまな製品でソフトやサービスが重要な役割を持つようになり，ハードの価値が相対的に低下している[1]。ハードの機能を向上させるためにサービスやソフトが必要なのではなく，ソフトやサービスのためにハードが必要，という発想の転換を求められる。

　加えてハードやソフトだけでは機能が発揮できず，広範囲に及ぶ通信システムが不可欠な携帯電話やスマートフォンのように，関連する事業と一体で価値を発揮する製品も登場している。またプログラムのようなソフトが内蔵された製品は，ソフトのバージョンアップによって製品機能を高めることも可能な，使用しながら進化する製品に変貌した。このため製品の生産にも提供にも，そしてサポートにも複雑な事業の仕組みが必要になっている。

　顧客は複雑化した製品に対して，自己が活用できる性能や機能で，低価格なだけでなく，購入や多様な使用場面それぞれで満足できる製品を求めている。複雑化する製品の価値向上を図る仕組み，顧客が求める製品を素早く生産する仕組み，製品提供やサポートの仕組み，低下するハードの価値に対応した新しい事業の仕組みづくりが必要なのである。それは生産し販売すればそれだけで済んだ従来型の製品にも影響を及ぼして新たな事業の仕組みを求めている。

3　模倣しにくい事業

　一方で需要を獲得できる製品は世界中の企業の模倣対象になり，短期間で価格競争に巻き込まれて利益を低下させてしまう。製品ライフサイクルは短縮化し，研究開発費の回収を待たずに製品はコモディティ化してしまう。

　このため事業の仕組みでは顧客が認める価値の創造だけでなく，他社が模倣しにくい価値の創造が課題になる。前者の顧客が認める価値の創造については製品だけでなく，さまざまな方法による幅広い価値化が必要なことは前述し

た。そして後者の模倣しにくい価値創造という視点からは，製品という目に見える提供物だけでなく，外部からは見えにくい仕組みで数値化や可視化しにくい価値の提供が重要になる[2]。

両者に共通するのは優れた製品の創造だけでなく，事業活動全体で発揮するトータルな顧客価値の創造と提供である。それを実現するのが事業の仕組みであり，仕組みは外部からは見えにくいため単純には模倣しにくく，また多数の仕組みの要素を活用することで，事業概念に応じた多様な価値を創造できる。同じ製品を販売しながら競争力に差がある小売業に明瞭なように本来，企業は製品だけでなく，事業の仕組み全体で顧客に価値を提供しライバル企業に対する競争力を発揮するものである。多様な価値創造を可能にする事業の仕組みへの発想転換は，事業経営の原点に立つことでもある。

4　仕組みによる事業イノベーション

わが国の携帯電話事業に顕著なように，製品や技術の優秀性を重視し，またその開発力を誇り，それを訴求してきたにもかかわらず，顧客価値を提供できないために世界市場から撤退を余儀なくされるだけでなく，ガラパゴス化した国内市場でも利益を確保できず近年では国内事業からも撤退する例がみられる[3]。携帯電話だけでなく，日本企業が世界をリードすると自負した成長分野であるエレクトロニクス産業の競争力の低下には目を覆いたくなる。白物といわれる家電製品ではすでに2001年に製品輸入国に転じ，2010年にはデジタル家電製品も輸入超過になって日本は家電の純輸入国に転じた[4]。

今までのものづくりパラダイムを続ければ，競争力の低下はIT分野だけでなく機械産業や自動車産業などにも及んでくることが想像にかたくない。そして新興国企業の躍進によって，日本産業の価格競争力形成の基盤になってきた中小企業の衰退が一段と深刻である[5]。

このような競争力の低下を回避し向上させるには，製品や技術の視点からのイノベーションだけでなく，事業の仕組みという視点から事業イノベーションを図ることが必要ではないか，というのが本書の問題意識でもある。顧客を絞

り込んでその顧客価値を明確にし，その顧客価値を事業の仕組み全体で提供する[6]。それが出来れば，多くの製品が短期間にコモディティしてしまう今日，製品の性能や機能，そして価格だけに依存せず，また外部から可視しにくいために模倣しにくく競争力を維持し易い。そして仕組みをイノベーションすることで事業全体の革新を図ることができる。

第2節　問題の所在

　前節では新たな仕組みによる事業の必要性をみたが，ビジネスモデルや事業システムという名称で事業の仕組みが注目されている。それらの仕組み論には課題があり，事業の解明やデザインには必ずしも十分ではないことを提起する。なおその課題について詳しくは第1章でみていく。

1　従来の事業の仕組の課題

　事業を実施するための仕組みは，価値創造のためのオペレーションや管理方法，組織などとそれに必要な資源によって形成され，提供する製品と業務の改善や変革などによって，変容しながら企業内部に組織横断的な構造として形成される。ただそれらは業務機能別に最適なあり方を目指して構築され，顧客価値を創造して提供すべく，トータルな仕組みを最優先に構築されているとは限らない。業務機能ごとに部分最適な仕組みや，顧客価値よりも自社の都合に合わせて構築される仕組みなどがあり，変容する顧客価値に対して全体最適な仕組みがいつの場合でも存在する訳ではない。

　それに前述したように事業の核は技術力にあるとして，日本企業は技術優先の仕組みを形成してきた。とりわけ中小企業は生産業務中心の仕組みを謳って技術を重視してきた。しかしそれだけでは顧客を獲得できない。繰り返すが，顧客の価値観が多様化するなかで，機能や性能そして品質，価格だけが選択基準ではなくなり，またハード中心の製品価値だけでは顧客価値を十分には提供できなくなっている。それに競争企業に対して製品レベルだけでは効果的な差

別化も困難である。

業務の仕組みを解明する代表的な分析手法としてポーター(Poter, 1985)の価値連鎖分析があげられる。これは創出する価値に対して、どの領域の活動が貢献しているのかを分析するものである。購買物流やオペレーション、出荷物流、マーケティング及び販売、サービスという主活動と、これら主活動を支える支援活動とに分けて、そのコスト構造を解明してマージンがどの領域から生まれるかを解明する。

ただこの分析手法は業務ごとのコスト分析に主眼を置いており、顧客価値創出の方法、その全体的なメカニズムを解明するには十分ではない。また顧客価値創出にはそれぞれの活動の結びつきが重要になるが、それら活動の関係性を解明するものではない。それに資源や組織と価値創出活動との関係を考慮できないといった課題がある。

2 ビジネスモデルとその課題

1990年代末のネットビジネスブームのなかで、インターネットを活用した新たな事業の仕組みを提示するためビジネスモデル概念が登場した。ビジネスモデルは、情報技術を中核にする事業が一斉に輩出しはじめた時期に、それら斬新な事業の特徴を説明するために生まれたという経緯がある。

(1) ビジネスモデルの特質

ビジネスモデルは情報技術を活用した多様な事業の特質を説明しようとしたのであり、その傾向は現在でも同様で、グーグルやフェイスブックのような新しい事業の特質や、旧来の事業との違いを説明するものとして用いられることが多い。その後の情報技術を中核にしないビジネスモデル論でも、一般に成功した事業のフレームワークに注目してそれをモデル化し、仕組みをパターン化する傾向が強い(Slywotzky, 2002;安室, 2007;Osterwalder, 2010;根来, 2012)[7]。そして従来から存在してきた製造業の事業の仕組みの解明やデザイン、イノベーションのツールを志向しているとはいえない[8]。

またビジネスモデルは「金儲けの仕組み」の解明という視点が強く(Afuah,

2004)，どのようにして誰から売上を獲得するかという課金方法，また業務を内部で行うか，外部とどのように分業化を図るかという業務の内外製，などの事項に注目することが多い(Slywotzky, 2002；安室, 2007)。それは事業に関係する組織間のものや情報，資金の動きに注目して事業の枠組みやパターンを解明する。さらに製品特性や業務方法の細部を省いて，関係する組織の間での事業に関するものや情報の流れに注目し，それらの視点から事業を単純に俯瞰するツールであるという考えにまで発展する(板橋, 2010)。

確かに事業を俯瞰的に把握するには効果があるし，事業をパターン化することは複雑な事業を単純化してとらえることを意味しており，取引を骨格に仕組みを把握する意義はある。複雑で多様な事業を単純化して事業を写像的に理解できるという長所もある。

しかし他方で，同様なビジネスモデルのなかで競争力のある企業と劣る企業との間での事業の仕組みの違いを解明しにくい。同じビジネスモデルの企業がどのようにして他社と差別化して運営するかはその範囲外になってしまう。それにユニークなビジネスモデルでもまた優れたビジネスモデルでも，単純な要素でモデル化できるのであれば比較的模倣しやすい。しかし実際には優れた企業と同様のビジネスモデルを構築しても，それだけで顧客価値を創造できる優れた企業に変貌できるわけではない。

顧客価値を創造するための業務方法や，競争企業との差別化のための業務方法，人の能力発揮の方法，限られた資源や能力の活用に応じた独自な事業の方法，そして構成する業務の相互関連性といった側面にビジネスモデルは注目しない。ビジネスモデルは顧客からの収益獲得方法を中心に事業の仕組みの解明を主眼にし，顧客価値の創造や提供の結果として利益を獲得するのが事業であるという視点ではない。

(2) 顧客価値創出の具体的方法

このようにビジネスモデルは製品や業種を超えて，そこに共通な事業フレームワークの存在を把握できるものの，反対に同様な事業での顧客価値形成の方法がどう異なるのか，そして競争優位がなぜ発生するのか解明しにくいという

課題を持つ。同じビジネスモデルでも価値創出方法は戦略だけでなく，制約される資源や業務方法，業務の結びつきなどによって事業は多様になることに注目すべきではないか。

第1章の先行研究で検討するが，ビジネスモデルでは顧客価値提供のために個々の業務をどのような方法で行い，それを関連する業務にどのようにつなげて全体最適を図るかについて関心が薄い。事業の仕組みは外部企業との分業形態だけでなく，実際にはそこで行われる業務プロセスを軸に形成される。

事業の仕組みで重要なのは，業務をどのような方法で行うことで，どのような顧客価値を創造するかという構造やプロセスであり，そのなかに顧客を獲得するための仕組み，競争優位性形成のための仕組みが潜んでいる。その解明こそが重要であるとの立場を本書はとる。このとき仕組みの特徴を記述するだけでなく，仕組みを構成する一般的な要素やその下位要素であるパラメータのレベルまで検討できないと，仕組みの解明や事業の設計には役立たない。

既存事業の解明ではなく，とりわけ新たに事業をデザインするとき，仕組みを構成する一般的な要素がなくては検討しにくい。事業の仕組みは事例の解明よりも，新たな事業創造に活用できるツールでもあるべきではないか。

こうした問題意識は，どのように事業の仕組みをモデル化するかに発展する。そのモデルを本書ではビジネスシステムと呼んで検討し，事業の仕組みの考え方や全体像，その一般的な要素や要素のなかで事業を多様にするパラメータについて検討する。

第3節　解明するビジネスシステム・モデルの視座

次に本書で解明する事業の仕組み，それをビジネスシステムとするが，そのモデルを解明する視点は次のようになる。

1 本書の立場
(1) 事業概念をもとに仕組全体で顧客価値を創造する仕組みの提示

　競合企業と異なったビジネスシステム構築の基になるのは独創的な事業概念である。経済社会環境が複雑になるなかで，過去の通念にとらわれない斬新な事業概念の構想が重要であり，その事業概念が新しいビジネスシステムを創造する。本書で取り上げるビジネスシステムの事例でも，業界の常識にとらわれない斬新な事業概念がみられる。

　事業概念で絞り込んだ顧客価値の提供のために，業務活動や資源を組合せ創発させることで，システム全体で効果的な独自の仕組を構築する。保有または調達できる資源や強みを活用して仕組みを構築するだけでなく，他社と同様な資源を，ときには他社よりも劣る資源でも相補的に組み合わせて創発させ，独自の価値を創造するのが優れた事業の仕組みである。構成する資源は単独で効果を発揮するのではなく，他の資源と結び付いて補い合い，新たな機能を発揮して全体最適な仕組みで顧客価値を創造できるからである。それは活用できる資源の制約を超えて，中小企業でも斬新な顧客価値を創造できることを意味する。

　仕組みにはそれを支え運営する組織や特有な資源，さらに組織が保有するケイパビリティ（organizational capability：組織能力）が要素を結びつけ事業の実行力を高めるために必要なだけでなく，模倣困難性や競争優位形成のために必要である。さらにビジネスシステムは構成要素の相補的なシステムであるため，業務プロセスにおけるオペレーションの違いや，活用できる資源によってその機能や顧客ニーズへの対応の方法，価値創出の方法が企業によって異なったものになる。このためビジネスシステムは事業概念や提供する顧客価値，活用できる資源によって企業ごとに多様化する。そのうえ製品や付加的なサービスだけでなく，購入から使用，アフターサービス，廃棄まで含めて顧客が満足する価値を創造し提供することでさらに異質になる。

(2) 仕組みを構成する一般的な要素の提示
　ビジネスシステムは資源を活用した業務や組織の構造，プロセスとして規定

できる。それがどのような要素やパラメータの組合せによって価値を創造するのか，その仕組の解明や新たに事業を創造する用具になることがビジネスシステムには求められる。そのとき，仕組みを構成する一般的な要素やパラメータからその方法を具体的に表現していく。

顧客価値を創造する方法や顧客を獲得する方法など，特徴的な事業の仕組みを共通的に探索できる主要な要素や，それを構成し事業を多様化させるパラメータに注目することで，事業の解明やデザインがしやすくなることを目指す[9]。

(3) 競争企業との差別化を可能にする仕組み

同業界で同じようにみえるビジネスモデルでも事業は多様である。その事業の多様性がどのような要素の組合せや，要素の相補的関係から生じているかを解明できるビジネスシステムのモデルが必要である。同じ業界のなかで，製品や技術だけでなく，仕組みという方法で事業の多様な差別化ができることを示す。

(4) 進化する仕組みの提示

経済のグローバリゼーションによって競争企業が増大し，また異質な競争者が市場に参入してくる。一方で，新興国市場や高齢者向け市場など異質で多様な市場が生まれている。そこでは顧客が新たな価値を求める。そして価値観が多様化した顧客は，画一的な顧客価値に満足せず満たされていない。また顧客は生活や企業活動の中で問題解決を迫られている。こうして顧客価値は変容するのでその変化にも対応できる仕組みが必要になっている。

ビジネスシステムは静態的なものではなく，顧客ニーズの変容や競合企業への対抗などの環境変化，そして構成要素の変化によって変容し進化することが求められる。このとき企業の都合や業界の慣行で無視してきた顧客価値に対応できる仕組を開発したり，競争企業が模倣しにくい仕組を形成することで，ビジネスシステムは進化していく。このような進化するビジネスシステムのダイナミズムについても説明できるモデルが必要である。

2　本書の解明対象

　本書ではものづくりの製造業を中心に，とりわけ中堅・中小企業のビジネスシステムについて検討する。中小製造業のさまざまな事業の仕組を解明し，新たな事業の設計に少しでも活用できるビジネスシステムのモデル提示とその要素の役割を検討する。ただ本書では，構成要素のなかで製品と市場との情報作用については詳しい検討を避けた。機能や製品開発など製品についてはさまざまに解明されているため，製品そのものの特質や在り方よりも，事業の仕組みの解明に重点を置くためである。また情報作用は各要素の解明などで触れたものの，本格的に取り上げると紙幅を必要とするためである。

　製品を製造する産業，製品を他の企業に運搬移転する産業，購入した製品を陳列して消費者に販売する産業，さらにインターネットを基盤に販売を行う事業，実に多様なサービス産業など産業は異質で多様であり，そのなかにさらに多様な業種そして事業が存在している。それらを共通的に扱えるビジネスシステムの解明は困難で，それは今後の大きな課題である。

　また製造業といっても業種ごとにその事業は多様であり，また社会の変化や技術進歩，そして新たな価値の登場によって仕組みの要素も変化している。このため本書は製造業の一般的な事業の仕組み解明の試みにならざるを得ない。

第4節　本書で検討するビジネスシステム

　本書では事業実行の仕組みであるビジネスシステムを次のように定義する。ものや知識，情報，能力などの資源を経済的価値に変換し，顧客価値を創造して利益を獲得するための構造がビジネスシステムである。それは顧客満足が得られる価値創造の仕組によって，顧客などステークホルダーと企業との特別な関係を形成するものである。

　このようなビジネスシステムを図序-1のように，事業概念を基に業務プロセスや組織，資源，ケイパビリティ，顧客との情報作用，そして顧客に提供する価値の核になる製品やサービスという7つの構成要素による相互補完的なシ

図序-1　ビジネスシステムのモデル

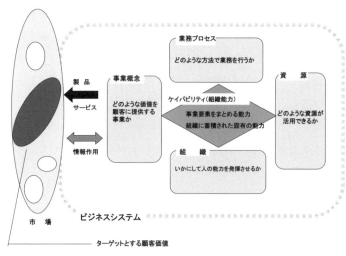

［出所］著者作成

ステムとしてモデル化する。それぞれの要素はさらにいくつかのサブ要素と，要素を仕組みとして実現するパラメータで構成する。企業はこれらサブ要素とパラメータを相補的に組合せて，トータルに形成される仕組みによって顧客価値を提供する。7つの要素とそれを構成するサブ要素，パラメータでビジネスシステムをモデル化するのは，事業の仕組みを左右する要素を出来るだけ明確にして，ビジネスシステムの分析やビジネスシステムのデザインにも活用できるツールとするためである。また企業は自ら操作できるあらゆる活動や資源を活用して事業を遂行する存在だからである。

　このとき事業の仕組みを「システム」とするのは，それがシステムとしての機能を備えることが不可欠なためである[10]。要素の集合体であるシステムは要素間の関係，相互作用によって要素にはない性質を全体として発揮する創発性という性質を持つ[11]。要素の組合せや要素間の相互関係が仕組みの機能を効果的にし，反対に低下させる。事業の仕組みは多様な要素によって形成されるが，その要素間の相互作用の結果としての全体のはたらきが重要になる。

そこではすべての要素が優れているから全体が効果的になるのではなく，他社と比べて劣る要素があっても，システムとしての創発性によって優れたはたらきを発揮できる可能性を持つ。またそれだけを取り上げれば不合理な要素が，全体のシステムとしては重要な役割を持つこともある[12]。目的に対する要素の組合せとその要素間の関係がシステムの機能を決定する。そして要素間の相互作用，全体と要素の相互作用，また環境との相互作用によってシステムそのものを変容させる自己組織性の性質をシステムは持つ[13]。

ビジネスシステムをこのようなシステムの視点からとらえることで，資源に脆弱な中小企業でもシステムとして優れた事業形成の可能性が検討でき，反対に資源の豊富な大企業であっても，要素間の不均衡や相互作用がマイナスに作用することによって事業能力が低下してしまう現象も扱える。また環境変化によって，そして事業運営のルーティンや資源の変化によって要素間の結びつきが変わり，新しい価値創造に向けて変容するビジネスシステムの進化についても扱うことができる。

第5節　本書の構成

本書の構成は図序-2のようになる。第1章では事業の仕組みについての先行研究を検討する。事業の仕組みに注目させる契機にもなったビジネスモデルのブームを取り上げ，そこから登場してきたビジネスモデル概念，さらに事業システムやビジネスシステムなどの名称で取り上げられる事業の仕組みの研究成果について，その内容を詳しく取り上げてその特徴や課題をみていく。

事業の仕組みについての名称は異なっていても，解明の視点が大きくは変わらないものもあるが，ビジネスモデルの名称でモデル化している研究と，その他の名称でモデル化している研究とに分けて検討する。それら先行研究の成果と課題を探って，顧客価値を実現し，競争企業に対して差別化できる事業の仕組みの解明や，設計に活用できるビジネスシステムに求められる仕組みを探る。

図序-2　本書の構成

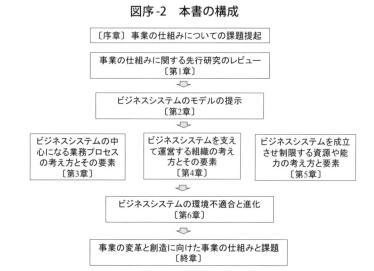

　第2章では本書が提案するビジネスシステムのモデルを提示する。はじめに事業のとらえ方を先行研究から学び，次いで本書で解明するビジネスモデルのイメージを明らかにするため，ビジネスシステムの役割が解り易く明瞭な事例を取り上げる。この事例を踏まえてビジネスシステムのモデルの考え方や構成する要素，パラメータの考え方について提示する。ビジネスシステムの要素で，フレームワークのもとになる事業概念についてはこの第2章で説明する。さらに事業活動に制限される下請中小企業のビジネスシステムについても，事例を交えながら，加工サービス業として業務機能が制約される事業でもビジネスシステムが有効であることをみる。

　第3章から第5章まではビジネスシステムの要素別に，ビジネスシステムを構成するそれぞれの要素の役割，さらにそのサブ要素やパラメータについて解明する。

　まず第3章では，ビジネスシステムのメカニズムの中核になる業務遂行の方法と業務プロセスを取り上げる。今日求められている業務プロセスを概観し，コア・プロセスに沿ってその要素についてみていく。さらに業務プロセスの在

り方を検討する。第4章で扱うのはビジネスシステムを運営するための組織である。一般にビジネスモデルでは外部企業との分業といった視点でしか組織を考慮しないことが多く，事業遂行の主体としての組織の在り方については関心が薄い。しかし業務と組織とは不可分の関係にあり，組織構造や組織形態，組織の情報処理，組織としてのエネルギー発揮の方法などはビジネスシステムの機能を左右する。事業の仕組みを遂行する組織成員の役割発揮の仕組みが，ビジネスシステムにとって重要であることをみる。

第5章ではビジネスシステムの基盤になる資源について考察する。保有や利用できる資源によってビジネスシステムの在り方は異なってくる。構想するビジネスシステムにとって必要な資源が存在せず，また調達できなければ他の資源や他の要素で補うか，想定した仕組みが構築できないかである。企業ごとに活用できる資源の束は異なるため，ビジネスシステムは企業ごとに異質である。また今日，資源は有形なものだけでなく，無形な資源，そしてケイパビリティが重視されている。ここではさまざまな要素を効果的に結び付けて，ビジネスシステムにまとめ上げる能力という視点からケイパビリティをみていく。

第6章ではビジネスシステムの進化について検討する。ビジネスシステムは静態的なものではなく，顧客価値の変化や競合状況といった環境などの外部要因の変化，それに活用する資源の変化や新しい情報技術の採用など，内部要因の変化などによってダイナミックに変容し進化する。これらの要因の不均衡を調和させようとする力と，顧客価値の変容がビジネスシステム進化の要因になっていく。ビジネスシステムを変化させる外部の変化要因と，企業内部の変化要因とに分けながら進化をもたらす要因を解明し，また積極的な変革であるビジネスシステムのイノベーションについてみていく。

終章ではビジネスシステムの意義と，第5章まで検討した事業の仕組みの要素について整理し，本書のまとめにする。

これら各章では主要要素の解明のために，またその要素がビジネスシステムにとって有効であることを検証するためにそれぞれ事例を詳しく提示する。事例はビジネスシステム要素を抽出するために，あるいは要素のパラメータとし

て作用する因子などを取り上げる研究データとしての側面と，ビジネスシステム要素の組み合わせによって，それぞれの要素が特徴を発揮している例証としての側面とを持たせている。ただビジネスシステムはその要素によって相補的に作用しているので，各章の解明要素以外の関連する要素についての記述も行っている。

　仮説や論理の確証を示すものとして事例は用いられるが(Yin, 1994)，本書の事例はその両面を持つものである[(14)]。また必要によってさらに簡単な事例を提示した部分もある。それら中堅・中小企業の事例がビジネスシステムの理解に役立つように心がけた。

[注]
(1) 今日の事業では製品の性能だけにこだわっては，あるいはいくら優れた技術を活用した製品でもそれだけでは顧客価値を形成できない。その典型的な例を近年の電子書籍事業にみることができる。2003年初めてソニーによって開発されたソニー・リーダーは改良を重ねながら電子書籍事業端末として事業に用いられる。その機器を買い入れて研究したアマゾン社は2007年末キンドルを発売して，電子書籍事業に進出し大きな市場を獲得する。そこには電子書籍購入の際の煩わしさの解決だけでなく，膨大な電子書籍を揃えて一般書籍よりははるかに低価格で入手できるような仕組みの構築があった。優れた製品の開発にまい進したものの，電子書籍のエコシステムよりもハード重視のソニーは，電子書籍購入の顧客価値を創造できなかったのである。詳しくはSlywotzky(2011)を参照。
(2) 可視化しにくいために模倣しにくい，あるいは模倣しても効果が薄い事業の方法としてカテゴリー化という視点から論じたものとして次がある。Aaker(2011)，楠木(2010)，小川(2012b)。
(3) 製品至上主義や技術至上主義の日本企業の経営の課題は1980年代以降，世界市場で競争力の低下となって露呈しはじめた。たとえば携帯電話では世界の技術をリードしながら，コンピュータをしのぐほどの高性能・高機能な製品を創造してきた。しかし技術的には優れた製品であるにもかかわらず，世界市場からは次々と撤退を余儀なくされ，成長する世界の巨大な携帯電話市場では存在感

をなくしてしまった。このため今日では製品開発を単独では行えず，事業の合併や提携が行われている。それでも新たな製品分野のスマートフォンの製品化ではアップル社に大きくリードされ，韓国のサムソンやLG，台湾のHTCにも後れを取るなど製品開発力を後退させて，スマートフォン事業からの撤退が相次いでいる。
(4) シャープが開発した液晶テレビ事業では，そのシャープが2012年稼働の最新鋭液晶パネル工場の稼働率を維持できず巨額な赤字を計上し，経営の維持さえ懸念される状況に追い込まれた。またテレビ事業で巨額の赤字を計上するパナソニックやソニーも，事業縮小や工場売却，撤退などのニュースが相次いでいる。家電事業の中心といわれてきた日本のテレビ事業は，累積する赤字からの脱却が最重要課題になっている。
(5) 企業間分業によって競争力を形成してきた日本企業が，生産方式や国際分業の進展などによって，国や企業の競争力をどのように変化させてきたのかを実証分析したものとして港(2011)を参照。
(6) 顧客価値はあいまいに使用されている概念でもある。ここではマーケティングで定義されている顧客到達価値の考え方を顧客価値とする。それは，顧客が製品やサービスに期待するベネフィットの束から，その製品を評価・獲得・使用・廃棄することに伴う費用の束を差し引いたものである。
(7) たとえばSlywotzky(2002)はビジネスモデルを21のパターンに分けている。
(8) 同じような視点で今までのビジネスモデルを捉え，また事業システムやビジネスシステムなどの課題を指摘しているものに川上(2011, pp.9～12)がある。
(9) 最近の事業の解明を目的としたビジネスモデルでは，その構成要素を示そうとしている。代表的なものにオスカワルダー(2010)のものがある。さらにそれを応用した今枝(2014)もある。ただその構成要素の内容の詳細がわかり易いとは言えないし，提示されている事例でもその構成要素が明瞭に示されているとは言えない。
(10) システムの特徴についてはSimon(1969)，およびBowler(1981)を参照。
(11) ボールディング(Boulding, 1988)は秩序とパターンを示す何らかの構造とシステムを定義している。この秩序やパターンを持った構造は，何らかの要素(element, component)の集合，対象の集合から生まれる。このためシステムは相互に関係する複数の要素の集合であり，同時に何らかのまとまりを持ったものである。それぞれの要素が他の要素の状態に制約，条件づけられて存在している集合体がシステムである。

(12) 優れた事業にはそれだけを取り上げれば不合理な非常識な要素があり，それが全体としては重要な役割を果たしていると指摘したのは楠木(2010)である。これは重要な指摘である。著者は当初，他社と比べれば劣る要素であっても，それを他の要素で補うことによって独自の事業の仕組みを形成することには注目したが，不合理な要素が事業全体として重要な役割を果たすことには着目できなかった。

(13) ウイーナー(Wiener)はその著『サイバネティクス』のなかで，システムが自らを組織化するプロセスを自己組織化過程(self-organizing process)と呼び，そのようなシステムを自己組織系とした。その例として特定の脳波が形成される過程を論じた。ただこのときもそれ以降も，自己組織化の概念が明確に確立した訳ではない。物質や生命の生成や成長，組織や社会の変動などを説明するシステムの生成と変容の共通概念として自己組織化は注目されるものの，必ずしもそのメカニズムについて共通の理解が得られている訳ではない。自己組織化概念は物理学，生物学そして社会学の大きくは3つの分野で提唱されながら彫琢されているのが今日の姿である。

　自己組織化は，システムがある環境条件のもとで自らの組織を生成し，かつまたその構造を変化させる性質を総称する概念である(今田，1986)というのが一般的な定義となる。またはじめて自己組織性という用語を使用した吉田(1967)は，システムの秩序が当該システムの保有する秩序プログラムによって規定され，システムの秩序の保持・変容が，当該秩序プログラムに媒介されて実現することを自己組織性と呼んでいる。システムを変容させる仕組みがシステムに内在し，システムはこの自己組織化過程を通じてシステムの状態をダイナミックに変化されながら，成長，発展，崩壊していくのである。

(14) 事例についての役割やあり方についてはYin(1994)を参照。

第1章 先行研究の検討

　本章ではビジネスモデルや事業システムなどと呼称される事業の仕組みに関する先行研究についてレビューし，事業の仕組みをモデル化するとき何が重要なのか，どのような要素に注目すべきなのかを検討する。事業の解明だけでなく，事業の変革や創造の際にも有効な事業の仕組みのモデル解明が課題である。

　まず第1節では事業の仕組みにスポットを当てる契機にもなった1990年代後半のネットビジネスの中から生まれたビジネスモデルの考え方と，ネットビジネスの失敗と成功例から学ぶべき事業の仕組みの留意点を検討する。第2節では，ネットビジネスの影響を受けて登場した「ビジネスモデル」という用語を活用する先行研究を検討する。一方でネットビジネスとは別に事業システムやビジネスシステム，あるいは事業の仕組みという呼称で，事業の特色ある方法についての研究が1990年代中期からはじまるが，第3節ではこれらの検討を行う。第4節では前述の先行研究の課題を取り上げ，またその課題を解決するビジネスシステムの在り方を検討する。

　これら先行研究からわれわれは事業の仕組み機能の重要性，仕組みの内容，収益獲得にかかわる要因，必要な管理項目など多くの示唆を得ることができる。そしてビジネスシステムでは事業の仕組みの解明や設計に活用できる構成要素の提示，業務オペレーションや組織への注目，資源や能力を考慮したモデル，事業推進のエンジン，そして仕組みの進化などの考慮が必要であることをみる。

第1節　ネットビジネスとビジネスモデル

　かつてブームになったネットビジネスから，われわれは事業の仕組みについて示唆を得ることができる。事業の仕組みを検討するに際し，まずこのネットビジネスを取り上げる。

1　ビジネスモデルのブーム

　1990年代後半インターネットを活用した事業のブームのなかで，1998年ビジネスモデル特許という新しい法律が登場する。それは事業の仕組みについて改めて関心を向けるものとしても作用した。

(1) ビジネスモデル特許

　自然科学を応用した新規な発明に独占権を付与する従来の特許に対して，ビジネスモデル特許は，情報技術を活用した新規性のある事業方法の発明に特許権を与えるという新しい法律である[1]。インターネットを活用した事業の創出に対して独占権が与えられることになったのである[2]。その代表的な特許がインターネットでの商品注文を容易にさせるワンクリック・オーダーや逆オークションである[3]。これによってアマゾン・ドットコム社(以下ではアマゾン)やプライスライン社の経営が注目を浴びた。「カンバン」と呼ばれる伝票のバーコードを読み取って，部品の納入や生産計画を策定するトヨタのカンバン方式もビジネスモデル特許を取得している。

　急速に発達する情報技術を活用した新しい事業に乗り遅れまいと，また特許を取得しないと既存の事業でさえ行えなくなるいう危機感や，知的財産の防衛，そして特許侵害訴訟を防ぐことを目的に，ビジネスモデル特許の申請が一斉に行われた。2001年だけで，考えられるすべてのビジネスの方法が申請されたといわれるほどの盛況をみたのである(今井, 2002)。ところが特許取得ブームは1年もたたないうちに終焉する。特許取得とその特許権維持に多額の費用負担が必要なことと，一方で「ネット・バブル」が崩壊したからである。

　このビジネスモデル特許騒動の傍ら，インターネット技術の発達によって電

子商取引が加速化され，個人向けのサイバーショップやバーチャル・モール，オークション，ネット銀行，ネット証券など新たな事業が次々と登場する[4]。アメリカの状況に触発されて1990年代後期にはわが国でもドットコム企業が登場した。それにベンチャー企業や中小企業だけでなく，大企業も時代に後れまいとしてネットビジネスに傾倒する[5]。

しかしブームになったそうした事業の多くは短期間で消滅する。音楽CD販売のCDnowやプライスラインなども，企業売却によって消滅したのである。わが国でもアメリカと同様な状況に陥りネット・バブルの崩壊をみる[6]。

(2) ビジネスモデル概念の拡張

前述のようにビジネスモデル特許ブームは，ネットビジネスの衰退とともに終焉するが，その新しい特許概念が敷衍化し，情報技術を活用した事業の仕組みをビジネスモデル(business model)と呼ぶようになる。さらにビジネスモデルという用語は，情報技術を活用した事業の方法という意味を離れてより広く用いられるようになる。ただビジネスモデルの明確な定義がないままこの概念は活用される(Modahl, 1999)[7]。課金の仕組みや外部企業との分業形態など，そこではコラボレーション(collaboration)やアウトソーシング(outsourcing)という用語が活用されるが，利益獲得の方法や外部企業との業務形態など，外部からでも認識できるような事業の仕組みをその内容にすることが多い。

ネットワークなどの情報技術を活用して事業や製品，サービスなどを相互作用させて利益を生み出す仕組みがビジネスモデルであるとした森本(2000)は，次のような5つのビジネスモデルを提起した。仲介型，コミュニティ型，顧客エージェント型，市場オークション型，売り手エージェント型，メーカー直販型である。それは情報技術を介在させて，顧客に製品や情報を提供する新たな事業という側面に焦点を当てたものであった。

しかしビジネスモデル概念は前述のように拡張され，事業の仕組みと同義語的に用いられていく。国領(1999)はビジネスモデルをビジネスについての設計思想であると定義した[8]。それは①誰にどのような価値を提供するか，②そのために経営資源をどのように組合せ，その資源をどのように調達し，③

パートナーや顧客とのコミュニケーションをどのように行い，いかなる流通経路と価格体系のもとで届けるかという，というものである。

この定義は情報技術を応用した事業の仕組みをより一般化し，その後のビジネスモデル定義にも影響を与えた。事業対象の顧客に対する価値提供と，そのために必要な資源調達，関連企業とのコミュニケーションの方法や流通方法などに注目している。しかしこの定義でも，価値創出方法やそのための具体的な活動，製品やサービスの生産や流通方法をどのように具体化するか，あるいはどのような視点からそれをみていくか，つまり事業の業務プロセスやそれを担う組織そのものには注目しない。事業に不可欠な業務プロセスという事業のオペレーションの領域について，また組織の役割について注目しない。

このようにネットビジネスブーム，そこで生まれたビジネスモデル概念は事業の仕組み解明としては十分ではないが，改めて事業の仕組みのより多様な可能性を，あるいは多様な利益獲得の方法によって事業が多様化することを，そして事業の仕組みの重要性をわれわれの前に改めて示した意義を持つ。

2　ネットビジネスの課題

ここで事業の仕組みに必要な条件を検討するため，失敗したネットビジネスの問題点や，反対に成功した事業の要因について検討する。

(1) ネットビジネスの失敗要因

例として，インターネットによる音楽CDやDVDソフトなどの販売事業をとりあげる。それは店舗に出向いて音楽や映像ソフトを物色する時間もない顧客や，近隣にCDショップがない地域の顧客には便利な事業として登場した。それに音楽や映像の内容について顧客は一定の知識を持ち，比較的低価格で信頼性が確立した購入し易い製品であるため有望な事業とみられた。

ところがこの事業の先駆的企業であるアメリカ最大手のCDnowは，2000年に売却された。著者も調査した国内ベンチャー企業は短期間に消滅し，既存CDチェーン店などクリック＆モルタル企業に取って代わられ，さらにアマゾンへと主導権が移ってしまう[9]。

音楽CDのネット販売という一見便利そうな事業がなぜ挫折したのか。その主たる原因は，注文から顧客の手元に届くまでのリードタイムの長さに起因する。一般に資金不足と販売リスク回避のために，在庫を保有せずに事業は運営された。そのため顧客からの受注を待って製品を発注し，入荷を受けて顧客別に包装して配送する。この数日から1週間程度の納品リードタイムは，既存店舗での購入に比べて顧客には魅力のないものに映る。

　わが国の場合でいえば音楽CDは若者の新譜需要に依存している。このため製品の購入が集中するのは発売1ヶ月以内である。この時間感覚からみると，受注から納品までの時間が長い。それに一人住まいの顧客は留守勝ちで配達された商品を受け取りにくく，注文から入手までの時間はさらに長くなってしまう。インターネットで音楽ソフトを購入する顧客層は，近隣にCD店のない年配者ではなく，現実には若い顧客層であった。

　以上のことからいえることは，ネットビジネスでも実店舗の購買行動に近づける仕組み構築が必要なことである。さらに次に見るように，実店舗では困難な価値提供の仕組みがなければ競争優位を確立できないということである。

(2) アマゾンのビジネスシステム

　それでは成功した企業の要因は何か。消費者を対象としたネットビジネスの草分け企業であり，商品販売事業を成功させたのはアマゾンである。そのアマゾンは1994年に創業し2001年まで利益を計上できなかったが，それでも市場からの資金供給は止まらなかった。それはアマゾンの事業の仕組みがインターネット技術の活用という革新性だけでなく，アメリカの書籍流通を変革する現実的な仕組みを持ち，その業務プロセス構築の意義を理解した投資家が資金を投入したからである(Seybold, 1998)[10]。

　アメリカの書籍販売では小売店は書籍を一度買い取り，売れなければ値引き販売か，返品という返本制度という方法が採られる。このときアマゾンの返品率は3％で，一般店舗の返品率30％の10分の1という水準である。それは返本コストが一般書店の10分の1であることを示す。アマゾンは顧客データベースを活用して的確に需要を把握し，書籍ジャンルや著者ごとの販売予測を行

い，この予測数量をもとに大量に仕入れ，販売状況をみて素早く値引き販売して売上を確保するため返本が少なく，これだけでも収益性を高める。

　一方で物理的な小売店舗は開設しないものの，顧客ニーズに素早く応えるために倉庫を設けて在庫を豊富に備える。2000年当時，アマゾンの保有する18万平方メートルの倉庫スペースは，アメリカ最大の書籍流通業イングラム社の倉庫スペースの2.5倍以上であり，さらに素早い受発注と納品などのために巨額の情報システム投資を続けた。巨大な倉庫で円滑な保管や出庫作業のために，情報技術を活用したフリー・ロケーションという方法も創案する。それら巨額の投資がコストを増大させ収益を赤字にする。しかしアマゾンは製品在庫を保有し，少しでも早く顧客に書籍を届けることを重視した。製品提供時間を実店舗に近づけるためであり，その仕組みは今日，多様な製品の販売で効果を発揮している。

　またアマゾンは製品回転率を高めることで，膨大なキャッシュ・フローを確保する仕組みを構築した。入荷した書籍を平均18日で販売し，その2日後にはクレジットカード会社から代金が入金される。一方，仕入れ代金の支払いは53日後である。結果として運転資本回転期間はマイナス33日になり，運転資金が絶えず充足される仕組みを構築する（Spector, 2000）。既存の書店では在庫回転率が低いために行われていた業界慣行が，高い在庫回転率を実現することでキャッシュ・フローを生み出す源になったのである。

　ただあまり注目されていないもののアマゾンの最大の成功要因は，実店舗では困難なネットでしかできない顧客への情報提供にある。検索サイトで製品を検索すると一般的な製品属性情報の提示はもちろん，当該製品に対するユーザー・レビューという購入者の情報で，製品に対するプラスの評価だけでなくマイナスの評価まで知ることができる。これによって顧客は製品を店頭で手に取る以上の製品知識が得られる。そして同じ領域の他の製品が提示され，最も自分で納得した製品を購入することができる。時にはそれらの情報によって購入しないことを決断して満足する。当初の意図とは反対に，購入しない顧客価値さえ生まれる。

加えて過去の購入履歴から顧客の趣味や読書傾向を探り出し，それに合致しそうな製品をメールやホームページ上で重点的に顧客一人ひとりに推奨するレコメンデーション機能を設ける。顧客が求めるのは品揃えや利便性，価格だけではない。顧客は書店で時間をつぶし，本の匂いでくつろぐが，それはネットでは提供できない。その代わり，一般書店では提供できないサービスを提供することで顧客を吸引する。「商品を販売して利益を得るのではなく，顧客の購買意思決定を手助けして利益を得る」という創業者のジェフ・ベゾスの顧客志向理念をさまざまな手段で実行している[11]。

アメリカの書籍流通の中でアマゾンの事業の仕組みは革新的であり，事業を推進しながらそれを創造し，その結果アマゾンとバーンズ・アンド・ノーブル，ボーダーズの3社で，アメリカ書籍小売取り扱いの45％を占めるまでに事業は躍進する[12]。

(3) 新たな顧客と市場の創造

このようにアマゾンは実店舗では困難な情報提供，早く安く顧客に製品を提供できる仕組を構築し，書籍流通システムを変革するだけでなく運転資金確保の仕組みも形成して，ベンチャー企業の課題である資金確保にも成功した。さらにクリック＆モルタル企業では困難な新たな市場を創造する。新しい読者の開拓や，書籍流通システムのなかで埋もれてしまう少部数の書籍，マニアしか購入しない限られた書籍の販売という新しい顧客と価値とをインターネット技術で創造した[13]。

コンビニエンス・ストア経営で顕著なように，今日の事業は多様な製品群のなかから売れ行きの良い製品に的を絞って供給し，生産効率や販売効率を上げている。それがABC管理や2:8の法則などとよばれる手法や考え方につながる。重点のA品目や全体のなかの20％の製品が利益の80％を獲得するので，そうした重点製品に取り扱いを絞り込み，また重点製品の管理を精緻化していくというものであり，それは経験則でもある。

しかしアマゾンの書籍販売部数の1/4ほどは，上位万10タイトル以外の書籍から得ている。ブリックス＆モルタル企業と異なって，低コストで製品を陳

列できるサイバーショップでは製品選択の幅を増やすことによって，新しい顧客層を開拓できる。より多様な製品をサイバー空間に陳列して，実店舗では取り扱わないニッチな製品を，関心を持ちそうな顧客にレコメンデーション機能で直接提案する。店舗型小売業が提供しない商品販売で総収入の半分から1/4ほどを獲得し，それが年々増大している（Anderson, 2006）。一般店舗では扱いにくいニッチな製品の販売がネットビジネスでは有効なことを示した。それが今日デジタルな事業の世界に，ロングテール（long tail）というマーケティングの考え方を登場させたのである[14]。

　アマゾンの事業はインターネット技術だけで可能になったのではない。宅配便やISBN（国際標準図書番号），バーコード，データベース技術，クレジットカードなどのインフラの活用が必須である。さらに受託販売方式によって倉庫での製品保管コストを外部化し，トイザラスのような大型小売店まで事業パートナーにするデジタルマーケットプレイス形態で品揃えを拡大するなど，新しい販売方法で事業を拡大している（雨宮, 2012）。近年では電子書籍端末キンドルの発売，電子書籍への進出，クラウド市場への参入などインターネットを核に事業の仕組みを進化させて顧客価値を創造している。

3　ネットビジネスからみた事業の仕組みの課題

　前述のようなネットビジネスは，事業の仕組み構築のあり方や考え方に貢献した。それは次のようなものである。

(1) 顧客が満足する価値創造の仕組みが不可欠

　インターネットという今日の社会や事業を変革する技術であっても，顧客ニーズに合致し顧客に便益を与える仕組みがなくては事業としては成立しないという事業の原則を，挫折したネットビジネスは反面教師として改めて示した。顧客の求める価値を提供する企業，という信頼と安心が事業には不可欠である。

　アマゾンは前述したように製品に謳われている情報だけでなく，製品に対する多様な満足体験や不満の情報提供によって，購買の際の不安感を解消させる

知識を顧客に提供した。その仕組みを書籍以外の製品にも拡大して実店舗を凌駕する。これに対してネットビジネスの少なからずが，製品やサービスに対する顧客の嗜好や購買行動への配慮を怠っている。顧客ニーズに応えようとすると資金や業務ノウハウ，人材などの資源が不足するという理由もあるが，斬新な技術があれば事業が成立するという技術本位の発想が大きく影響している。

技術の斬新さや事業の目新しさによる高収益事業という夢を販売し，顧客からではなく投資家から資金を集めることで，ドットコム企業は事業を形成した。ベンチャー企業として株式の上場を目指したドットコム・ビジネスの少なからずが，製品やサービスから収益を得るのではなく，投資資金から得たといっても過言ではない。顧客は投資家であり，一般顧客を獲得できない事業経営は失敗した。

事業対象の顧客ニーズを明確にして，その価値を提供する業務プロセスの構造的な仕組みが事業には必要である。新しい技術や新しい製品には，顧客本位の新しい事業の発想とそれを担える仕組みの構築が必要なのである。

(2) 模倣困難性を実現する業務プロセスが必要

1990年代中期，地方の企業でも大都市の企業に遜色なく，そして中小企業や個人でも，コンピュータさえあれば事業ができるものとしてネットビジネスは喧伝された。確かにWebサイトを立ち上げて製品の写真を掲載すれば，サイバーショップを開業できる。しかしそれが顧客ニーズに合致するものであるほど新規参入が増える。同業のネットビジネスとブリックス＆モルタル企業に対して，模倣しにくくまた競争優位を形成できない企業は存在も事業の継続もできなかった。

初期のネットビジネスではスピードで事業を構築して，いち早く市場を獲得してしまうという考え方が強かった。しかし情報技術の革新はドッグイヤーと呼ばれるほどめざましい。採用した情報技術以上のことが，その後に登場する新しい技術では低コストで容易に可能になってしまう。近年は情報通信技術以外のさまざまな技術も同様な傾向を持つようになった。革新的な技術が次々登場して，事業の機軸になる技術を早期に陳腐化してしまう。しかも資源や業務

の多くを外部に依存するアウトソーシング活用の経営であるため，ネットビジネスの少なからずが技術的に華々しく見える一方で模倣しやすい事業であった。ユニークな技術だけでなく，顧客に支持される価値を創造するトータルな模倣しにくい仕組みが重要なのである。

アマゾンは使用し易いサイトだけでなく，物流網の構築や在庫投資，ニッチな需要の創造，レコメンデーション機能それに運転資金調達の仕組みなどさまざまな工夫によって事業の仕組みをトータルに構築したため，ドットコム企業にも実店舗企業にも模倣しにくい。このことは事業を支える業務プロセスや資源の重要性を改めて教えてくれる。競争力のある事業構築には限られた資源の活用による価値創出のための業務プロセス，そして模倣しにくい仕組みを形成するための資源活用方法が鍵になる。

それに，内容のない事業計画に勿体をつけるために，ビジネスモデルという優雅な言葉で表紙を飾るだけでなく，ライバル企業に対して勝利できるような競争戦略を同時に構築することが事業には必要である(Magretta, 2002)。同時に顧客の望む価値を創造できる事業でなければ顧客を獲得できない。限られた資源を基盤に，顧客ニーズに合致した事業の仕組みを構築する。そこでは事業要素を相互作用させ，創発させて斬新な模倣しにくい業務プロセスを実現することが課題になる。

(3) 多様な利益獲得方法の可能性

ネットビジネスでは仲介や広告など，さまざまな方法で売上を獲得する術が模索された。いわゆる課金の仕組みであり，収益獲得方法の多様な可能性である。ポータルサイトのような情報提供の場や，ニュースや天気予報などの情報提供そのものでは，それ自体に代金を支払うほどには，顧客は価値を認めないだろう。そのため提供する情報に広告を添付し，広告主から代金を回収したり，ゲームの場を提供して収入を得るなどの方法をとる。

情報財を中心としたネットビジネスでは，課金の手段そのものが利益獲得の方法として注目されたのである。テレビやラジオ放送のように価値を享受する直接の顧客ではなく，第三者からの広告料収入によって収益を得る事業はすで

に存在したが，ネットビジネスはより多様な利益獲得方法の可能性を示した。

提供する顧客価値は何か，顧客は誰か，代金支払者は誰か，どんな方法で対価を獲得するのか，どのような領域で利益を獲得するかというバリューチェーンなど，事業方法の多様性をネットビジネスはわれわれの前に改めて提示した。企業の保有する限られた資源を活用した顧客価値の創造は事業の多様性を伴う。そしてそれは競争企業とは異なった仕組みを形成する。仕組みによって事業の方法がより多様化していくのであり，多様化する事業方法の解明には事業の仕組みについての理解が不可欠なことを示唆する。

消費者へのネット販売でアマゾンが成功した理由には，ネットという技術だけでなく，新しい顧客価値を創造するためにそこにさまざまな要素が補い合ってその結果として独自な仕組みを構築したことにある。そうした仕組み要素を共通の枠組みでとらえないと，仕組みを一般的に説明しにくい。

4 小 括

今までみてきたことから事業の仕組みのモデルには次のようなことが求められることがわかる。

第1に顧客価値創造の仕組みをできるだけ同じ要素から解明，設定できることが望ましい。探査や提示するための要素がないと恣意的に事業の注目点を取り上げることになってしまう。どのようなメカニズムで顧客価値を創造するのか，そのための一般的な要素があれば恣意性は低下する。

そのため第2には，事業を推進するオペレーションを含む業務プロセスを解明する。またプロセスと一体で業務を運営する組織，これら業務運営を成立させ反対に制約する資源との関わり，そして仕組み全体の基になる事業概念との関係も解明する。これらの一般的な要素が抽出できれば，同様な事業でもどこに仕組みの特徴があるのか，競争企業との仕組み上の差別化をどのようにして発揮するのかが解明できる。

アマゾンでもそうだが，事業の仕組みは初めから一挙に完成するものではなく，事業遂行のなかで試行錯誤も含めて洗練され進化していくことで顧客価値

を獲得していく。第3にそうした仕組みの進化プロセスも解明できるモデルが求められる。

第2節　ビジネスモデル論の検討

　次に事業の仕組みについての先行研究を検討する。まずビジネスモデルという用語を主に使用している理論からみていく。利益モデル中心の考え方をするスライウォツキー，そして著者の想定するビジネスシステムとほぼ同じ視点のハメル，正面からビジネスモデルに取り組んだアファー，さらにビジネスモデルは技術の経済的価値への変換であるとするチェスブロウ，ビジネスモデルのイノベーションに注目したジョンソン，新しい事業の発想方法を提示したオスターワルダーなどの考え方をレビューする。

1　スライウォツキーとモリソンのビジネス・デザイン

　今日の成熟した市場環境では，市場シェアの確保を最優先する伝統的なアプローチでは収益を確保できず，顧客と利益を中心にした事業でなければ，成長もできないとしたスライウォツキーとモリソン(Slywotzky and Morrison, 1997)は，プロフット・ゾーン獲得のためのビジネス・デザインを主張した。そのプロフット・ゾーンとは持続的かつ優れた収益性で，企業に莫大な価値をもたらす領域を意味する。

(1) ビジネス・デザインのモデル

　彼らのプロフィット・ゾーンを構築するための企業のビジネス・デザインは，図1-1のように顧客の選択や価値の獲得，差別化/戦略的コントロール，事業領域という4つの戦略次元で構成される。事業を成功させるにはこれらの戦略次元を顧客が求める優先順位にそって調整する。しかもビジネス・デザイン全体が整合性と相互補完性をもって機能するよう，次元間の一貫性を確保する必要があることを指摘する。整合性や相互補完性はわれわれのモデルでも重視していく。

図1-1 ビジネス・デザインの4つの戦略次元

次　元	重要な問題	重要な質問
顧客の選択	どの顧客を対象としたいのか	・価値を向上できる顧客は誰か ・対象にしたくない顧客は誰か
価値の獲得	どのように利益を上げたいのか	・顧客のために生み出した価値の一部を，利益としてどう獲得するか ・自社の利益モデルは何か
差別化／戦略的コントロール	どのように自社の利益の流れを守りたいか	・選択した顧客はなぜ自社から購入してくれるか ・自社の価値提案を競争企業のものと差別化し，ユニークにしているものは何か ・顧客の力や競争企業の力に対抗しうる戦略的コントロールは何か
事業領域	どのような活動を行うか	・どのような製品，サービス，ソリューションを売りたいか ・組織内でどのような活動や機能を行うか ・下請企業，アウトソーシング，ビジネスパートナーは誰にしたいのか

［出所］Slywotzky and Morrison (1997), 邦訳p.17（一部修正）

　モデルの構成要素である次元についてみていくと，最も供給しやすく最も適した顧客集合に基づいて，ターゲット層を絞り込むのが「顧客の選択」である。選択に際しては，事業によって価値を向上できる顧客層か，反対に事業の対象にしない顧客はどのような顧客かを明確にして顧客を絞り込む。

　ついで顧客に提供する価値によって企業がいかにして報酬を得るかが，「価値の獲得」である。顧客のために生み出した価値の一部分を利益としてどのように自社が獲得するか，そのための利益モデルをどのようにするかである。そしてファイナンシングや付随製品，ソリューション，川下のバリューチェーンへの参加，ライセシングなど多様な価値獲得方法があるとする。利益獲得を目的とする事業にとってその獲得方法を明確にすることは重要であるが，これらの方法は資源の活用範囲とその質が豊かな大企業中心の考え方であり，また異質な業務領域を事業に付加することを主体にした内容になっている。

　「差別化/戦略的コントロール」は利益を獲得するための重要な手段である。顧客がなぜ購入するのか，競争企業の価値提案と差別化を図り特色づけるのは

何かなど，顧客や競争相手の力に対抗しうる戦略的コントロールを明確にして，事業として制御すべきものをみつける。その戦略的コントロールの例としてブランドや特許，著作権，製品開発での2年間の先行，20パーセントのコスト削減，流通のコントロール，供給のコントロール，顧客情報の保有，ユニークな組織文化，価値連鎖のコントロールなどをあげる。そして優れたビジネス・デザインは少なくとも1つ以上の戦略的コントロールポイントを保有しているとする。最後の「事業領域」とは，提供する製品やサービス及び企業の活動範囲である。そこには業務の外部化やパートナーの選択を含む。

　彼らのビジネス・デザインのモデルは顧客の価値を明確に設定し，それに応えるための事業領域の設定，利益獲得の方法，それらを維持するための戦略とその重点管理点を示した意義を持つ。そして事業の仕組みについての基本的な事項を明確にしている。ただ異質な事業領域の付加には注目するものの，プロセスによって特徴ある事業を創造するという視点が希薄で，業務プロセスによる事業の仕組みについては解明されていない。そして従来と異なった業務領域への参入を強調する(Slywotzky, 2000)[15]。彼らのモデルは利益獲得のための概略的なフレーワークといえるもので，それを実現するための操作可能な具体的な仕組みの要素解明にまでは至っていない。

(2) 利益モデルの提示

　さらにスライウォツキー(Slywotzky, 2002)は，利益が生まれる仕組は多種多様だが，企業が利益を上げられるか否かを決めるのは顧客であるとして，23の利益モデル(profit model)を提示した。成功する企業は自社の顧客を的確に分析して，製品やプロセスだけでなく，利益モデルについても優れた創造性を発揮しているのであり，「利益はどこで，どのように発生しているか」ということを徹底的に問うのが重要だとする。

　ただ彼の示した23の利益モデルを事業に当てはめようとしても，明確に該当しにくい。いくつかのモデルが融合したものもあり，提示されたモデルの範疇には該当させにくいのが現実である。スライウォツキーだけでなく，ビジネスモデルの提唱者には利益獲得方法をパターン化しようとする傾向がみられ

る。しかしパターン化できるのであれば単純であり，模倣し易くもある。事業の仕組みのモデル化の際に必ずしもそれをパターン化する必要はないのではないか。反対にどのような要素によって多様な事業の仕組みが構成され，特徴のある事業の仕組みができるのかを解明することのほうが，事業のデザインやイノベーションにとって重要だとわれわれは考える。

　実際，優れた企業は同じような事業パターンにみえたとしても，事業概念や業務プロセスのある部分が異なっていたり，資源が異なっていたり，それを運営する組織が異なり，そのことが事業の特徴になって顧客を獲得している。「利益モデル」はこのような細部の概念や活動の違いには無関心である。業務遂行を特徴づける組織能力が，日常のさまざまな活動の蓄積から構成されて優れた能力を発揮するように，業務の運営方法や活動の組合せを無視した事業の仕組みの解明は現実的ではない。資源や活動などの要素の組合せによって独自の仕組みが形成されているからである。

2　ハメルのビジネスモデル

　ビジネスモデルについて首尾一貫した明確な定義ができるコンサルタントには出会ったことがないと指摘したハメル(Hamel, 2000)は，一方で複雑なモデルを提示した。事業を一般的に解明しようとすると，情報技術を応用した事業，特にインターネットに主導される事業の仕組みとは異なって，その仕組みの範囲が広がってくる。このためビジネスモデルは，その適用範囲を拡大するほどますます単純ではなくなる。

(1)　ビジネスモデルの体系

　事業概念を実践に適用したものがビジネスモデルであるというハメル(Hamel, 2000, pp.69〜118)は，図1-2のような構成要素からなるビジネスモデルを提起している。それはコア戦略(core strategy)と戦略的資源(strategic resource)，顧客とのインターフェース(customer interface)，そして価値のネットワーク(value network)という4つの主要素で構成される。

　これら4つの主要素は3つのブリッジ要素によって結びつけられる。コア戦

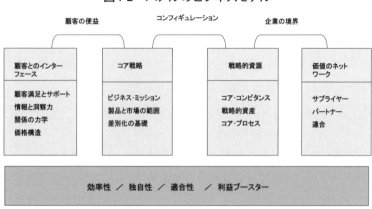

図1-2　ハメルのビジネスモデル

［出所］Hamel (2000), p.101

　略と顧客とのインターフェースは「顧客の便益」で，コア戦略と戦略的資源は「行動のコンフィギュレーション」で，そして戦略的資源と価値のネットワークは「企業の境界」というブリッジで結びつけられているとした。さらにビジネスモデルをサポートする効率性，独自性，適合性（fit），利益を増加させる利益ブースター（profit booster）という4つの要素が利益を決定するというモデルである。

(2) 4つの主要素

　「コア戦略」はビジネスモデルの第1の構成要素で，企業がどのようにして競争するかを選ぶための核になる。コア戦略のサブ要素としてビジネス・ミッション，製品と市場の範囲，差別化の基礎がある。ビジネス・ミッションは戦略の全般的な目標を明確にし，ビジネスモデルの到達目標を設定する。製品と市場の範囲は事業ドメインを規定し，顧客の種類や参入地域，製品セグメントなどをターゲットとして絞り込む。そして，競合他社と異なった方法で行う競争のあり方を規定するのが差別化の基礎である。

　ついで「戦略的資源」はコア・コンピタンス（core competence），戦略的資産（strategic asset），コア・プロセス（core process）から構成される。ここでは

コア・コンピタンスは企業が所有する知識全般で，技術や独自の能力を含むものと広く定義される。それは独自性と顧客にとっての価値，そして新たなチャンスに役立つほど優れている。戦略的資産はブランドや特許，インフラ，顧客データなど，実体があって希少で価値のあるものをさす。コア・コンピタンスや資源などのインプットを，顧客に提供できる価値へと変換するのがプロセスである。コア・プロセスは企業のなかで日常的に行われている業務のことであり，インプットをアウトプットにする方法およびその手順で，プロセスは資産や技術よりも活動に近い概念になる。コア・プロセスを根本的に作り直せば，事業イノベーションの基礎ができる。

　第3の「顧客とのインターフェース」は顧客満足とサポート，情報と洞察力，関係の力学，価格構造のサブ要素から構成される。顧客満足とサポートは顧客に満足を提供する方法や，顧客に製品を届ける方法である。どの流通チャネルを使うか，どのような顧客サポートを提供するか，どの程度のサービスを提供するかなどを規定する。情報と洞察力は顧客から集めた知識を顧客のために活用することであり，情報から洞察を導き出す能力にも注目する。関係の力学は企業と消費者との間で直接相互作用するか，間接的か，消費者が企業と交流することの容易さなどである。価格構造は料金を請求する方法に関連する。

　事業の成否を左右する構成要素は内部だけでなく外部にもあり，それが「価値のネットワーク」である。それは企業の持つ資源を補完し増強する。その構成要素にはサプライヤーや対等な関係のパートナー，より緊密な企業間の関係の連合がある。このような価値ネットワークを設計し管理することも，事業概念を革新する基礎になる。

(3) 主要素を結びつけるブリッジと利益決定要因

　これらの4つの要素を相互に結びつけるのがブリッジである。「コンフィギュレーション」はコア戦略と戦略的資源を結ぶ。コア・コンピタンスと資産やプロセスを独自の方法で組合せて戦略を支え，うまく機能するように管理する。優れたビジネスモデルは能力と資産それに，プロセスを良好に組合わせている。

また顧客が満たして欲しいニーズが「顧客の便益」で，顧客が求める便益をコア戦略に結びつける。事業概念で重要なのは顧客にどんな便益を提供し，どんな便益を提供しないかを決定することである。それが曖昧なために顧客に満足を与えていないことが多い。「企業の境界」は望ましい企業行動と価値のネットワークを利用し，外部に依存する業務を決めることにある。このとき何が重要で自社で行う守備範囲をどうするかによって，ビジネスモデルが変わっていく。また境界の変更は事業概念のイノベーションに直結することになる。

　さらにハメルは事業の利益を決定するものとして効率性と独自性，構成要素の適合性，そして利益ブースターという4つの要因を提起している。事業は効率性のあるものでなくてはならず，また顧客に価値を認められる独自性がなければ，平均以上の利益率は確保できない。そして構成要素がばらばらに機能するのではなく，同じ目標に向かって調和して機能しなければならないとする。

　利益ブースターは利益を増進するもので，それを事業概念に組み込むことが必要である。その利益ブースターは利益の増大や競合他社の締め出し，戦略的経済性，戦略的柔軟性という4種類に分類される。はじめの利益を増大させる方法としてはネットワーク効果，ポジティブ・フィードバック効果，学習効果の3つを，そして競合他社の締め出しの方法として先乗り，絶対的な優位，顧客の囲い込みの3つを上げた。戦略的経済性では規模，フォーカス，範囲の3つを，戦略的柔軟性ではポートフォリオの幅の広さ，俊敏な事業運営，低い損益分岐点の3つをあげている。

(4) ハメルのモデルの課題

　ハメルのビジネスモデルについて詳しくみてきた。そこには戦略的な用具がふんだんに活用されている。4つの事業要素が機能するためには，それらを結ぶブリッジが必要だという着想も斬新なものである。利益を増大させるものとして利益決定要素も導入されている。これら構成要素はそれぞれに事業を推進するためには重要なものである。

　このようにさまざまな要素でビジネスモデルを多面的に構成し，収益を獲得できる事業のあり方を説明しようとしている。一方でそのモデルが複雑である

ことを指摘しなくてはならない。事業は複雑なものであり，それを説明するためのモデルが複雑にならざるを得ないことは当然である。しかし複雑であるとそれを適用した事業の設計や解明には活用しにくい。実際，ハメル(2000)は新たな事業を創出したサウスウエスト航空やソニー，エンロンなどの例を挙げるが，その解説では前述のスキームが十分に使用されているとは言い難い[16]。

またコア・プロセスの重要性を指摘しているものの，そのプロセスをどのようなツールで構成し解明するのかは触れていない。プロセスの内容は事業の仕組みとして重要な点である。それにそのプロセスを運営して支えていくのは人であり，組織である。限られた資源をふんだんに活用できる組織の能力を離れては有効な事業の仕組みは存在しない。組織の要素にも注目すべきである。

ハメルのいうブリッジは要素をフィットさせるものであるが，それぞれの要素をトータルに一体的に結び付けるモデルではない。要素間のフィット，つまり要素間の整合性や事業概念の実現に向けて，要素を一体的に調和さるフィットの仕組みが捉えられていない。とくに資源の脆弱な中小企業では，限られた資源を顧客価値創出のためにフィットさせるトータルな仕組みが欠かせない。

3 アファーと安室のビジネスモデル

ビジネスモデル分析を提唱する安室(2007)は，顧客の満足を目的に技術やノウハウを利益に変換する仕組みとビジネスモデルを定義している。さらにビジネスの仕組みに関する経営学的視点だけでなく，会計学的視点も重視して企業の儲けの方法というビジネスモデル分析を主張する。利益獲得のために会計のメカニズムを導入したのは先見的である。そしてその分析ではアファー(Afuah)の分析方法を援用して顧客価値，希少性，模倣可能性，代替可能性，専有可能性という5つの要素から，ビジネスモデルを分析検証することを提示する。ここでは彼らのビジネスモデルの考え方について検討する。

(1) ビジネスモデルの定義

ビジネスモデルを金儲けのためのフレームワークとアファーは定義し，顧客の求める便益や利益に応えるために，何を事業として選択するか，どのように

実行するか，いつ行うかといった活動の集合であるとした(Afuah, 2004)[17]。そしてビジネスモデルの要素として図1-3に示すような産業要素，資源，活動，ポジション，コストを関連づけて収益を獲得するというフレームを提示した。企業の収益性は競争要因や協調要因，マクロ環境といった産業要素と，他方の企業固有の要素つまり戦略的ポジション，活動，資源によって決定されるとしたのである。

　魅力的な市場のなかで独自のポジションを構築することがポーター戦略論の中心であり，それに関連する産業要素とポジショニングをビジネスモデルの重要な要素としてアファーはあげる。それは企業の収益獲得に大きな影響をもたらすのは環境であり，適切な市場を選択してそのなかでの独自のポジショニングを設定することが収益の源泉であるとする考え方である。

　一方，資源ベースの戦略論(RBV)では，収益の源泉を企業外部よりも企業内部の能力に求めるが，それをアファーのモデルでは資源と活動に求めている。ポジションと資源とが構成要素として上げられているように，アファーの特徴はポーターの戦略論と，バーニーをはじめとする資源ベースの戦略論の両者の考え方を融合させて，戦略論の視点から収益獲得のための事業の枠組みを規定したところにある。さらにコストを重視し，差別化戦略をとる場合でもそのコストが重要であることを強調する。

　アファーのモデルは利益獲得のための事業の枠組みを解明するものであり，ネットビジネスでのビジネスモデルにみられる課金の仕組みや業務の内外製を主体としたモデルではない。その活動要素ではバリューチェーンや低コストなオペレーション，TQMなど，業務プロセスさらに組織形態についても関心を寄せる。顧客が求める価値に対して，資源を製品やサービスに変換する事業の枠組みを総合的にとらえようとする。

(2) 収益獲得能力

　また彼は企業の持つ資源の収益獲得能力をVRISA分析によって解明できるとして価値(value)，希少性(rareness)，模倣可能性(imitability)，代替可能性(substitutability)，専有可能性(appropriability)という要素をあげた。この

図1-3　アファーのビジネスモデル (1)

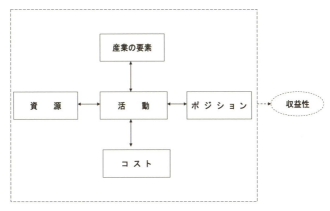

［出所］Afuah (2004), p.10

内容は図1-4にみるような質問によってそれぞれ判定できるとした。これらの要素は資源の価値を分析するバーニーのVRIOフレームワークを援用したものでもある(Barny, 2002)。

このアファーのVRISA分析を発展させて内外の中堅・中小企業のビジネスモデル分析を行いながら、安室(2007)はビジネスモデルを体系化する。内外企業の事例分析の結果、事業の目的は顧客満足であるとして、満足を金に変換する仕組みをビジネスモデルとする。そのためビジネスモデルが生まれる基本を顧客に置き、誰を顧客として認知するかをその設計の核におく。単にビジネスモデルを分析するのではなく、その設計にも目的を置いている。

確かにVRISAの要素からもビジネスの仕組みを分析することはできる。しかし事業概念や事業を支える組織、人材、また事業を実行する業務プロセスの解明は希薄である。斬新な事業概念を実現する具体的な業務プロセスの検討に対する言及がない。そしてモデルの要素が簡単なために事業の分析や設計に適用するとき、その利用者の能力や考え方に多くを依存せざるを得なくなる。

なおビジネスモデルのイノベーションを主眼にしたAfuah(2014)では、図1-5のようにケイパビリティを軸に顧客価値提供、市場セグメント、成長モデ

図1-4　資源のVRISA分析

属　性	質問事項
価値（value）	その資源は顧客が求めるどんな価値を提供できるものか。
希少性（rareness）	他社にはない能力は何か。それは競争企業と比べてどのくらい優れた能力か。
模倣可能性（imitability）	他社がその資源を模倣しようとすれば，それはどれくらい容易か。
代替可能性（substitutability）	その顧客価値と同じような価値を提供できる資源があるか。
専有可能性（appropriability）	その資源から利益を獲得するのは誰か。

［出所］Afuah (2004), pp.110-112より作成

ルそして収益モデルの4つの要素でモデル化し，それらをシステムとして関係づけている。ビジネスモデルのイノベーションを検討するために成長モデル，さらにそれを支えるケイパビリティに対する注目である(18)。

図1-5　アファーのビジネスモデル（2）

［出所］Afuah (2014), p.5

4 ビジネス・アーキテクチャ

　製品アーキテクチャ(architecture)の変化を契機として，ビジネス・アーキテクチャが変化し，それが利益や競争力に影響を与えるとしたのが藤本他(2001)の研究である．アーキテクチャとは人工物システムをどう解釈し設計するかに関する基本構造を意味するもので基本設計思想といわれる[19]．このような視点から青島と武石はビジネスプロセスのなかにあるさまざまな活動要素間の相互依存性，もしくは関係性のあり方がビジネス・アーキテクチャであると定義する．このときビジネスプロセス，ビジネスの構造，そしてビジネスモデルの関係を次のように関連づけている．

　ビジネスプロセスは製品やサービスの開発から販売，ユーザーのサポートまでの一連のプロセスである．そしてビジネスプロセスのなかのどこで付加価値が生み出されているかという，価値創造活動の配分のパターンがビジネス構造である．そのビジネス構造を前提にした企業独自の付加価値創造のパターンがビジネスモデルだとする．ビジネス構造はバリューチェーンであり，そのなかでの要素間の関係を規定するのがビジネス・アーキテクチャで，その独自な関係性による付加価値創造の仕組がビジネスモデルという考え方である．

　また一方，顧客の市場ニーズのパターンによって濃淡をつけた，活動間の相互作用に関する認識マップ，という意味も持つとビジネス・アーキテクチャを規定する．このようなアーキテクチャを把握するためにモジュラー化と統合化，オープン化とクローズド化に注目する．この視点からモジュラー型製品や擦り合わせ型製品など2軸による製品アーキテクチャのパターンの解明，さらに組織アーキテクチャと製品アーキテクチャの適合というステップで利益の出る仕組みの解明を目指す[20]．

　事業をシステムとして解明しそのサブシステムや要素を切り出し，それらの相互作用，相互関係から事業の仕組を解明することは重要である．そしてモジュラー部品によって構成され生産されるデジタル製品の競争原理と，部品間の統合性が設計から生産段階まで求められる，自動車のような擦り合わせ型の製品の競争原理とでは異なり，利益獲得の仕組も異なっていることの指摘を早

くから行った。今日のコンピュータや携帯電話，テレビなどのデジタル製品領域では新たな事業の仕組みを確立できなくて日本企業は凋落している。その理由の一つに，モジュラー型製品における利益創出の新たな仕組み構築ができていないことがあげられる。

しかしモジュラー化とオープン化の度合いという2つの側面だけで，ものづくり企業の製品構造や生産方法，利益獲得方法が解明できるとはいえない。それらのパターンの中でも多様な事業の仕組みが想定できる。そこにはより多様な要素やパターンが関与しているといえるだろう。藤本他（2001）はビジネスモデルそのものには関心が薄いこともあり，多様な事業の仕組みの解明や事業の設計ツールとしては有効ではない。

5　チェスブロウのビジネスモデル

今日の企業は外部に開かれた存在であり，外部の資源を活用して事業活動をイノベーションしていくことが必要だとしたのがチェスブロウ（Chesbrough, 2003）である。彼は技術の可能性を経済的な価値に変換する活動をビジネスモデルと呼んだ。そして技術そのものには固有の価値はなく，技術を市場に投入するためのビジネスモデルが価値を決定するとした。

このため同じ技術であってもビジネスモデルが異なれば，提供される価値は異なる。それに劣った技術と適切なビジネスモデルの組合せのほうが，優れた技術と不適切なビジネスモデルの組合せよりも高い価値を提供することが往々にしてあることを指摘した。

そしてビジネスモデルが果たす役割を図1-6のように提示する。①バリュー・プロポジション（value proposition）を明確にすること，つまりテクノロジーに基づいて顧客に提供する価値の内容を明確にすること。②マーケット・セグメント（market segment）を見つけること。それは価値を求める顧客層を具体的に設定することである。③企業のバリュー・チェーン（value chain）の構造を明確化すること。④選択したバリュー・プロポジションとバリューチェーンに基づき，企業が収益を得るメカニズム「収益のアーキテクチャ」を

図1-6 ビジネスモデルの役割

［出所］Cheasbrough (2006b), p.69

特定し，コスト構造（cost structure）とターゲットマージン（target margin）を見積もること。⑤サプライヤーや顧客，競争相手，補完者（補完財の供給者）を含むバリュー・ネットワーク（value network）のなかで，企業のポジションを認識すること。⑥競争企業に勝つための競争戦略を策定すること。これらの項目はビジネスモデルの内容にもなっている。

チェスブロウ（Chesbrough, 2006a）のビジネスモデルは，2つの重要な機能を実現する。すなわち価値を創出すること，そして創出された価値の一部を収穫することである。ビジネスモデルは新製品や新サービスを生み出すための，原料から最終消費者にいたる一連の活動を定義することで価値を創出する。これらの全活動を通じて付加価値が生まれる。そして独自の資源や資産，ポジションによる競争優位を持つ領域を形成することで価値が収穫できる。

チェスブロウのビジネスモデルは事業の仕組みの役割を明確に指摘している。一般には事業の革新というと製品開発や技術開発が重視されるものの，それだけではなくそれを生み出しまた経済的価値に変える仕組みこそ重要なのである。経済的な価値を創出する仕組みを持たなくては，技術という資源はその可能性を発揮できないことは当然である。そして製品やサービスを創出する原材料から最終顧客の消費にいたるまでの，一連の活動を定義するのがビジネス

モデルであることを指摘している点も重要である。さらに競争戦略の一環としての役割についても言及する。

ただ彼はその具体的な仕組みの解明にまでは十分に踏み込んでいない。提示するビジネスモデルの要素は，対象にする市場にどのような価値を提供するのか，そのコストに対する利益，ポジショニングと競争戦略などをその内容にしている。それは技術が価値を産むためのフレームワークを示している。しかしそのフレーワークのなかでどのようなメカニズムで価値を創造するかを表現していない。そのダイナミックな変容までは指摘していない。ビジネスシステムは，これらについても考慮しなければならないことを本書ではみていく。

6　ジョンソンのビジネスモデル

ビジネスモデルのイノベーションが起こると，産業構造が変革され価値が再分配されるとして，ビジネスモデルのイノベーションに注目したのがジョンソン(Johnson et al., 2008)である。彼らは図1-7のように4つの要素からなるビジネスモデルを提起した。

ターゲットにする顧客が抱えている重要なニーズや解決策を求めている課題に対して，何を提供するか，どのように提供するかが顧客価値の提供(customer value proposition)である。次いで利益公式(profit formula)は，どのように価値を創造するのか，どのようにその価値を提供するのかを定義する。そしてターゲット顧客への顧客価値提供に必要な人材，技術，製品や設備機器，流通チャネル，ブランドなどの資産のなかで，顧客と自社に価値をもたらすキー資源(key resources)の結びつけ方が重要になる。顧客価値提供が可能な業務プロセスが，キー・プロセス(key process)である。顧客価値提供と利益公式は，顧客と企業にとっての価値は何かをそれぞれ定義する。キー資源とプロセスはその価値を顧客と企業に提供する方法を示す。こうしたフレームワークはこれら4要素の複雑な相互依存の上に成立している。

ビジネスモデルのイノベーションが必要なのは，既存モデルの4つの要素すべてを革新しなければならないときであり，漸進的なイノベーションには注目

図1-7　Johnsonのビジネスモデル

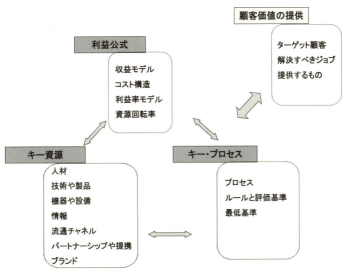

［出所］Johnson, et al (2008)

しない。また新しいだけでなく，業界や市場のルールを転換させるものでなければ新しいビジネスモデルを構築する意義は薄く，それに新規事業が成功するまでには，通常4回くらい手直しされると変更や進化すると，彼らは捉える。

　このモデルでは顧客価値提供がどのようなものかを具体的に特定できなければ，新しいビジネスモデルの開発や既存モデルの再構築もできないとしており，ビジネスモデルの基本が顧客価値提供にあることを主張するが，それは重要であり，バリュー・プロポジションが明確化されて初めてビジネスシステムのフレームワークを検討できる。そしてプロセスと資源とを重要視していることも事業の仕組みとして妥当である。

　ただプロセスでは設計や製品開発，調達，製造，マーケティング，採用と研修，ITなどに注目するものの，それらの具体的なパラメータやそれらの組合せには必ずしも言及していないために，事業のデザインには十分とは言えない。一方，利益公式は売上やコスト，利益率，回転率といった数値指標から構

成されていて分かりやすく、ビジネスシステムを4つの要素から説明し、それらのサブ要素も提示している。この利益公式は事業計画策定には欠かせないし、利益獲得のための事業の仕組みの目標としては重要である。またビジネスモデルのイノベーションは、試行錯誤を繰り返すことで実態に合った事業の仕組みになると、ビジネスモデルの進化を視野に入れている。

7 オスターワルダーのビジネスモデル

どのように組織が価値を創造して提供し、また価値を獲得するかの原理を記述したものがビジネスモデルであるとしたのが、オスターワルダーとピニュール (Osterwalder and Pigneur, 2010) である[21]。彼らはビジネスモデルのイノベーションや再設計のために、ビジネスモデルをビジネスモデル・キャンバスという図を活用して簡単に事業の仕組みを表すことを提示した。

このモデルは顧客、価値提案、インフラそして資金という事業の主要な4つ領域をカバーする9つのブロックで構成する。このビジネスモデルは組織構造、プロセス、システムを通じて実行される。事業の仕組みの出発は誰のために価値を創造するのかという顧客セグメント(CS)で、そのニーズを把握する。その顧客層の抱えている問題を解決しニーズを満たすものが価値提案(VP)で、それは製品とサービスによって実現される。そこでは新規性やパフォーマンス、カスタマイゼーション、顧客の仕事を行う(getting the job done)、デザイン、価格、コスト削減、リスク低減、アクセスのし易さ、使いやすさといった方法がある。

それらの価値を顧客に届けるためのコミュニケーションや流通、販売経路がチャネル(CH)である。そして、顧客層とどのような関係を構築するのかが顧客関係(CR)で、人のやり取りをベースにするパーソナルアシスタンス、専任のパーソナルアシスタンス、セルフサービス、自動サービス、コミュニティ、共創などの方法を想定する。顧客がどんな価値にお金を払うのか、どのような方法で支払ってくれるのかが収益の流れ(R$)である。固定価格と変動価格、安売り、オークション、市場価格、ボリュウムディスカウントなどの方法があ

図1-8　オスターワルダー他のビジネスモデル・キャンバス

KP パートナー	KA 主要活動	VP 価値提案	CR 顧客関係	CS 顧客セグメント
	KR 資源		CH チャネル	
C$ コスト構造			R$ 収益の流れ	

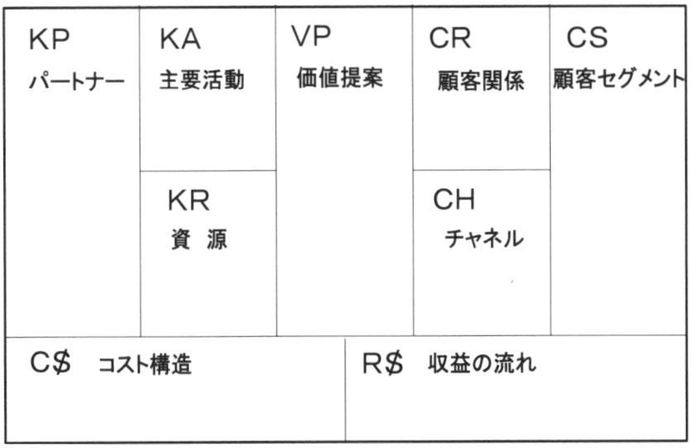

［出所］Osterwalder and Pigneur (2010), p.44

り，その収益の流れを作るものには製品の販売，使用料，購読料，レンタルやリース，ライセンス，仲介手数料，広告などの方法がある。

　ビジネスモデルの実行に必要なのが資源(RS)で，それは物理的なもののほかに，知的財産，人的資源，ファイナンスなどからなる。ビジネスモデルを実行するために必ず行う活動が主要活動(KA)で，製造，問題解決，プラットフォームやネットワークなどがある。ビジネスモデルを最適化し，リスクを減らし，資源を生むためのアライアンスがパートナー(KP)である。そしてビジネスモデルを運営するために発生するコストを記述したものがコスト構造(C$)である。コストは固定費，変動費，規模の経済性や多角化の経済性(範囲の経済性)で分類され，コストの低さがカギになるコスト主導と，コストよりも価値を重視する価値主導の2つのビジネスモデルに大別される。

　彼らのビジネスモデル・キャンバスは，ビジネスモデルについてのアイデアを引き出し，それから概略的な事業設計を行うには役立つ[22]。事業対象の顧客層から，そこにどのような価値を提案していくのかからはじまって事業の外形的な側面を記述することができる。しかしこのビジネスモデルを運営するための組織構造やプロセス，システムについては，キャンバスには十分に記載されない。これらビジネスモデルを実行するための土台となる要素は事業の仕組

みのそのものであり，それは単に事業を実行するのではなく，それによって事業を特異なものにしていく事業の要素である。このように事業の仕組み要素である組織構造やプロセス，システムが取り上げられているものの，キャンバス上には具体的にモデル化されていないといった課題がある。

ただ今までみてきたモデルが既存の事業の解明を主眼としたものであるのに対して，このモデルは事業の設計を主眼にしてその要素を一定程度提示している。このため使用しやすく，根来(2012)などのように，このモデルを使用した事業パターンが援用されている。そして事業の仕組み解明や設計のための基本的な要素提示の必要性がこのモデルによっても理解できる。

8 小 括

いままでビジネスモデルという用語で事業の仕組みを解明する先行研究についてみてきた。初期にはネットビジネスによる斬新な事業モデルを解明する試みは収益確保の方法にこだわり，事業そのものの仕組みの解明には十分ではなかった。しかしネットビジネスのブームが終焉するなかで，一般的な事業方法まで解明する用具としてビジネスモデルは発展する。それはネットビジネスでも斬新な情報技術や事業概念だけでなく，顧客に提供する価値，業務プロセスや資源の重要性が認識された結果でもある。それはわれわれが解明しようとするビジネスシステムと大きくは変わらない。

ただビジネスモデルには次のような特徴も見られる。事業の仕組みの中でも利益獲得方法を重視する。このとき利益をもたらすプロセスや活動に注目したとしても，それらがどのような要素によって成立するのか，またそのサブ要素やパラメータを体系化しようとする姿勢は希薄である。それはプロセスそのものへの関心が低く，またプロセスを担う組織活動が俎上に乗らないことにも表われている。それは既存の成功した事業例の解明に注目しようとするものであり，新たに事業を創造するときどんな要素から事業をデザインしていくかという視点ではないからである。加えて利益獲得方法を中心に事業の仕組をパターン化する傾向が強い。そのパターン要因は外部からでも判断できるような外形

的な事業方法のフレームワークから行われる。

　また技術を活用した事業の仕組からの視点が強い。このため例えばコスト削減が利益の源泉だとして，日常的な改善運動によってジャスト・イン・タイムなトヨタ生産方式という生産の仕組みを軸に，特徴的な自動車生産の仕組みを形成するようなケースについての解明は難しい。われわれはトヨタにみるようなプロセスにおける小さな改善の組み合わせが独自の事業の仕組みを形成することに注目する。つまりビジネスシステムでは，事業活動のさまざまな活動や資源などの組合せによっても，斬新な事業の仕組みが形成できることに注目し解明する。それは同じビジネスモデルの場合でも，競争優位がどこから生じるかについても説明できる。

第3節　事業の仕組み論の検討

　次に事業の仕組みや事業システム，ビジネスシステムなどの名称でモデル化する先行研究について検討する。これらには1990年代後期のものと近年のものとがあり，ネットビジネスを視野に入れずに構想している点に特徴がある。

1　ヘスケットのバリュー・プロフィット・チェーンのモデル

　製造を第一義にものづくりするのではなく，また製品のサポートのためにサービスを提供するのではなく，製品を顧客に提供する活動の一部として製造を行うという視点で事業モデルを構成したのがヘスケット(Heskett et al., 2003)である。彼らは製品やサービス自体ではなく，それらがもたらす結果(result)と，それを可能にする方法である過程品質(process quality)を，重要な関係者である顧客や従業員，パートナー，投資家などに提供できる企業が成功するとした。

　成功する企業は事業としてデザインされた市場とオペレーションに加え，調整された文化と戦略を内在している。そして重要な関係者が企業に忠誠や信頼，コミットメント，所有者意識を持つようにバリュー・プロフィット・チェー

図1-9　バリュー・プロフィット・チェーンの成功要因

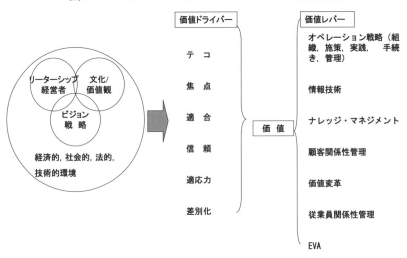

［出所］Heskett and Sasser, Schlesinger (2003), p.xvii

ンと呼ぶ関係を構築して，結果と過程品質を達成していることが優れた企業の理由であるとした。バリュー・プロフィット・チェーンは価値と利益を連鎖的に高める仕組みである。そして費用を上回る価値を生み出すための指標の開発などを通じて，「価値を交換する仕組み」を堅持することが組織の利益に結び付く。

　図1-9は彼らが示したバリュー・プロフィット・チェーンの成功要素である。この図に示される価値レバーでは，事業実施や運用のためのオペレーション戦略が重要になるが，それには戦略的価値ビジョンによって事業を正しく定義する必要があるとする。戦略的価値ビジョンは次のような仮定を基礎にした戦略計画のフレームワークである。

　①製品やサービスを購入するのではなく，人は結果と過程品質を購入する。
　②年齢や収入，ライフスタイルやニーズによって標的顧客を明確にする。
　③組織の最重要目標は，費用を上回る結果と過程品質を生み出すことにある。

④情報システムや立地，技術，価値提供システムなどが整合性を持つオペレーション戦略によって，それらの目標は達成される。

⑤価値は市場とオペレーションが重なり合うところから得られ，その焦点を通じて顧客にとって優れた結果と低コストの双方が達成される。

⑥ビジョンは顧客だけでなく，従業員や他の重要な構成員にとっても適切なものでなくてはならない。

そのうえで戦略的価値ビジョンの要素としてターゲット市場や組織，従業員，供給業者，価値概念，オペレーション戦略，価値提供システムをあげる。製品やサービスではなく結果で事業を再定義すると，結果がもたらされる方法すなわち過程品質を顧客は購入する。そうした結果をもたらす基礎となる駆動因であるデープ・インディケータ（deep indicator）の重要性を指摘する。

たとえばサウスウエスト航空のディープ・インディケータは，25分の折り返し発着時間と顧客満足である。こうした駆動因は変革を起こし，好業績を出し続けるように設計された複雑なオペレーション要素になり，その戦略的な手段に焦点を絞るための情報源となる。ディープ・インディケータとこれに焦点を当てたオペレーション戦略は，模倣が困難な競争上の強みの源泉でもある。

ヘスケットたちのバリュー・プロフィット・チェーン・モデルは，事業の仕組みを必ずしも明確にする訳ではない。そのフレームワークの基礎である全ユーザーの15％といわれるヘビーユーザーが販売額の85％以上を購入するという，特定顧客を重視する顧客生涯価値（life time value）の考え方にもそれが現実なのか課題がある。それに従業員を顧客のように扱うとするインターナル・マーケティングの考え方も常に有効とはいえない。それらは既存の主力顧客を重視することになり，また従業員本位の考え方に陥りやすい面もあり，いずれも斬新な変化には対応しにくい側面を持つことを否定できないからである。

ただ彼らは顧客が求めるのは価値を生み出す結果であるとして価値概念を追求し，価値提供システムの重要性を指摘した。また自社の中核価値を大切にできる企業こそが飛躍できるとして，企業の資源やオペレーションに注目し，仕

組みが有効に機能しているかどうかをディープ・インディケータによって追求していくとした指摘など，価値を顧客に提案する仕組みの創出と発展に重要な示唆を提供する。その駆動因がどのようなオペレーションや資源でもたらされるかがビジネスシステムには重要であり，注目すべきである。

2　嶋口のマーケティング視点からの仕組み

マーケティングの伝統は過去も未来も，新技術を使うか否かにかかわらず，市場における革新的な仕組みの創造にあるとして，本書でいうビジネスシステムを「仕組み」という視点から，ケース研究を中心に解明したのが嶋口（2004）である。そこでは顧客満足をベースに，事業目的である顧客の創造・維持を目指して，マーケティングとイノベーションの融合によって仕組みの構造が形成されるとする。そして生産と消費の持つ異なるニーズを，システム統合によって適合させる役割が事業の仕組みになる。

顧客満足による顧客創造を入り口に，目標成果を出口にしたトータル・システムの形をとるのが「革新的仕組み」である。それはマーケティング機能を軸に他の経営資源機能（人材開発，生産物流，財務，研究などの諸機能）と，インターフェースを調整・統合した全体的な仕組みになる。そうした仕組みを構築する際には，顧客への価値提供と競争優位の実現，利益の創出という3つの要素を考慮すべきであるとする。

どのような顧客にどのような価値を提供しようとするのかを仕組みづくりの出発点と最終目標にして，価値創造のプロセスをまず検討する。企業はどのような資源を利用して価値を作るのか，その資源はどこで誰から調達するのか，その資源をどのように組合せるのかなど，価値を創出する全プロセスをチェックして仕組みを形成する。さらにチャネルや顧客とのコミュニケーション，アフターサービスなどを検討して，創出した価値提供方法を明確にする。それに仕組みづくりには，外部組織とのパートナーシップが重要になるが，その協力者や役割分担を設定する。

企業の競争優位は製品レベルではなく，その製品を作り出す企業の仕組み全

体のレベルにある。そのため競争企業は製品ではなく，それを生み出す仕組み全体を模倣しなければならなくなる。そして仕組みによる競争優位はコスト・リーダーシップや差別化，集中化が同時に達成できる側面を持っている。なぜなら仕組みレベルではある特定の市場を支配できるので，その市場ではネットワーク外部性などでコスト・リーダーシップが発揮でき，その市場でのノウハウをベースに顧客には差別的に，また集中的に対応することができるからであるとする。

　以上のように，嶋口(2004)はマーケティングという視点から仕組みの必要性と重要性を指摘した。さらにポジショニングはあくまで顧客認知上の企業にとっての場所に過ぎず，その場所を企業が獲得したとしても，それが企業の成果や競争優位，顧客満足につながる保証はないとする。それに認知上でのポジショニングで競争優位に立てても，それが持続する保証もない。顧客満足も同様である。満足は事前の期待に対する結果なので，事前の期待が高いとそこそこの結果では逆に不満をもたらす危険性もある。このように指摘して，今日の環境の中ではポジショニングの競争戦略論では限界があり，仕組みこそが有効なことを指摘した。

　この仕組み革新の考え方は製品による顧客ニーズへの適応よりも，仕組みでの対応を強調する。その仕組みによって顧客ニーズに適応し，ある場合には顧客ニーズを創造する。また仕組み革新は企業の表面的な対応よりも事業を支える基本的な活動に注目している。顧客ニーズへの対応そのものではなく，それを支える仕組みを作ることがマーケティングなのだと定義する。

　ただ仕組みの構成要素は一応あげられているものの，具体的なモデルは明示されていない。実際，取上げているケース分析でもその視点はさまざまである。どのような要素で，またどのようなフレーワークで，何に注目して仕組みを分析や設計するのかは明確ではない。どのようにして価値を創造するのかというプロセスも希薄である。しかし価値創造におけるプロセスの重要性，仕組みによる模倣しにくい事業活動など，仕組みの重要性を的確に指摘している。

3 浅羽の小売業のビジネスシステム進化モデル

　事業を創造する際の中核能力は技術でも資金でもなく，経営者の目利きや構想力であるとして，事業の仕方であるビジネスシステムに注目して，小売業のビジネスシステムの革新や変遷を解明したのが浅羽・新田(2004)である。既存のビジネスシステムが新規のそれに取って代わられ，ビジネスシステムの変革が繰り返されることで小売業のダイナミズムが生まれ，小売業が常に変化していくことを主張する。

　一般には小売業の事業については品揃えによる業種や，オペレーションの方法である業態という視点から検討されるが，彼らは事業の方法に注目する。小売業のビジネスの仕方は価値，ターゲット顧客，サプライチェーン・マネジメント，小売ミックスの関係の複合体であるとし，さらにこれらの仕組みに加えて，差別的優位性という戦略の要素も含めたものをビジネスシステムとする。そして新規の小売業は顧客のニーズが満たされていない空白地帯に事業領域を設定し，顧客を獲得するためのビジネスシステムを構築することで進化していく，というのが小売業進化の本質であると指摘する。

　このときなぜそのような事業の空白地帯が生じるかといえば，ニールセン(Nielsen)が真空地帯仮説で主張したように，既存小売業のシステムがその合理性を追求するがゆえに生じてしまうとした。つまり自己のシステムの強み・利点を追求・強化しようとする企業活動が，一方でムダや空白地帯を生み出してしまう。それは社会的にみると，企業活動そのものに次の新しいビジネスシステムを創造するメカニズムが組み込まれていることを意味する。

　このため空白地帯を埋めたり，ムダを省いたりすることによって新たなビジネスシステムを構築しようとする試みは，既存の流通業の中心企業からは生まれにくい。ビジネスシステムを革新しようとすると，反対に自己の強みを弱めたり，否定したりしてしまうからである。斬新なビジネスシステムは，既存のシステムに新しい工夫を追加するようなものではない。既存のシステムが一定の合理性を有するがゆえに抱えてしまう問題点について，既存の仕組みや強みを否定するような新しい仕組なのである。それゆえ既存の中心企業からは反撃

しにくく，模倣しにくいためにその優位性を形成できるとする。

　彼らは企業がその中核能力を活かして顧客を獲得しようと行動するほど，一方で顧客のニーズに応えられない領域が発生し，その領域を目がけて，既存企業にはない新しいビジネスシステムを構築して，新しい企業が顧客を獲得していくことで小売業が発展していくことを示した。ただそこでは小売業のビジネスシステムについて，創造する価値やターゲット顧客，サプライチェーン・マネジメント，小売ミックスの関係の複合体に加えて，差別的優位性の方法という比較的大きな要素でとらえていることに止まる[23]。

　彼らの関心はビジネスシステムの革新によって産業が進化するダイナミズムにあり，ビジネスシステムの要素とメカニズムそのものには十分な関心を持たない。ただそのような小売業のビジネスシステムを変革する場合には，潜在価値の発見，ドメインの絞込み，業務選別，工夫の積み重ねの4つに注目する。

　業務選別はどの業務を自社が行い，どの業務を他社に任せるかの決定である。潜在する価値を発見してそれを提供する事業を構想すること，競争優位や持続的成長の源泉となる業務，そして分離すると無駄が生まれる業務などは自社で行う，このとき工夫の積み重ねが事業を進化させていくとする視点が重要である。これらについては第6章で再び検討する。

4　加護野・井上の事業システムのモデル

　製品やサービスを提供する仕組みに注目し，ビジネスモデル隆盛以前の90年代半ばからわが国では事業システムの研究がはじまっていた。次に事業システムのモデルについて検討する。

(1) 仕組による競争

　事業システムに早くから注目したのが加護野(1999)である。顧客に商品やサービスをうまく提供するための仕組み，顧客に価値を届けるための事業の仕組みの競争が静かに進行しており，競争の焦点が製品から事業の仕組みに移っているとして，斬新な事業システムの確立を主張した。企業の差別化戦略を行う場合，製品やサービスによる差別化は華々しい効果がある一方で模倣され，

またより価値あるものが出現してしまうため寿命が短い。しかし事業の仕組みの差別化は目立たず，企業の総合力の上に形成されるので模倣しにくく，長期にわたって競争優位性を形成できるとみたのである。

そしてどの活動を自社で行うか，社外のさまざまな取引相手との間にどのような関係を築くかを選択し，その基本的な選択を実施するための分業の構造やインセンティブのシステム，情報やもの，資金の流れなどの設計の結果として生まれるのが事業システムだとした。また近年の新しい事業システムには，共通な論理が用いられているとして3つの特徴をあげた。

第1は仕事や商品回転など，スピードによって効率をあげるスピードの経済である。第2は組合せの経済で，複数の事業を組み合わせて単一の事業では困難な効率性や有効性を実現する。第3は集中特化と外部化である。これは社内業務を特定のものに絞り込み，それ以外を外部の企業に依存して有効性や効率性を高めているというものである。

また事業システムは次のような5つの基準で評価することが出来るとした。商品やサービスを受ける顧客にとって価値が認められる仕組みであるか，同様な他の事業システムと比べて効率が良いか，どの程度模倣できないか，システムの優位性は長期にわたって持続するか，将来の発展可能性はどうか，である。

加護野は大きな環境変化のなかで躍進する企業を観察して，事業システムによる差別化戦略を提起した。従来の事業システムの基本設計思想であった規模の経済性に代わって，スピードや組み合わせ，外部化などの論理で事業を再編成することを主張する。事業システムを創造し，実行する際の情報の重要な役割についても解明している（加護野，2006）。しかし事業システムの具体的なフレームワークの提示はなく，近年の新たな経営行動の解明に主眼をおく。スピードや有効性や効率性，外部化などを指摘するが，それがどのようなオペレーション要素によって実現するかは解明されていない。

(2)『事業システム戦略』について

加護野と井上は前述の著を発展させて2004年『事業システム戦略』を発表

する。そこでは設計パラメータとして事業システムを構築する際の留意点をあげている。まず無数の活動と調整による価値の提供である。そして事業の仕組みの基本設計内容として，事業の幅と深さの選択，社外のさまざまな取引相手との間に，どのような関係を築くか，という2点を指摘する。

これに基づくさまざまな活動の調整と整合化が事業システムには必要だとして，どの活動を自社で担当するか，社外のさまざまな取引相手との間の関係の選択，分業の構造，インセンティブのシステム，情報やもの，金の流れの設計という5項目をあげる。そして経営資源を一定の仕組みでシステム化したものが事業システムシステムであると定義する。

この考え方では事業の製品ラインと垂直的な分業構造，仕事の意欲に対するインセンティブ，業務の調整のための情報とものの移転・流通，資金の流れが事業システム要素になっている。ただ情報や物，資金の流れに注目するものの，そのもとで行われるオペレーションの要素や，調整のための管理方法，そしてオペレーションを支える組織などに対する関心は必ずしも高くはない。わかりやすい設計パラメータではあるものの，事業システムを具体的に設計する際には十分とはいいにくい。

(3) 収益エンジンと成長エンジン

井上(2006)は前述の事業システム概念を基本に，新しい視点からの事業システムを主張する。一般に取り上げられるビジネスモデルの考え方では，収益原理を直接的に求める一方で，その収益の源となる経営資源をいかに蓄積するかという側面には無関心であるとした。保有する技術資源の収益化にだけ焦点を当てて，有効な技術をいかに効率的に開発するかという課題を無視していると指摘する。そして技術を開発・蓄積する成長エンジンと，それを活用し収益化する収益エンジンを統合することで事業システムをモデル化する。

確かにビジネスシステムは企業の資源があって成り立つものであり，顧客に価値を提供するにはそれを可能にする資源が不可欠である。そして資源は静態的に存在するのではなく，企業の意志によって調達・配分されて事業を展開し，一方ではその事業活動のなかで蓄積し育成していくものである。そうであ

図1-10　基本P-VARの概念図

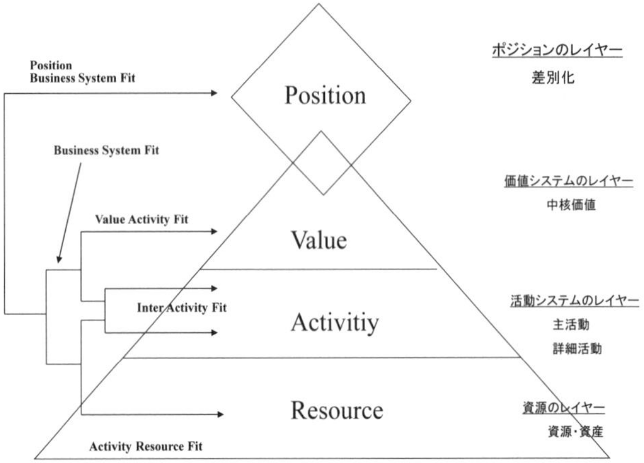

（図中テキスト）
- Position Business System Fit
- Business System Fit
- Value Activity Fit
- Inter Activity Fit
- Activity Resource Fit
- Position / Value / Activitiy / Resource
- ポジションのレイヤー　差別化
- 価値システムのレイヤー　中核価値
- 活動システムのレイヤー　主活動　詳細活動
- 資源のレイヤー　資源・資産

［出所］井上（2006），p.41

るとすれば，資源の蓄積や育成の仕組は事業の仕組みにとって重要であり，そのメカニズムを内在させることが必要になる。ただ技術の開発や蓄積に限定せず，組織能力も含めたより広い資源の蓄積に注目すべきだろう。

　それに資源の蓄積だけでなく，仕組み変革のメカニズムも内在することが必要である。事業の仕組みは静態的なものではなく，顧客ニーズや環境，そして企業の戦略によってダイナミックに変容するものである。その進化のメカニズムを内在したい。先にみた浅羽らは斬新なビジネスシステムは既存の中心企業のなかからは生まれないとした。しかしそれは革新のメカニズムが機能していないか，不十分ということも要因ではないだろうか。

　また井上は事業システムの分析・設計のコアになる用具として，図1-10のようなposition（ポジション），value（顧客価値），activity system（活動システム），resource（経営資源）という4つの構成要素から成り立つP-VAR分析を提示する。このモデルではその4つの要素のフィットが重視され，またポジションを頂点とした要素の階層関係も示されている。その特徴として，それが第1に収益性を説明するポジショニングと資源ベースという2つの戦略論のアプ

ローチを接合したものであること。第2にこの枠組みによって，収益を獲得する構造形成のプロセスをみることができ，事業システムの生成プロセスを経時的に記述することを目指したものであるとする。

このモデルは，先にみたアファーのビジネスモデルとの類似性もみられる。それらはポジショニング理論と資源ベース理論を融合させた競争戦略の考え方を背景にしている。アファーのモデル要素の産業要素，ポジション，活動，コスト，資源に対して産業要素と，コスト以外は共通である。ただ両者ともその活動(activity)について，どのような視点からその要素内容をみていくのかは必ずしも明確ではない。それらは企業一般のさまざまな活動として想定されているに過ぎず，その仕組みの要素に深く立ち入っていない。われわれはその内容の解明が事業の仕組にとって重要だと考える。

5 ビジネスシステムによる事業創造

小川(1996)は1990年代のバブル経済破綻後の閉塞状況を打破するには，新しい視点からの事業創造が必要であり，そのとき新製品や新市場開発という方法だけに単純に依存しなくても事業創造が可能であるとして，事業システムの概念を提起した。そこには次のような問題意識がある。

中小企業では新製品や新技術開発を主体に，事業を変革しようとする試みが行われ，開発支援のためにさまざまな補助金も投入されているが成功例が必ずしも多くない。反対にとくに斬新な製品や技術を保有しなくとも，不況のなかでも高業績の企業がある。その理由を企業の実例から探るなかで，それらの企業には独自の事業の仕組みが存在することを知見する(これについてはたとえば第2章で具体例を示す)。独自の事業の仕組みがあれば，同業企業と同じような製品やサービスでも成果が得られている。一方，新しい製品やサービスを開発しても，それらと顧客を結びつける適切な事業の仕組みがないと収益を獲得できない現実がある。

そこで図1-11のような事業コンセプトと業務システム，組織，経営資源という4つの要素からなる事業システムのモデルを提示した。事業コンセプトは

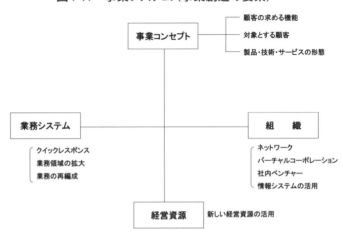

図1-11　事業システム（事業創造の要素）

［出所］小川（1996），p.226

エーベルの事業の定義を援用して，顧客の求める機能，対象とする顧客，製品・技術・サービスの形態という3つのサブ要素で形成する。生産や販売などの業務方法の体系が業務システムで，クイックレスポンスな製品販売システムや，業務範囲の拡大などでも独自の事業が創造できる。

　事業を遂行するための人の協働体系である組織は，事業コンセプトや業務システムに規定されるが，人材やその能力を活用する新しい組織の採用によっても新たな事業が創造できる。そして未利用の資源や外部から新しい資源を調達することによって事業を変革し創造できる。これらの事業要素の変革を他の事業要素に波及させ，誘発することで新しい事業が創造される。そうしたさまざまな実例を示しながら事業システムによる事業創造を提起した。

　しかし事業システムの要素とその内容が，単純で断片的にしかモデル化できていない。業務システムでは特定の業務方法をあげるにとどまり，業務を構成し多様化する要素に到達しなかった。それぞれの要素の内容も一面的であった。その後これに検討を加えてビジネスシステムの体系化を試みてきた（小川，2000a）。それについては次章以降でみていく。

6　小　括

　今まで仕組みや事業システムといった用語で事業の仕組を解明しようとする先行研究についてみてきた。これらに共通するのは今日，事業にはダイナミックな変化が産れており，それは製品や技術からの側面だけでは説明出来ないこと，そして製品やサービスそのものではなく事業そのものの仕組みが，顧客獲得や競争優位の形成に重要なことに注目していることである[24]。それに利益獲得の方法としての仕組みも重要だが，他方で顧客価値提供のためには製品だけでなくトータルな事業の仕組みが必要であること，そして模倣しにくい競争優位性のために，製品レベルだけでなく可視化しにくい事業の仕組みも重要だということである。
　ただ，仕組みは最終的にはオペレーションに多くを依存するが，そのプロセスをどのように解明していくかというオペレーションの要素についての関心は低い。斬新な事業概念で事業を構築するとき，それは具体的な業務プロセスとして設計し，事業を運営することになる。とりわけ事業のデザインの際には業務プロセスによる価値創出と，事業実行のさまざまな要素の解明が必要になる。先行研究と異なって本書はそれに注目することになる。

第4節　ビジネスシステムのあり方

　今までネットビジネスが提起した事業の仕組の可能性とその課題，そしてビジネスモデルや事業システムなど事業の仕組に関連する先行研究をレビューしてきた。それらは事業の仕組みが複雑で，その解明が難しいことをも示している。本節では今までみてきた先行研究をまとめ，さらに事業の設計や革新を行う場合の事業の仕組みモデルの在り方，つまりわれわれのいうビジネスシステムのモデルに必要な要件について検討する。
　ビジネスシステムは顧客価値を創造する仕組みであるだけでなく，競争力のある事業の仕組みのデザインや再構築に役立つものでなくてはならない。それが活用できるためにはできるだけ単純であり，なおかつそれは事業と業務運営

方法や組織，資源，ケイパビリティとの関係も説明できることが求められる。またそれが環境とともに変化するダイナミズムを説明できることも必要である。本章のまとめとしてビジネスシステムのモデルのあり方について検討する。

1　先行研究における事業の仕組みの課題

　今まで検討してきた先行研究についてその特徴を，仕組みを構成する要素の具体性，同様な事業との差別化の解明性，仕組みのダイナミックな変動性についての関与度合いから著者なりにまとめたものが表1-1である。

　事業の仕組みを設計，分析，イノベーションするためには，共通なツールが必要であるというのがわれわれの問題意識であった。既に存在している事業についてはその特徴的な部分を解明すれば，事業の仕組みの一端はわかる。しかしその場合でも，分析用具があればより客観的に仕組みを解明できる。そのような意味で仕組みの具体的な構成要素が必要である。これは事業を新たに設計するときは不可欠になる。また同様な事業モデルであっても，他とはどこが異なるのか，なぜ異なった事業が可能なのかという差別化の解明も必要であった。さらに事業は初めから完成したものではなく，その仕組みが変容しながら現在の形態で存在している。そのため仕組みはどのようにして進化するのかも視野に入れたい。

　このような視点から先行研究をみると，すべてに満足できるものはない。ハメル(Hamel, 2000)，ジョンソン(Johnson et al., 2005)，オスターワルダー(Osterwalder, 2010)のビジネスモデルと井上(2006)の事業システムはわれわれが求めるモデルに比較的近い。ただ前者のジョンソンのモデルは仕組みの構成要素として注目すべき領域があげられているだけで，具体的にその中でどのようなサブ要素やパラメータから解明するかということになると曖昧である。そして仕組みの進化についての解明がない。ハメルのモデルは具体的な事業要素が提示されているものの，ブリッジなどのフレームワークが複雑である。オスターワルダーのモデルはシンプルで仕組みの概念設計としては活用しやすい

表1-1　事業の仕組みモデルの検証

事業の仕組みモデル ＼ 仕組みに必要な視点	仕組みの構成要素の具体性	同様な事業モデルでの差別化の解明性	事業の仕組みの進化の解明性
スライウォッキーとモリソンのビジネス・デザインモデル	△	△	×
スライウォッキーの23のビジネスモデル	×	×	×
ハメルのビジネスモデル	○	○	×
アファー・安室のビジネスモデル	△	○	×
青島・武石・藤本のビジネスアーキテクチャ	△	×	×
チェスブロウのビジネスモデル	×	△	×
ジョンソンのビジネスモデル	○	△	○
オスターワルダーとピニュールのビジネスモデル	○	○	×
ヘスケットのバリュー・プロフットチェーン・モデル	△	△	×
嶋口の革新的仕組みモデル	×	△	△
浅羽・新田のビジネスシステム進化モデル	×	△	○
加護野の事業システムモデル	×	△	×
加護野・井上の事業システムモデル	×	△	×
井上の事業システムモデル	△	○	○
小川の事業システムモデル	△	△	×

検証評価：○ おおむね当てはまる，△ 一応当てはまる，× 必ずしも当てはまらない

が，要素のパラメータが詳しいとはいえない。また井上のモデルは事業の構成要素が大きく，事業の分析には役立つものの事業の設計ツールとしては十分ではない。

　これらのことは事業の仕組みを解明しようとしても，業種や業界によって仕組みの要素が多様であり，要素を具体化しようとするほど他の業種や業界には該当しなくなってしまうというジレンマが起こるためでもあろう。そもそも個々の企業の事業の仕組みは複雑である。このような現実があっても，本書では事業の設計や分析に少しでも活用できる事業の仕組みのモデルを解明したい。

2　ビジネスシステムに求められるもの

　われわれが構想するビジネスシステムのモデルには，次のような条件が求められている。

(1) ビジネスシステム構成要素の提示

　ビジネスシステムを事業の設計や革新などに活用するためには，また事業の仕組みを解明するためには，仕組みを構成する要素も含めたフレームワークが必要になる。おおまかなフレームワークだけで解明すべき要素が不明確では，当該ケース特有の一般的ではないツールになってしまう。しかし事業の仕組みの要素は産業や業界によって異なってくる。製造業のそれとサービス業とでは大きく異なる。さらにオペレーションや組織行動など具体的な事業活動になるほど，製造業であっても業種や業界によってそれはより多彩である。このことは多様な事業ごとにさらに異質で多様な方法が存在し，仕組みを構成する要素の提示が拡散してしまうことを意味する。しかし基本的な要素なくしては事業の分析も設計や変革についてもケースごとに恣意的になってしまう。

　スライウォツキーをはじめとして，ビジネスモデル論者の少なからずが利益獲得方法のパターン化を試みている。しかし事業の仕組みは多様性に富み，単純にはパターン化できるものではない。それよりも仕組みを多様化させる骨格になる重要な要素を提示すべきであろう。それはビジネスシステムを解明し設計する場合のツールになり，複雑な事業の解明に有効である。そして有効な仕組みほど要素間の相互補完の関係が重要になり，要素のフィットが重要になる。

　本書では製造業という産業の大枠での事業を想定しながら，仕組みの主要素やそれを構成する2次的な要素など，一般化できる仕組みの骨格になる要素を抽出したい。それは事業の仕組みの特徴や特質が把握でき，そしてビジネスシステムを表現し設計できる要素になる。

(2) 業務オペレーションや組織に注目

　事業の仕組みといえば，それは事業を実施する具体的な業務方法として構築される。このため業務を構成し特徴づける要素に注目することが求められる。

業務を構成し特徴づける2次的な要素，サブ要素によって業務の重点や，事業概念を実現するための仕組みの多様な存在を解明できることが必要である。

さらに業務を実行するのは人であり，組織である。人の能力発揮や意欲，それを組織的な活動にする仕組みもオペレーションを左右するし，事業を特異なものにしていく。業務と一体で機能する組織も構成要素として欠かせない。

(3) 資源や能力のバランスの上に構築

現実のビジネスシステムは企業が保有し，調達できる資源や能力によって左右される。一方でそうした資源や能力に応じた仕組みでなければ円滑な事業として運営できない。それに資源や能力の制約によって現実の仕組みは企業ごとに多様になっている。このためビジネスシステムを成立させ，一方でビジネスシステムを制約している資源や能力の解明も必要で，これらを考慮したビジネスシステムが望ましい。

ただ今日，素早い情報伝達がインターネットによって容易になったため世界中の資源が活用しやすくなった。このため外部資源の活用は事業の可能性を増大させており，外部資源の有効な活用は仕組みの課題である。

(4) 事業推進のエンジン

スライウオツキーとモリソン(Slywotzky and Morrison, 1997)は，顧客を獲得するためにまた競争企業よりも優位に立つために，戦略的にコントロールできる管理点を複数持つことを主張した。サウスウエスト航空ならばその一つは25分のターン時間である。このターン時間を守ることで同社の仕組みが機能している。またヘスケット(Heskett et al., 2003)は事業を推進し，その状況を代表するような駆動因子としてディープ・インディケータを提示した。それは事業の仕組みと特徴を，そして仕組みの目的やはたらきを明確にする重要な因子をわかり易く表現できるものであるし，事業の指標になるためビジネスシステムに取り込むことは有効である。そのような駆動因子は，仕組みの領域ごとにも表現できるかもしれない。

本書では事業要素のはたらきを表現し，ビジネスシステムを駆動して事業を誘導する主要な要因をビジネスエンジンと呼ぶ。それはビジネスシステムの機

能を表現するだけでなく，ビジネスシステムの機能をリードするものであり，機能のはたらきを判断し測定する目安になるものである。仕組みのなかにいくつかのビジネスエンジンを内包する。それが顧客に評価され他社が模倣しにくいものであるほど優れた事業になる。

(5) ダイナミックなモデル

ビジネスシステムは静態的なものではなく，顧客ニーズの変化や絞込み，さらには競争企業の動向など，さまざまな要素によってダイナミックに変容しながら自己組織化していく必要がある。その変動要因をビジネスシステムの外に求めるだけではなく，その内部に進化のメカニズムとして内包される必要がある。そうした進化の可能性を含めたダイナミックなモデル提示が望ましい。

環境変化そしてシステム内部の要素や要素間の結びつきの変化によって，ダイナミックに変動し進化していくビジネスシステムモデルを構築しないと，変動めまぐるしい環境での顧客ニーズ対応した，顧客に価値を提供できる事業の仕組みとしては不完全である。

[注]
(1) アメリカでは1981年にソフトウエア特許が認められたが，特許の対象はシステムやソフトウエアであって，事業方法のような，人為的な取り決めに基づくものは特許の対象にはしないことが世界共通の慣行であった。しかし1998年アメリカ連邦巡回控訴裁判所が，金融ベンチャー企業シグニチャー・ファイナンシャル・グループの統合資産管理モデル「ハブ・アンド・スポークス」をビジネス方法特許として認定した。それはネット上で投資家の複数の講座を一括管理する方法とシステムを内容としている。これがビジネスモデル特許の始まりである。今井(2002)pp.12～14参照。
(2) ビジネス方法に対する各国の特許事例や権利行使については，財団法人ソフトウエア情報センター(2000)を参照。
(3) ワンクリック・オーダーとは顧客が一度，支払い方法や届け先などの情報を登録しておけば，次に購入する際に1回のクリックで注文処理ができるというものである。逆オークションは顧客が希望する価格を提示し，買い手主導の価格設

定を行う取引形態でプライスライン・ドットコム社がビジネスモデル特許を取得した。
(4) 当時出現したさまざまなネットビジネスの例については，アメリカ商務省リポート(1999a)および(1999b)を参照。また当時のネットビジネスの状況や課題についてはNTTデータ北米技術センター(2001)を参照。
(5) インターネットを事業基盤にしてアメリカに多数登場したスモールビジネスは，ドットコム企業(会社名に.comがつくことが多かったため)といわれた。それが株式を次々と上場して経済を活性化させ，アメリカ企業の躍動力を世界にみせつけた。
(6) 当時のドットコム企業や新興国企業に対する狂乱的な投資状況，それらに対する投資手法などについては，Bookstaber(2007)を参照。
(7) たとえば全米でベストセラーになり，インターネットによってビジネスが大きく変化するなかで，ビジネスモデルが重要なことを説くこのモダール(Modahl, 1999)の著でも，ビジネスモデルがどのようなものであり，それがどのような要素によって構成されるのかは明示されていない。今日でもビジネスモデルという用語はその内容があいまいなまま使用されていることが少なくない。
(8) 国領(1999)p.26。
(9) 従来型の店舗や倉庫を構える一般的な企業は，ブリックス＆モルタル(bricks and mortar)企業と喩えられた。それは流通業の仕組や資源を活用して，競争力のある事業を構築した企業である。これに対して情報技術を導入してネットビジネスを行う従来型の企業を，クリック＆モルタル企業(click and mortar: オンライン店舗と倉庫の両方を活用する企業)と呼んだ。
(10) オンライン小売業の標準モデルを創造したアマゾン社は，この分野ではじめてクレジットカード支払いの仕組みを導入するなど，そこにはさまざまな斬新な事業の仕組みがある(Seybold, 1999, pp.173〜193)。
(11) アマゾンの経営理念については，次のベゾスへのインタビュー記事Bezos(2008)参照。
(12) 当時のアメリカ書籍販売の仕組とアマゾン社のビジネスシステムについては，Lester(2000)を参照。
(13) サイバーシップでは製品陳列に物理的なコストがかからないため，幅広く製品をそろえることができる。このため需要が限られるニッチな製品でも展示が可能で，需要曲線の裾野が拡大しニッチな製品からも利益が獲得できるというロングテールの考え方が登場するAnderson(2006)。

(14) 嗜好がますます細分化しているため没個性的なヒット製品は生まれにくく，ニッチな製品のほうが利益を獲得できるとするアンダーソンの唱えるロングテールは間違いであるとする見解も生まれている。現実のデータはヒット製品が売上の大半を占めているのであり，尻尾は長く伸びているが，それは細くなり利益獲得は難しいとする(Elberse, 2008)。

(15) スライウォツキーの次の著作ではビジネスデザインの要素として次をあげている。顧客選択，顧客に対するユニークなバリュー・プロポジション，社員に対するユニークなバリュー・プロポジション，価値の獲得・利益モデル，戦略的コントロール・差別化，組織のシステム，ビット・エンジンの8項目である(Slywotzky and Morrison, 2000)。

(16) 電力をはじめとして総合エネルギー企業であったエンロン(Enron)は1990年代，成功事例として経営学に数多く取り上げられた。しかし長期にわたる巨額粉飾決算が明るみにでて2001年に破綻した。

(17) Afuah(2004)p.2.

(18) Afuah(2014)pp.5～11.

(19) アーキテクチャという建築から生まれたこの用語は広くは社会設計，コンピュータシステムの世界に登場し，さらに製品設計や生産，事業など広く用いられるようになった。そこでは行動を制御する工学的に匿名的な権力の総称として使用されている(浅田他, 2009)。

(20) モジュラー製品や擦り合わせ型のインテグラルな製品の考え方については，藤本(2007)を参照。

(21) Osterwalder and Pigneur(2010)p.14.

(22) 彼らがこのビジネスモデルを個人の人生設計に応用したものにClark and Osterwalder, Pigneur(2012)がある。オスターワルダーのモデルはアイデア創出には使用しやすい。

(23) 創造する価値やターゲット顧客，サプライチェーン・マネジメント，小売ミックスの関係の複合体がビジネスモデルであるというのは寺本の定義の援用である(寺本/岩崎, 2000)。

(24) 今日の競争は個別企業から価値を供給するシステム間競争に移行し，そのシステム間競争の中心になるのがビジネスシステム概念であるとして，ビジネスシステム論を詳しく整理したものに井上(2010)がある。

第2章 ビジネスシステムのモデル

　ものや知識，情報，能力などの資源を経済的価値に変換し，顧客価値を創造して利益を獲得するための構造がビジネスシステムである。顧客が求める価値を最も効果的，効率的に創出して提供するためにビジネスシステムを形成する。また競争を避けたり他の企業との競争に対応するためにも独自のビジネスシステムを企業は創造する。企業は限られた資源を活用して，戦略的な視点から仕組みの要素を組合せてシステム化することで，それぞれ独自の事業スタイルを形成する。とりわけ資源の脆弱な中小企業は差別化のために，独自のビジネスシステム形成が重要になる。そして顧客満足が得られる仕組みは，企業と顧客との新しい関係を形成する。

　本章では顧客価値や競争力のある事業を企業の能力に合わせてデザインし，創造するという視点から，ビジネスシステムのモデルとその構成要素について概略を示す。本章で提示するビジネスシステムを構成する主要な要素については第3章以降の章で検討する。本章ではモデルとその仕組みをリードする事業概念を軸に，独自の事業を設計し，顧客に価値を提供できるビジネスシステムの基本的な考え方を提示する。

　第1節では仕組みを解明すべき事業の考え方について，事業概念を重視した著名な論者の先行研究から，ビジネスシステムの土台にもなる事業のとらえ方を検討し，ビジネスシステム要素の一つとしての事業概念のサブ要素を導き出す。第2節ではビジネスシステムをわかり易くイメージするために事例を検討する。そして第3節では，本書が主張するビジネスシステムのモデルを提示する。第4節ではビジネスシステムの要素が制約される中小下請製造業でも，斬新な事業概念によって異質事業が形成できることを示し，業務領域が狭い場合でもビジネスシステムが有効であることをみる。第5節では，顧客価値が変

容するなかでビジネスシステムをいかに形成していくかを検討する。

第1節　事業のとらえ方

　事業(ビジネス)という用語は一般には企業や，企業の活動を指すものの，曖昧な用語でもある。経営学では利益を基準に製品・サービスの提供を行う統治・運営管理を意味し，経営そのものを指す概念として事業という言葉が用いられている(奥村, 2001)。まずビジネスシステムの前提となる事業の概念について検討する。

1　製品や技術からみた事業

　事業とは一体何か。どのように定義すればその仕組みの解明に役立つのだろうか。まず最も一般的に活用されている事業の概念からみていく。

　身近な製造業を例にあげれば，金属プレス加工業や切削加工業，木製家具製造業，印刷業といった中小企業が主体の事業がある。これは日本標準産業分類の区分でもあり，「経済センサス-活動調査」や「工業統計表」など各種統計に用いられる。このときの事業の名称は企業の保有する技術領域か，生産する製品分野を表す。

　木製家具製造業は木材を加工してテーブルやイス，タンスなどを生産する事業である。この事業では低価格な製品は，中国や東南アジアなどの輸入品との価格競争が課題である。一方で高額な高級家具は北欧やイタリア製品などとデザインや質感の競争を迫られている。一般家庭用とは異なって事務所用の需要では，洗練された外観よりも機能と価格が購入の重点になる。そして木材だけでなく金属やプラスチック材を使用した家具があり，これら異なった技術で生産される家具事業との競合もある。

　このように同業の木製家具製造企業とだけではなく，その競争は金属家具やプラスチック製家具を製造する企業にも及ぶ。そして一般家庭向けと事務所向けの家具など，需要分野によって販売方法や取引条件も異なり，また競合しな

い異質な市場もある。加えて高級家具事業を取り上げても，職人の手作りで一つひとつ家具を生産する工房形態や創作家具作家による事業，また木工加工機械を使用する量産型の工場生産による事業がある。同じ高級家具でも事業の仕組みそのものが異なって，事業経営の方法は異質なものになっていく。

　このようにみていくと，日本標準産業分類のような事業分類は事業の特質のかなり狭い面，技術や製品という物理的・化学的な側面から惹起される性質の一部しか表現していないことになる。提供する製品や技術で事業を定義すると，競合しない事業が同一の事業になってしまい，反対に競合しているのに異なった事業に分類されることも少なくない。さらに製品の違いだけでなく，対象にする市場の違いによって事業経営も異なってくる。相互に競争する事業の範囲も明確ではない。製品や技術の性質だけでは，事業の仕組みを検討するには十分とはいえないことを示している。

2　顧客ニーズや市場からみた事業

　前述したような事業の一般的な概念を，事業を効果的にするために経営学の視点から理論的に定義しようとしたのは，ドラッカー(Drucker)やレビット(Levitt)，そしてアンゾフ(Ansoff)である。これらの経営理論の大家の事業についての考え方をみていく。

(1) ドラッカーの事業概念

　2005年に逝去するまで精力的に発言を続け経営学に大きな足跡を残すドラッカーは，その初期の代表作『現代の経営』(Drucker, 1954)のなかで，事業の目的は顧客の創造であるとした。事業とは何かを決定するのは顧客であり，顧客にとって価値があると思う製品やサービスを経営者は創出しなければならないと主張する。そして絶えず自社の事業について問い続けることが重要だとした。

　鉄鋼を作る製鉄会社，貨物や乗客の輸送のために列車を走らせる鉄道会社，そして火災その他の災害のために保険を引き受ける保険会社と一般的にいわれるようには，事業を単純に定義できるものではないとドラッカーは言う。そし

て事業の創業期や危機のときではなく，事業が繁栄しているときにこそ事業とは何かを問い直すべきことを指摘する。自社の事業が何かという問には単純に答えられるものではなく，市場における顧客の立場から事業を検証することによって回答できるものだとドラッカーは言う。そして事業とは何かという問に対して正しい答えを見つけ，全社的に徹底することが経営者の役割だと述べた。

　事業は顧客満足や顧客のニーズに応えるものでなくてはならないこと，しかしその答えを顧客側に委ねるだけでなく，他方で新しい顧客価値を創造していくことが事業経営に不可欠であることを彼は主張する。加えて顧客ニーズを創造し事業を発展させるためには，マーケティングとイノベーションが必要であることを指摘した。

　つまり経営者の役割は，市場の中に潜んでいるさまざまなニーズを見つけ出す一方で，自己の力によって新たな需要を創造して市場を変革していくことにある。そのために自社の事業とは何かを繰り返し問い，事業を絶えず変革していくことが経営の本質だと考えたのである。

　変革期の今こそ新しい事業の在り方を問い，そして事業の新たな仕組みづくりが求められている。われわれはドラッカーに学び，事業を変革する方法の創出に努めていく。

(2) 顧客ニーズを重視したレビット

　マーケティング理論に大きな足跡を残し2006年に世を去ったレビットは，その代表的な論文「マーケティング近視眼」(Levitt, 1960)のなかで，鉄道や映画産業などの衰退をとりあげた。その事業衰退の理由は，現実に提供している製品やサービスだけにこだわり，事業を狭く定義してしまった結果であると警鐘を鳴らした。

　たとえば鉄道会社の衰退は旅客と貨物の輸送需要が減少したためではなく，また自動車やトラックなど鉄道以外の手段に顧客を奪われたのでもない。新たな需要に鉄道会社が対応しなかったからであると指摘した。鉄道の場合には人や物の移動つまり輸送事業ととらえることで，自動車による貨物運送や航空事

業の台頭にも対応できたにもかかわらず，鉄道という技術的手段に拘泥して事業の範囲や内容を構築したために，アメリカの鉄道事業は衰退したと指摘したのである。

事業の範囲を誤ると，隆盛を誇る企業であっても環境変化に対応できなくなることを，またダイナミックな環境変化のなかで事業を継続，成長させていくためには事業の定義が重要なことをレビットは指摘した。そして企業が販売し提供している製品やサービスを中心とした事業の定義ではなく，どのような顧客ニーズを対象とするかで事業を定義すべきであるとしたのである。

さらにレビットは販売という概念は，売り手のニーズからの発想であり，買い手のニーズに重点をおいて製品を製造し，配送し，消費させることによって顧客満足を追及するマーケティングの姿勢で，顧客中心に市場を創造しないと事業は衰退すると説いた。そして成長産業というものはどこかに存在するものではなく，企業が創造するものであると指摘する。事業環境の激しい変化のなかで，事業の定義と事業の創造に関するレビットの慧眼は今日でも繰り返し注目を浴びる。

(3) アンゾフの製品—市場マトリックス

ついで，製品－市場（ミッション）マトリックスによる成長ベクトルを活用して事業概念を提起したのが，戦略論の祖ともいうべきアンゾフ（Ansoff, 1969 ; 1990）であった。彼はレビットが提起した運輸業やエネルギー産業といった事業定義の仕方の欠点は，その範囲が広すぎて共通事項がわかりにくく，企業がどのような方向に向かって経営していくのかも解らないことであるとした[1]。

その理由として，たとえば運輸業という事業の定義に対しては次のような3つの問題を指摘した。第1に都市内の輸送から都市間輸送までが，このような定義では含まれてしまう。そして輸送手段も陸上，航空，海上など輸送事業としては幅広く，これでは製品ミッションの範囲が広すぎる。第2の理由として個人や企業，政府機関など顧客範囲も広くなってしまう。顧客によってそのニーズは異なるのであり，対象の顧客を広げ過ぎると事業を不明確にしてしま

う。第3の理由として乗用車やバス，列車，船舶，タクシー，トラックなど「製品」がさまざまである。このように広範過ぎる事業の定義は役立たず，一方で狭すぎる定義は激しい環境変化に対応できないとした。

そこで彼は製品と市場（ミッション）という2つの側面から事業を定義することを提唱した。さらに製品を既存製品と新製品，市場を既存市場と新市場という2つの軸から構成される4つのセルを用いて事業を区分し，事業成長のための戦略を単純化して提示した。新製品を開発して新市場に投入することで企業の成長を図る戦略が多角化である。アンゾフの企業戦略の考え方は事業の多角化を主眼としたもので，事業の定義を解明しようとするものではなかった。

3　エーベルの事業の定義

その後，戦略論の領域では事業の定義に対する本格的取組みが行われる。成長を図るために企業が保有する事業を，どのようにポートフォリオするかという企業戦略(corporate strategy)，そして競争企業の事業に対して，どのようにして競争力を形成するのかという競争戦略(competitive strategy)の戦略策定では，事業そのものを明確にしないと戦略を構築できないからである。後者の競争戦略は競争企業との競争優位の形成に重点をおいて，個々の事業ごとに構築されるため事業戦略(business strategy)とも呼ばれるが，そこではさらに事業について詳細に明確な定義が求められる。

このとき戦略策定のために，事業の定義に正面から取組んだのがエーベル(Abell, 1980)である。彼はコンピュータ周辺機器や自動金銭出納機(ATM)，CTスキャナーなどの事業を展開する特定企業のケースを分析しながら，図2-1のような顧客層と顧客機能，技術という3次元の要素から事業を定義すべきであると提唱した。顧客層は製品・サービスによって満足を享受するのは誰であるかを示し，顧客機能は顧客ニーズ，つまり製品・サービスによって何が満たされるのかを表す。技術は顧客ニーズをどのような方法で実現するのかを示す。

このような3つの軸からなる事業の定義がなぜ必要なのかをエーベル(Abell,

図2-1　エーベルの事業の定義

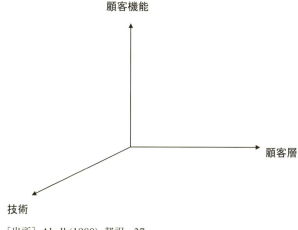

［出所］Abell (1980), 邦訳p.37

1984)は次のように説明した。それは製品と市場だけで事業を定義すると，事業の定義が一方では製品の選択として，他方では市場の選択として認知されてしまう。それに提供すべき製品から事業を考えるのではなく，技術と機能と顧客の選択から事業をとらえることが重要なのであり，製品はそのような選択の結果生まれるという視点で事業を設定することを主張した[2]。

　単純に製品やサービスの販売という視点で事業を考えるのではなく，選択した顧客が求める機能と，それに対応できる技術を選択した結果として，製品やサービスを顧客に提供する活動で事業を定義することが重要だとエーベルは考えたのである。その指摘は今日重要性を増している。

　地理的な特徴や人口統計的特徴，社会経済的階層，ライフスタイル特徴，パーソナリティの特徴，ユーザーの業界と規模など，何らかの共通性に基づいて層別したのが顧客層である。そして製品やサービスが顧客のために果たしている機能が顧客機能である。輸送は機能であり，タクシー輸送は機能遂行の技術的方法で，その際の価格や快適さ，スピード，安全性などは機能ではなく選択に関連した便益になる。エーベルは機能と便益，属性，ニーズなどは厳密に

は区分すべきであるとしているが、同時に必ずしも明瞭に区分できないとも述べる。ただ顧客が重視する便益や価値の把握とそれへの対応は事業のデザインにとって重要であり、これをビジネスシステムに組み込むことが、事業の成否の鍵を握ることは後述する。

顧客向けの特定機能の遂行のための代替的方法が技術であり、技術は顧客機能に対する問題解決方法の1つである。機能が輸送であれば、道路交通や鉄道交通、海上交通などが技術である。これらははじめに家具事業の例で述べたように、さらに細分化することができる。そして技術は革新され、また新しい技術が登場して事業の手段は変化していく。

こうしてエーベル(Abell, 1995)は事業の定義の例として、ビジネス客向けの(顧客層)大西洋横断の(顧客機能)空の旅(技術)をあげた[3]。そして3つの次元それぞれの特定化や細分化によって、事業をさらに詳しく定義できるとした。エーベルの定義する3つの要素からの事業規定は、提供する製品やサービス主体の事業の定義よりも、そして製品-市場定義よりも具体的に事業の内容を確定できる。それに戦略を構築する場合に操作可能な、また顧客を把握し競争企業よりも有効な事業にするための方法として具体的に活用できる。われわれはエーベルの考え方をビジネスシステム要素の中核になる事業概念として活用する。

4 組織能力や資源を活用した事業の仕組みの定義

需要や技術の変化のなかで、その環境変化に対応していくためには、機能を中心に事業を定義することが重要だということをレビットは提起した。しかし顧客ニーズを核にしても、事業を広く定義するという主張には異論があることもみた。

事業の範囲を広くするとより多様なニーズに対応することになり、また事業に関与する市場の変化も多面的にとらえることができる。一方で事業の内容が不鮮明になり、また顧客満足度の向上が難しくなる。それに機能を中心にその事業の広がりや可能性を定義できたとしても、それで優位性のある事業を実行

できる訳ではない。そこには企業の能力であるケイパビリティや資源が考慮されていない。企業が実行できる事業，あるいは競争に勝つ優位性のある事業であるためには，そうしたケイパビリティや資源をも基盤にした事業の在り方の解明が必要になる。

1970年代，アメリカの大企業は将来性のある事業を保有するという事業のポートフォリオ戦略を展開して，企業の買収や売却による積極的な多角化を図った。しかしGE社のような成功例もみられたものの，その多くは失敗した。わが国でもとりわけバブル経済期には，企業は成長や収益を目指して異質な事業分野を開拓し事業領域を拡大した。それもアメリカと同様に失敗し，その後破綻や事業縮小に追い込まれた。そして事業の「選択と集中」を掲げたリストラクチャリングの進展のなかで，競争力を持つ本業への回帰が改めて大きな潮流となったのである。それはチャンドラー(Chandler, 1990)が指摘したように，事業が資源や組織能力と合致していなければならないことを示している[4]。

エーベルの機能－顧客層－技術という3つの側面からの事業の定義は，戦略計画策定のための事業という視点では有効である。ただ，それは事業の内容や範囲を，つまり事業のドメインを明確にするものではあっても，その事業をどのような方法で行うのかという事業の仕組みには関心が薄い。

事業領域だけでは多様な事業の違いや新たな可能性を表現できない。われわれはドメインだけでなく，その事業の仕組みが事業を決定し，特色づけてさらに多様な事業を生み出すことに注目する。仕組みに注目することで競争優位を持った新しい事業が創造できるということを本書では解明する。

そして効果的な事業を行うには事業領域だけではなく，業務活動とケイパビリティや資源との調和や活用が必要になることをみる。独自のそして競争力のある事業をデザインし創造するためには，顧客価値を創造できる斬新な事業概念だけでなく，それが実行できる具体的な仕組みが不可欠なことを解明する。

第2節　事例にみる事業の仕組み

　本書で解明するビジネスシステムと呼ぶ事業の仕組みとは何かをイメージしやすいように，本節では具体的な例を示す。成熟した業界であっても，斬新な事業の仕組みを創造することによって，既存企業とは異なった事業になるのであり，ビジネスシステムの重要性が理解できる。

1　バッグ企業のユニークな事業

　海外著名ブランド企業がリードする洋品雑貨市場のなかで，顧客を獲得した企業の事業の仕組みである。イビザ（東京）は1965年創業のバッグ製造業で，創業期の事業模索の時期に試行錯誤の末，一つひとつが個性のある製品ならば顧客を獲得できることを発見して事業の仕組みを形成している。

(1) 一つひとつが異なった製品

　バッグの素材になる皮革には色むらやシワ，キズなどがあるので，それらを避けて材料取りするだけでなく，一般には革の表面に塗装を施して均質な素材に処理して使用される。これに対し同社は，その色むらやシワ，キズがもたらす風合いを製品の多様性に活かして，一つひとつが異なる製品の提供という概念で事業を行う。

　顧客層は年齢30代以上の購買力のある女性である。製品の最終販売価格は国内婦人バッグの平均的上代2.5万円よりも高額なものの，海外ブランド品よりは低目の価格帯である。購買力はあるが海外ブランドにはなじまず，しかも自分好みの個性あるバッグを選好する顧客層を対象にする。その売上の80％を固定客が占め，固定客を購買に誘うために毎日5点ほどの新製品を企画し，そのすべてを製品として販売する。日常的に新製品を絶えず生産することで固定客の繰り返し購入を狙い，一般の企業が追求する定番製品は同社にはない。

　毎日新しい製品をそれも，一つひとつが異なる製品を生産できる仕組みが生産工程にある。まず社内一貫生産である。ハンドバッグ製造業では一般に下職の職人に生産を依存するが，同社は社内生産を基本にする。生産ロットサイズ

は20〜30個で，これは4〜5人で構成される縫製班ごとの1日の生産量である。同一のデザインの製品はその数しかない。さらに前述のように1個ずつ風合いが違うため，一つひとつが異なった製品という製品概念が実現できる。

次いでその生産方法は家庭の主婦を主体にした準社員(パート)による手作り生産である。職人でなくとも生産できるように工程を細分化し，熟練を要する縫製作業では，工程を6工程の単純作業に分解して今日いわれるセル生産方式を採用し，職人と同様な生産ができる組織にした。古い業界に新しい生産方法と組織とを持ち込んだのである[5]。

一つひとつが個性を持った手作りバッグを職人ではなく，パートの婦人作業で行うことが収益確保の鍵であり，同時に多種多様な製品生産を可能にする。誇り高い職人に毎日多様な製品生産を指示することは困難だが，パート作業者だからこそ毎日異なった製品生産を指示できる。低コストで手作りの味をもつバッグを多様に生産できる仕組みが製造業務の特質であり，それは細かな指示も伝達しやすい社内一貫生産だから可能なのである。

(2) 顧客とのふれあいが事業の基盤

販売領域にも事業概念を実現するための仕組みがある。同社の販売戦略は個々の顧客との接点のなかで顧客の好む，愛着を持つ製品を提供することにある。そのため問屋を経由せず，デパートや専門店への直接販売を行う。さらに「展示販売会」「工場見学バスツアー」「ふれあいパーティ」といった顧客と同社を直接つなぐ販売方法が重要な役割を果たす。

展示販売会は開催店舗ごとに顧客名簿を活用してダイレクトメールを発送して開催される。来店者にはノベルティ製品を配布し，過去に購入した製品の持参者にはそれを磨きなおし，簡単な修理のサービスを行う。それは顧客とのふれあいを重視する販売活動である。

さらに特徴的な工場見学バスツアーはデパートや専門店単位でバスを仕立て，埼玉県川口市の工場を見学して同社とのふれあいを深める販売方法である。平均月2回は開催され，3,000円の参加料金で1回50人から100人程度が参加する。工場の生産ラインに入って製造工程を見学し，昼食会や社員による

ファッションショーによって，顧客と同社社員とのふれあいが持たれる。見学会の最後には昼食会場に製品が展示され販売される。その場では予約のみで，顧客は後日ツアー開催店であるデパートや専門店に赴き，そこで自分だけの製品を購入する。3階建ての石造りの瀟洒な工場は生産の場であると同時に，顧客とのふれあいを通じた販売の場でもある。

　同社の経費で同社の工場を活用してツアーを行うものの，その売上は開催店に帰属する。製品の引き取りに購買力のある顧客が来店するので，デパートや専門店は衣類など他の売上も見込め，開催店も歓迎する仕組みである。ふれあいパーティは工場見学バスツアーをさらに豪華にしたもので，15,000円の参加料金で年間13回くらい，全国各地のホテルなどを会場に開催される。こうしたツアーへの有料参加客の存在が同社の強みである。これらの販売の際にも一切の値引きはなく，バーゲンセールもない。売れない製品は改良されて再び販売されることも高い収益率の要因になる。

　以上みてきたようにイビザ社の独特の事業は，ファンとして固定化した顧客をつくること，その顧客とのふれあいを重視しながら，一つひとつが個性のある製品を提示して繰り返して購入してもらうという点に特徴がある。そこでは事業概念に基づいて企画から生産，販売，アフターサービスまでのあらゆる仕組みが整合性をもつ。顧客ニーズに対応した製品だけでなく，業務プロセスや組織，資源もふくめた事業の仕組み全体で顧客に応えている。

2　事例にみる事業の仕組みの重点と有効性

　一つひとつが異なった製品を顧客に販売するという事業概念にたどり着いたとき，図2-2のようにイビザ社はその価値を求める顧客に対してその個性的な一つひとつが異なった製品を生産する仕組みだけでなく，一方でふれあいを軸に顧客との接点を活用して，販売しアフターサービスする独自の仕組み全体で価値を提供している。顧客と企業とを結びつける顧客管理や流通経路など，そして工場の建物までもが，その顧客価値の提供のための役割を果たす。そこでは製品だけでなく事業のトータルな仕組みによって，ただ一つだけのファッ

図2-2 イビザの事業の仕組み

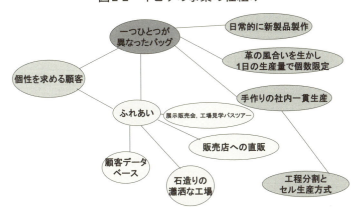

［出所］著者作成

ション製品という価値を演出し提供することで顧客をファン化する。

この事例は同業企業が激しい競争を演じている成熟市場でも、さらに海外の著名ラグジュアリー・ブランドが圧倒的な競争優位を誇る有力企業が存在する市場でも、新しい顧客価値の発見とそれを実現する仕組みによって競争力を持つ事業の構築が可能であることを示す。製品の表面的な模倣は可能だが、それを提供するトータルな仕組みと一体であるためその事業全体は模倣しにくく、そのために市場のなかで独自の戦略ポジションを形成する。製品や技術だけに限らず、それを産出し提供する仕組みによる事業の独自性が可能なことをこの事例は示している。

それはまた斬新な製品を開発してもそれだけに終わらず、それを提供するための斬新な事業の仕組みを構築することが、顧客獲得にも競争優位の形成のためにも必要であることを示唆する。外部には単純には見えにくい仕組みで製品やサービスが提供されれば、その模倣には時間とコストがかかるからであり、その間は競争を避けて事業を確立するための時間的余裕が生まれる。

第3節　ビジネスシステムのモデル

　ここで改めて本書でのビジネスシステムについて定義すると次のようになる。ものや知識，情報，能力などの資源を顧客の求める経済的価値に変換して提供し，利益を獲得するための構造がビジネスシステムである。製品やサービスを企画し，生産や販売，アフターサービスなどを通じて顧客に価値を提供するための仕組みである。それは選択した顧客のニーズに応えるための価値創出のトータルなプロセスであり，顧客との信頼関係を形成する事業の方法がビジネスシステムである。

1　フレームワークと要素

　序章でビジネスシステムのモデルを提示したが，さらに主要なサブ要素まで含めたものは図2-3のようになる。ビジネスシステムを構成する要素は，事業概念と業務プロセス，組織，資源，ケイパビリティ，顧客との情報作用，そしてこれらによって産出され提供される製品やサービス，という7つである。

(1) ビジネスシステムのフレームワーク

　市場のなかから事業の対象にする特定の顧客層を選択し，その市場セグメントが求める顧客価値を創出する仕組みで製品を提供する。その仕組みを構築する際の基本的な考え方を事業概念として設定し，どのような価値をどのような方法でどんな顧客に提供する事業であるかを明確にする。その事業概念を実現するための具体的な業務方法が業務プロセスである。業務プロセスは調達した原材料や情報を技術や能力，設備などの資源を活用して処理することで経済的な価値を高める。その業務プロセスを担い運営するのが組織であり，組織のあり方によっても価値創造の態様が異なり事業実行の活力が異なって，事業は異なったものになってくる。

　ただ顧客価値に対応するための優れた業務プロセスや組織を形成しようとしても，それは企業が保有するあるいは調達できる資源によって左右される。当然，蓄積し調達できる資源の範囲内でしかビジネスシステムは形成できない。

図2-3 ビジネスシステムのモデルと主な構成要素

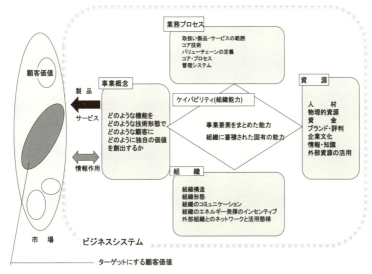

[出所] 著者作成

そうした制約のなかでのデザインが，独自のビジネスシステムをもたらす。

このときケイパビリティは企業が保有する資源の1つであるが，ここでは物理的資源や知識とは分けて主要素の1つに位置づける。ここでケイパビリティを資源と区分するのは，それがさまざまな資源や活動の積み重ねによって形成されるものであり，また事業概念や業務プロセス，組織，資源を結びつけて活動するなかで形成され，事業遂行の結果として蓄積されるものであり，かつその量や質を明確に線引きしにくい点が異なるためでもある。それは小さな活動の積み重ねによって全体としては意図的に，また偶然に形成される。

提供する製品固有の特質は設備，生産ノウハウなど生産方法や販売方法といった事業の仕組みを規定し左右する。製品とビジネスシステムとは相互に作用しながらそれぞれの有効なあり方を求めていく。しかし本書では製品を生産し提供する事業の仕組みの解明に重点を置くため，優れた製品の在り方や開発のような製品そのものにかかわる事項については直接触れず，それを創出する

ビジネスシステムとの関係に限ってみて行く。

図2-3のなかにはビジネスシステムの要素として，市場や顧客との情報作用がある。提供する製品やサービスについて顧客のニーズを解明するにも，日常の事業の遂行にも，環境や顧客との情報作用が重要な役割を果たす。また顧客価値や市場変化に合わせビジネスシステムを改善し，洗練して変革することがより優れたビジネスシステムを形成していくが，その役割を担うのも情報作用で，他方新しい資源の登場を察知するのも環境との情報作用である。一方で事業の存在や有用性などの情報を訴えて企業は市場を創造していく。このように市場や環境との情報作用はビジネスシステムにダイナミズムを与える重要なものであるし，ビジネスシステムを進化させる要因にもなる。

(2) システムとしてのビジネスシステム

7つの要素からなる事業の仕組をシステムと呼ぶのは，これら要素間の相互作用を重視するからである。ボウルディング(Boulding, 1988)は秩序とパターンを示す何らかの構造とシステムを定義し，それは何らかの要素の集合から生まれるものであるとした[6]。それぞれの要素は他の要素の状態に制約され条件づけられて存在するのがシステムで，各要素は独立して機能を発揮するのではなく，相互補正的に作用しながら全体として機能を発揮する。システムは個々の要素にはない性質を全体として発揮するもので，それを創発性(emergent property)という。それは要素とその結びつき方や関係性から生まれるものである。要素の結びつき方が変われば異なった創発性が生まれる[7]。

ビジネスシステムはその主要素，サブ要素の存在だけでなく，それらの多様な組み合わせによって価値創造の機能を発揮する。たとえば資金に制約があって高性能な設備を活用できない業務プロセスを強いられれば，それは組織活動や熟練技能という人的資源で補おうとする。優れた人材が採用できなければ組織全体でそれを補うだけでなく，非正規従業員でも可能な業務プロセスを開発する。

このようにビジネスシステムでは要素間の相補的なフィットが重要であり，また相互に作用してビジネスシステムを成立させるとともに，環境変化や要素

の変化から生じる要素間の不均衡が新たな資源の獲得を誘導したり，新しい組織能力を求めたりする。さらにビジネスシステムと要素間のフィット，市場環境とビジネスシステムとのフィットを求めることが仕組みを効果的，効率的にし，また仕組みを進化させる自己組織性の源泉になる。

　要素のはたらきを特にリードしてビジネスシステムを駆動し，事業を誘導する要因をここではビジネスエンジンと呼ぶ。それはビジネスシステムの機能を簡潔に提示し，ビジネスシステムの機能をリードするものであり，仕組みのはたらきを判断し測定する目安になる。先の例でいえば，ふれあいを求めて参加する「展示販売会」や「工場見学会」がビジネスエンジンである。そこに参加する顧客数が事業に対する顧客の支持を表し，顧客が顧客を口コミで増やしていく。ビジネスシステムにはそれぞれの要素のなかにいくつかのビジネスエンジンを内包することが望ましい。それが顧客に評価され他社が模倣しにくいものであるほど効果的な事業になる。

　次にビジネスシステムの各要素について，事業概念から順次その特質と構成要素，サブ要素，それに作用する主なパラメータをみていく。業務プロセスや組織，資源については次章以下各章で検討する。

2　ビジネスシステムを主導する事業概念

　ビジネスシステムの特質を規定して，それを主導する事業概念は表2-1にみるように4つのサブ要素からとらえることができる。事業概念はどのような価値を顧客に対して提供する事業の仕組みなのか，その基礎を規定する。

(1) 顧客機能と技術形態

　製品は何かのはたらきを顧客に与えることによって必要とされる。それが「顧客機能」である。顧客は製品そのものではなく，一般にそれらの果たす何らかの機能を求めて対価を支払って購入する。顧客機能は製品の根幹をなす基本機能やそれに付随する機能，それに製品と一体になって提供されるサービスからなる。この顧客機能は顧客が求めているもので，顧客価値に結び付く。先の例では，ものを収納して携帯する基本機能に一つひとつが異なったファッ

表2-1　事業概念要素と事業多様化のパラメータ例

事業概念要素	サブ要素	事業多様化のパラメータ例
顧客機能	基本機能	基本的なはたらき，性能
	付随機能	付加する重点機能
	サービス	提供するサービス
技術形態	主たる技術	採用する技術，固有技術
顧客層	対象顧客	顧客層の層別化の視点
	顧客特性	選択した顧客層の特性
独自の価値創出の方法	顧客価値の焦点	重点を置く価値，類似製品と異なる価値
	差別化の方法	製品特性，販売方法，流通・物流，サービス，デザイン，ブランド，エコシステム
	プライシング	コスト構造，価格設定，損益分岐点
	利益獲得の方法	課金方法，売上を獲得する重点業務，販売方法

［出所］著者作成

ション性という付加機能を持つバッグである。そして顧客機能に対する価値は多様であり，また変化していく。

　その顧客機能は何らかの技術によって創出される。機能を発揮する製品の生産に活用される技術の方法と，機能という2つのサブ要素によって製品の仕様が決定される。それは保有する生産技術やコア技術をはじめとして業務プロセスを規定していく。

　製品を生産する技術は複数存在することもあり，またその技術は技術革新によって変容していく。このため顧客の求める機能を低コストで効果的に実現する最適な技術を選択することが重要になる。しかし技術革新に対応していくことは容易ではない。新たに異質な優れた技術が登場した場合には，従来の技術や設備を棄却しなければならなくなる。既存の資源にこだわって陳腐化した技術で事業を継続し，結果的に斬新な技術に凌駕されて事業基盤を失ってしまうことも少なくない。かつて最新の技術を海外から導入して，アメリカ企業に対して競争力を高めた日本企業が，今日では新しい技術の導入に遅れ，台湾や韓国，中国企業との間で設備の斬新さにおいて遅れをとるようなことも起こっている[8]。

事業は単一の製品ではなく，複数のそれらを扱うことが多い。特定の技術によって比較的類似した製品や，同一の技術によって産出できる複数の製品を扱うのが事業である。それは規模の経済性や範囲の経済性がはたらくからでもある[9]。このためレビット(Levitt, 1960)が指摘したように，企業はいつの間にか基盤にする技術中心の考えに陥り易く，新たな顧客価値の追求や，新しい技術で顧客ニーズに対応することをおざなりにし易い。しかし，斬新な技術の導入やイノベーションを怠れば成功した事業も衰退してしまう[10]。

(2) 顧客層

顧客を層別化して事業対象として選択したグループが「顧客層」である。それは製品の選好や購買行動などに，なんらかの共通性を持つ顧客グループとして企業が選択し設定するもので，顧客の層別化はさまざまな視点から行うことが出来る。年齢や地域，性別，所得額や購買力などのデモグラフィックス(demographics)による層別化や，製品やサービスの機能や形態に対する好みや重点の置き方などのサイコグラフィックス(psychographics)な層別化，購買頻度や求めるアフターサービスの内容など購買行動による層別化など，細分化の視点は多様である[11]。一般には製品やサービスに対する価値観の共通性で選択する。先の例では海外ブランド製品にはなじみにくいものの，比較的高額でも自己の個性を満足させる製品を選好する高年齢の顧客層を選択している。

この顧客層の価値観や購買行動に合わせた製品やサービスの提供という視点が，ビジネスシステムの構築には重要である。何らかの共通性を持つ顧客層に事業を絞り込むことによって，顧客機能として求められる価値が明確になり対応しやすくなるからである。特定のセグメントに事業の対象を絞り込むことで，ビジネスシステム要素の組合せ態様も明確になる。それは顧客層を再層別化して，特定の顧客層を再選択することによっても新しい事業が創造できることを意味する。顧客層の明確化は新しい事業創造の鍵にもなる。

(3) 独自の価値創出の方法

以上の3つのサブ要素によってビジネスシステムのベースになる事業概念は

かなり明確になるが，さらに独自価値の創出の方法というサブ要素で事業をより特徴づける。これは焦点にする顧客価値，他社との差別化の方法，プライシングそして利益獲得の方法で構成する。これらによる独自な価値設定がビジネスシステムをより特徴的にする。

① 顧客価値の焦点化

顧客層が求める価値の中で最も重視する価値に重点を絞るのが，顧客価値の焦点である。先にあげた例でいえば，一つひとつが異なった製品をふれあいによって提供するということに重点を置いて仕組みを構築することである。競争企業と同じような事業でも異質な価値を創出し，その価値を顧客が認めるときそれは競合企業との差別化を実現する。その提供する価値にフォーカスした仕組みを構築する。事業分野で多数の企業が競争しているとき，とりわけ中小企業は特定の顧客価値に焦点を当てて競争回避の行動をとることが求められる。キム(kim, 2005)が指摘したように，特定の価値を省いたり，反対に付加したりという方法で価値をシフトさせて直接的な競争を避けることもある。

このため顧客価値の焦点化と，次の差別化の方法は密接に結びつく。ただブランドによる差別化や広告宣伝による差別化など，必ずしも独自価値の創出方法そのものには依存しない差別化もある。差別化は自社の製品やサービスを競合企業と峻別するために意味のある違いを設計することであり，顧客を吸引するため，競合企業と比較して異なった選好基準を提供していくものである。

② 差別化

すでに競合企業が存在する場合，また競争者が直ちに出現すると予想できる場合には，競合企業を想定した差別化を実現する仕組みの構築が不可欠である。競争で優位に立つためには製品の性能や価格だけでなく，提供の方法や取引条件なども含めてあらゆる方法で競争優位を追求する。そうした競合企業に対する差別化の方法もビジネスシステムの機能を規定する[12]。

その差別化の方法には，製品による差別化として形態，特徴，性能品質，品質の均一性である適合品質，耐久性，信頼性，修理可能性，スタイル，デザイン・統合力など，そしてサービスによる差別化として注文の容易さ，配達，取

り付け，顧客トレーニング，コンサルティング，メンテナンスと修理，さらにスタッフによる差別化，チャネルによる差別化，イメージによる差別化など多彩な方法がある。

こうした一般にいわれる差別化だけでなく現実には，リードタイムを短縮したジャスト・イン・タイムな納入方法や，品揃えなどさまざまな方法で違いを演出する。販売チャネルの違い，1ダース単位から1個ずつの販売といった販売単位の小口化という方法でさえ新しいビジネスシステム形成に結びつく。コンビニエンス・チェーンのビジネスシステムには，商品を1個から随時発注できる「単品バラ発注」や「単品管理」という，それまでの商品取引慣習とは異なった革新的な取引や管理の方法が基盤となっている。それがコンビニエンス・ストアという新しい業態を確立したのである[13]。

③ プライシング

顧客価値は顧客が受容する便益とそれを入手するコストや対価によって決まる。このときまず，提供する製品のコストがどの程度のものか，どのような要因でコストが構成されているのかといったコスト構造はビジネスシステム形成に影響を与える。類似の製品に対して高額な製品になってしまうのであれば，その顧客層は所得に制約される。それを量産して規模の経済性で価格を引き下げようとすれば，顧客層と顧客価値に影響を与える。価格やコスト設定に当たっては，損益分岐点分析の活用など，事業の採算性を含めて検討する。

製品の具体的な価格設定になるとこれも多様な方法がある。コストにマークアップを加えるマークアップ設定，目標にする投資収益率（ROI）を生む価格になるターゲットリターン価格設定，顧客の知覚価値を基準に価格を設定する知覚価値設定，高品質製品に低い価格を設定するバリュー価格設定，競合他社の価格に基づいて価格設定する現行レート価格設定，入札価格設定などの価格設定方法がある[14]。これら価格設定に有効な事業の仕組みが一方で必要になる。

④ 利益獲得の方法

ビジネスモデルが注目するように利益獲得の方法も今日重要になっている。複写機メーカーが複写機という製品販売で利益を獲得するのではなく，そのメ

ンテナンス業務で継続的に利益を獲得することは知られている。企業向けの情報システム販売でも，製品でもなくソフトでもなく，それらを含めたシステムのメンテナンス業務で利益を獲得している。製造業であっても生産や製品販売だけでなく，どのような課金方法によって利益を獲得するか，また生産でもどの業務で利益を獲得するかという利益獲得の重点を明確にする。それはビジネスシステムを特徴づける。

第1章で見たように，ビジネスモデルではこの利益獲得方法を中心に事業の仕組みを主張する。しかし顧客に価値を提供できることが利益獲得の前提であり，ビジネスシステムでは利益獲得の方法は付随的である。そして利益を継続して獲得できる方法，顧客が納得する方法としてそれは設定する。

(4) 事業概念の設定

以上4つの要素から構成される事業概念のうち，顧客機能や技術形態，そして顧客層の3つは先にみたエーベル(Abell, 1980)の事業概念を援用したものである。エーベル(Abell, 1993)はこの3つの要素を用いた事業定義の具体例として，ビジネスマンのための(顧客層)大西洋横断の(顧客機能)空の旅(技術形態)をあげたことを先に述べた。このような事業定義にさらに加えて，同じような航空事業を行う競争企業に対して，料金やサービス，便数など，競争企業とは異なった独自の価値を提供することで，仕組みを重視した事業を形成する。

たとえば低価格戦略でも顧客サービスの向上による独自価値の提供で，新しいビジネスシステムを構築し，アメリカ航空企業で収益トップを誇るのがサウスウエスト航空である。アメリカン航空などが創案して大手航空会社では一般的な拠点空港同士を結び，小さな空港へは拠点空港で乗り換えるというハブ・アンド・スポーク方式の運行形態に対して，発着料の安い郊外空港同士を直接結ぶポイント・ツウ・ポイント方式で15分のターン時間を可能にし，またボーイング737型単一機種の活用でメンテナンスなどの低コスト運行の仕組みを開発する。一方で，搭乗時間の早さや顧客サービスに対するユーモア，そして顧客が納得するまでのサービス提供など，長距離バスと同程度な低料金だけではない価値の提供がサウスウエスト航空にはある。そこには対象にする顧客に対

して他社とは異なった価値創出の仕組みがみられる。

このように事業概念の設定は顧客の求める価値を創出する基盤であり，また他社とは異なった事業の仕組みの基盤になり，同時に競争優位を発揮できるように定義する。それには自社の資源や能力を前提に仕組みを構想し，顧客層や事業ドメインも絞り込む。その選択した市場で顧客を獲得し，その顧客満足の輪を拡大することで事業を成長させる。

3 業務プロセスによる事業の実行

事業概念を基盤にして具体的に業務を実行する活動が業務プロセスで，研究開発や製品の企画からはじまって生産，物流，アフターサービスに至るまでの業務方法の体系である。同じように事業を定義したとしても採用する業務プロセスによって事業は異なった仕組みになる。

この業務プロセスには製品・業務の範囲，バリューチェーン，コア技術，コア・プロセスの特質，管理システムの特質などの要素が含まれる。

業務プロセスには企業の外からはみえにくいさまざまな価値創出ノウハウが凝縮されている。他社が模倣しにくい持続的成長の源の多くは，製品やサービスそのものよりも，それを創出する業務プロセスにある。このため事業概念で設定する価値を提供できる業務プロセスを構築して，独自のビジネスシステムを形成することが課題になる。他社と同じような製品であっても，独自の業務プロセスによる新しいビジネスシステムで価値を付加して提供する。

この例としてコンピュータのデル社があげられる。すでに成長をはじめていた市場に後発で参入するものの，企業創業時には資金がなく販売力がないために，顧客の求めに応じたオプション仕様の製品を通信販売で提供する方法を採用する。その後在庫を保有せずにオプション仕様の製品を最短4日で提供するダイレクト・モデルやデル・モデルと呼ばれるビジネスシステムへと発展させる。性能や機能そのものだけでは差別化しにくいパソコン市場で，注文仕様でありながら低価格で短期間で納入する仕組みは，新しい業務プロセス創造の結果なのである。

デルは直接得られる豊富な顧客情報を活用して、資材手配や生産システムまでを独自の仕組みに編成した。多数の顧客情報を蓄積することによって予測能力が高まり、無駄のない業務プロセスができるというヴロシティ(velocity)とデルが呼ぶ速度効率概念を実践したのである[15]。情報技術と情報の活用が中核となって、独自の、そして競争力のある業務プロセスが生まれている。それは生産や在庫管理の業務だけでなく事業自体を特徴づける。

デルのビジネスシステムは顧客層を法人ユーザー中心にしたものであった。一括して大量の受注が獲得できるため、ユーザーのオプションに応じてもコストを抑えることができる。ただ2000年代中期に入って、デルはさらなる需要獲得に向けて一般消費者に顧客を拡大したものの、その個々の要求には十分に対応できず、市場シェアトップの座をHPやレノボに譲ることになる。顧客層が変われば仕組みも変えなくてはならない。

創造の時代である今日、製品開発や技術開発といったいわゆるプロダクト・イノベーションが重視され、プロセス・イノベーションは軽視される傾向がある。しかし、前述したようにプロセス・イノベーションは他の企業には模倣しにくいだけでなく、デルのように斬新な業務プロセスによって革新的な事業とすることもできる。このような業務プロセスについては第3章で検討する。

4 事業を運営する組織

事業を推進するための人の協働体系が組織であり、それは事業概念や業務プロセスなどを有効に機能させる。バーナード(Barnard, 1983)が公式組織として指摘したように組織は共通の目的を保有し、メンバーが協働の意欲を持ち、そのためのコミュニケーション・システムが機能していると効果を発揮する。ビジネスシステムを構成する組織要素には組織形態や組織構造、コミュニケーション、組織のエネルギー発揮の方法といった要素が含まれる。

同じような陣容であっても、組織全体の人材の能力発揮が異なり事業の活力が異なる。人のエネルギーを発揮させる組織は、ビジネスシステムの機能を活力あるものにするだけでなく、ビジネスシステムを独自のものにする力を秘め

ている。組織形態や運営方法の違いによって，異なった事業の仕組にすることができるのである。事業概念に適合した業務プロセスを運営するにも，独自の事業にするためにも，事業の運営能力を高めて躍動力のある事業にするためにも，そして物理的な資源の不足を補うためにも個々の人材の能力を活かし，それを組織全体の成果に結び付ける仕組みが不可欠である。

それに必要な資源を外部組織から調達することで，ビジネスシステムはより多様になる。外部との組織間関係によって企業のビジネスシステムは異なったものになる。フランチャイズ・チェーン組織やバーチャルコーポレーション（仮想企業体）のような組織形態は，事業の仕組みをも変えていく[16]。

古くから企業は外部企業の資源を活用して，つまり社会的な分業形態を基盤にして事業の仕組みを構築してきた。しかし環境変化は従来の分業形態をも陳腐化させている。たとえば国際的に製造拠点の再編が行われて，生産品目が消失した工場や競争力を失って不採算な工場がみられるようになった。そこで，このような工場を活用すれば自社内に製造機能がなくても生産が容易になる。事実，EMS（electronics manufacturing service）と呼ばれるアウトソーシング受託型企業は，従業員も含めて既存の不採算な工場を買収してリストラを進め，OEM形態でエレクトロニクス製品の生産に特化して躍進している。そこには新しい事業概念によるビジネスシステムがある[17]。

また系列のように，取引関係が固く規定されたネットワークではなく，企業間連携や産学連携などゆるやかなネットワークを基盤としたビジネスシステムの構築も課題である。新しいネットワークは企業に変革をもたらす。それに新しいビジネスシステムの構築には新しい組織間関係が不可欠である（小川，2000）[18]。そして外部企業とのネットワークによる資源補充の方法はビジネスシステムをより多様にさせていく。

ビジネスシステムにかかわる組織については第4章で検討する。

5 事業を形成・制約する資源

事業を成立させ，また円滑な推進のためにビジネスシステムの基盤となるの

が資源である。一般的に資源といわれるのは資金や人材，設備や建物，技術，情報，ノウハウのような知識などである。これらの資源の根源は資金と情報とに帰着する。資金がなければ充分な資源は調達できない。そして企業ごとに資源の内容，資源の束が異なるため独自のビジネスシステムが形成される。調達できる資源が制約されて十分には調達できないからこそ，限られた資源を編成してビジネスシステムを形成するが，それが事業の多様性にもつながる。

　企業の資源には有形な目にみえる資源だけでなく，暖簾やブランド，生産ノウハウ，技術力のような目に見えない資源もある。このような無形な資源は有形な資源を有効に活用して，事業を効率的に効果的に進めるはたらきを持っている。そして無形な資源は円滑な事業活動の結果として産出され蓄積される。その本質は知識であるためにさまざまな活動に多重に利用されて，企業活動を円滑に進める基盤となる[19]。いち早く伊丹(1984)が指摘したように，見えざる資源の活用方法で，他社とは異なった事業を企業は創造する。

　資源については第5章で検討する。

6　ビジネスシステムの核になるケイパビリティ

　外部からは直接見えない資源に，企業という組織の持つ能力がある。その組織の能力にもさまざまな考え方があるが，コア・コンピタンス(core competence)やケイパビリティという概念が注目されている。コア・コンピタンスは1980年代に登場した概念で，優れた製品や技術を生み出す基になっている企業の能力である。それは他社が模倣しにくく単純には追従できない能力を指している[20]。ただその能力は主に技術的なものとして意図されている。これに対してルメルト(Rumelt)やグラント(Grant)，バーニー(Barney)などは，さまざまな資源や活動が蓄積されて組織全体で発揮する能力をケイパビリティと呼んで注目した[21]。

　前述したようにケイパビリティは資源の一つとしても分類される。しかしケイパビリティは単独で存在するものではなく，さまざまな活動や資源を結びつけ，それが業務の実行能力になっているものである[22]。

グラント(Grant, 2002)は組織の実行能力であるケイパビリティを産み出すものが資源であり、その資源は見える資源と見えざる資源、人的資源の3つから構成されるとする。見える資源は金融や物理的なものであり、見えざる資源は技術、企業の評判(reputation)や文化、そして人的資源はスキルやノウハウ、コミュニケーション、協調能力、動機づけなどである。このような資源を活用して他社とは明確に区別できる、あるいは中核となる独自の組織能力がケイパビリティであるとした[23]。

われわれはどんなに優れた事業構想であっても、その事業が失敗する例があることを知見している。また資金力や優れた人材が豊富な大企業でも、中小企業と競合して敗退することがあることもみている。それには特殊なあるいは偶然な理由もあるが、顧客ニーズに応えられる事業の実行能力が欠如しているという理由もあげられる。顧客価値を創出できる事業の実行能力がなければ優れた資源も活用できない。資源が脆弱な中小企業でも躍進できるのは、限られた資源を絞り込んで顧客のニーズに対応したビジネスシステムとして効果的、効率的に実行できる組織能力が存在するからでもある。

このようにみていくと、ケイパビリティと呼ばれる組織の業務遂行能力は事業をリードできる。それは事業概念や業務プロセス、組織そして資源などをまとめて発揮する能力でもある。それが顧客のニーズに応えるビジネスシステムの実行能力になり、それが希少であれば競争優位の源泉になる。そこで、われわれは事業要素をまとめ調和させている能力もケイパビリティとする。

ビジネスシステムにかかわるケイパビリティについては第5章で資源とともに検討する。

7 顧客との情報作用

電子商取引の場合には顧客への製品のアピールや取引、アフターサービスなどがインターネットで行われ、顧客との情報作用が業務プロセスそのものになって、第1章のアマゾンでみたようにビジネスシステムの根幹にもなる[24]。それだけではない。顧客に密着した事業を行うには、市場からの情報収集と反

対に市場への情報提供とが不可欠である。変化に対してビジネスシステムを革新していく源も情報作用にある。ビジネスシステムにダイナミズムをもたらすのは環境との情報作用である。これについては第6章で触れる。

第4節　下請企業のビジネスシステム

　最終製品を保有する製造業の場合，多様なビジネスシステムが可能だが，下請企業の場合はビジネスシステムの要素が相対的に少なく，仕組みの構築要素が制約される。それでも斬新な仕組み創りは可能である。以下，中小製造業のビジネスシステムについて検討することで仕組みの役割と有効性をみて行く。

1　ビジネスシステムと下請企業

　製造業は製品の企画からはじまり資材の調達や製造，販売，物流，アフターサービスなど複雑な業務プロセスを保有する。当然，製品や事業対象の顧客層の選択もそして技術も多様である。このため仕組みを構成する要素が多く，多様なビジネスシステム構築が可能である。一方で製品保有企業からの発注によって，製品や部品を専門的に生産する下請企業が中小企業には多い[25]。下請企業は顧客企業から提示される図面や仕様書の指示に従って製品を生産する。保有する製造機能によって指示通りに生産して，納品するという狭い業務プロセスで顧客のニーズに応えることになる。

　加工サービス業ともいえる下請企業の場合，とりわけその業務プロセスにおける技術が事業にとって重要になる。他社にはないコア技術，そして他社にはない設備の保有，熟練者の技能といった資源が下請企業を支える。しかしこのような資源を活用しても，原材料を部品や製品という有形な物に加工するとき，その物理的な物は模倣しやすく，また部品のような最終製品の構成要素になるほど，他の部品で代替できる可能性も高まる。それらの加工物は発注企業からその機能や形状，構造などが具体的に提示されたものである。このため，その多くは発注企業を含めた他社にも製造可能である。

高度な技術で他社では困難だから当該企業に発注されるという側面よりも，外部に依存するほうが低コストであったり，戦略領域への重要な資源配分や，資源の分散を避けるために下請企業に発注されることも少なくない。このように他の企業でも生産可能なのが一般的なため，勢い低価格での提供が求められ，下請企業の業績は低くなりがちである。

このような性格の事業体である下請企業にとって，ビジネスシステムはどのような意味を持つのだろうか。前述したように下請企業は独自に製品を販売せず，製造を特定企業から受託する加工業なので，独自の仕組みは制約されるものの，それでも多様なビジネスシステムが可能である。下請的な中小加工業のビジネスシステムについて具体的な例を基に以下検討する。

2 斬新な事業概念による低コスト追求の仕組み

自動車やエレクトロニクス製品は海外生産や海外からの調達が進展し，また中国などの海外企業が躍進して競争が激化している。このため国内下請企業にはコストダウンが求められて収益が低下し売上高も減少してしまう。こうした分野で，それも低価格な加工で高業績をあげるビジネスシステムもある。

伊藤製作所(三重県四日市)は，グローバル化の影響を大きく受ける業種のひとつである金属プレス加工業である。海外生産品に対抗するために，同社の掲げる事業概念は大量ロットで繰り返し発注のある部品を受注して，順送金型を備えた大型のプレス機でそれを自動的に加工することにある[26]。このとき金型を交換せずに専用機的にプレス設備を使用し，今日のものづくりの常識とは異なった発想で業務プロセスを構築する。トヨタ生産システムと異なって段取り換えを基本的に行わないようにするのであり，迅速な金型交換や段取り換えで多品種生産を行うという一般的な形態ではない。受注が継続しないときは当該プレス機を休止し，実際，同社のプレス機は3分の1くらいしか稼動していない。

その特定加工品専用ともいうべき機械をほぼ無人で稼動させ，70数台のプレス機を9人で管理する。打ち抜かれたスクラップは床下のコンベアで集めら

れ，屋外に駐車するトラックの荷台に自動で直接積み込まれる。加工された部品は通函箱に一定数が自動で投入され，その箱も自動で置き換えられる。そこには徹底した自動化の業務プロセスがある。自動化によって海外の低コストに対抗するものだが，それを実現するためにプレス機と金型とは一体で，特定加工のみで専用的に使用するという価値創出の発想で業務プロセスを構築する。

ただ機械が主役ではなく，あくまでも企業は人が主役と考える同社は高い給与で社員を遇し，週休2日，残業は夜7時までという方針を貫こうとしている。そこには人が財産だから疲労させず，機械を使うという理念がある。

稼動しない設備が多いといっても，金型加工も含めて同社の設備は最新である。パートも含めた70人の人員規模で毎期1億円の設備投資を行う。果敢な設備投資を行うものの，その稼働率を向上させるのではなく，金型を据付けたらほぼ専用的に同じ部品を生産する。もちろん小さなロットサイズの製品もあるが，40品種ほどの量産品で利益を獲得する。同社のプレス技術そして冷間鍛造用も含めた金型の技術は高水準で，量産品といっても単純な加工ではなく，絞り加工の入った複雑な加工品である。その高度な技術力と低価格とで受注を獲得する。同社のビジネスエンジンはその加工度の高い量産部品の受注にある。

ここには斬新な事業概念があり，それを実現する技術と一体になった業務プロセスがあり，それを活かす人の処遇，そして顧客をひきつける技術力の仕組みがある。今，安くて良いものというものづくりパラダイムからの転換が必要ではあるが，斬新な発想があれば低コストなものづくりという発想でも，有効なビジネスシステムが生まれる例である。

3　スピード追求の仕組み

業務スピードの速さはさまざまな分野で有効である。それを実現するには新たな発想に基づいてさまざまな仕組みへの工夫が欠かせない。アルミ製品の販売・加工業マテリアル（東京大田区）は，加工時間が3時間以内なら，機械加工だけでなく表面処理を施しても，朝の受注品を夕方には納品する。通常の納期

でも3日というスピードが，この企業の独自価値である。そのスピーディな納品を可能にするのは，アルミ材の卸売という事業基盤があるためで，保有する約1,000種類の多様な材料をいつでも使用できる。

　その材料を最新の加工機，そして3次元測定器をはじめとする高精度な測定器を揃えて加工する。高精度で多様なそして小ロットのアルミ加工を短時間で行う業務プロセスが，高収益を実現する。その一つひとつの業務は，特に斬新とはいえない。しかし顧客に求められた材質で加工度の高い製品をスピーディに提供できる企業は少ない。同社はそうした顧客ニーズの存在を前提に，創業時から業務プロセス全体で応えられるビジネスシステムを目指してきた。それはアルミ素材の卸売業にもアルミ加工業でも珍しい仕組みである。

　この仕組みを構築するときすべての顧客を対象とせず，自社の提供するスピードを求める顧客に絞り込んでアピールしてきた。このため限られた資源で顧客に合わせた事業の仕組みが構築しやすく，また顧客ニーズにも対応しやすい。

4　業務機能の範囲とビジネスシステム

　以上のように業務領域が狭くても独自のビジネスシステムの構築は可能である。図2-4にみるような製造業のビジネスシステムからいえば，下請企業では製品企画機能を保有しないが他の業務プロセスで，それに組織やケイパビリティ，資源を活用して斬新な仕組みが創造できる。ただそれには既存の事業概念とは異なった斬新な事業概念，新しい資源を活用した事業の発想が欠かせない。

　製造業に比べて流通業ではさらに業務プロセスの範囲が狭くなる。小売業や卸売業では図2-5のように，取り扱う製品発掘の方法，品揃え，展示方法，接客・サービス，配達や決済などの販売そして物流などの業務機能を中心に業務プロセスが構築される。製造業と比較すると業務機能は少ないものの，顧客との多様な接触方法が可能であり，そこからも異質なビジネスシステムを形成できる。たとえば雑貨店であれば取扱商品の範囲や組合せだけでなく，販売商品

図2-4　製造業のビジネスシステム

組　織
事業概念
材料，部品
情　報
企画ー設計ー製造ー検査ー販売
ケイパビリティ，コア・コンピタンス
製　品
情　報
経　営　資　源

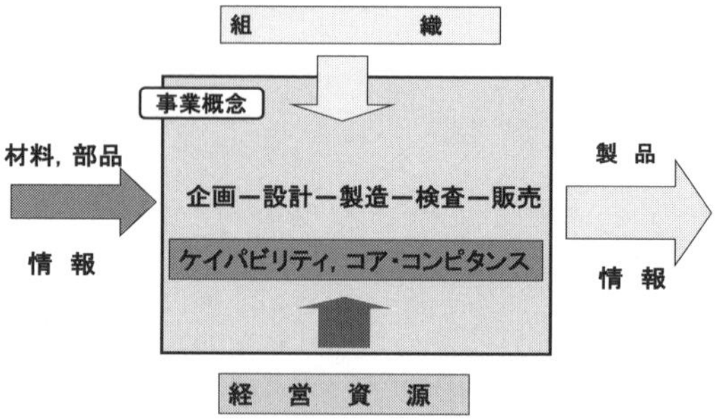

［出所］著者作成

や価格帯，陳列方法，接客方法，代金の受取方法，アフターサービスの方法，立地場所などを組合せることでも多様なビジネスシステムが可能である。またフランチャイズチェーンやレギュラーチェーンなどチェーン化することによって，オペレーションや業務機能の集中や分散など，より多彩なビジネスシステムが構想できる。

このようにみていくと，業務機能が少なければビジネスシステムの要素が少なくなるものの，顧客層の設定，その顧客への対応方法，業務の範囲などをは

図2-5　流通業のビジネスシステム

組　織
事業概念
製　品
情　報
企画⇒発掘選択⇒仕入⇒品揃展示⇒接客サービス・販売・⇒物流
ケイパビリティ
商　品
情　報
経　営　資　源

［出所］著者作成

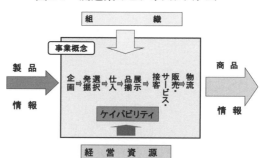

じめとして多様な仕組みが可能である。顧客のニーズにどのような方法で応えるか，そして競争企業にいかに対応するかという斬新な事業の発想によって独自なビジネスシステムを構築できるのである。

第5節　事業の仕組み構築の発想

　顧客価値提供の仕組みづくりには顧客価値の発見，斬新な事業概念，新しい資源の活用や新しい活用方法，新しい業務プロセスや組織運営など，多様な要素を縦横に組み合わせたシステムの構築が必要である。

1　顧客価値からのビジネスシステム構築

　事業の原点は顧客価値にある。しかし事業が顧客を獲得して一度軌道に乗ってしまうと，いつしか顧客ニーズはすでに対応した前提として扱われ再検証されにくくなる。さらに顧客獲得のために同業企業としのぎを削りながら競争する中で，競争企業の需要の奪取や反対に防御しようとする結果，企業が対応する顧客ニーズは各企業とも同様なものに収斂してしまいがちである。そのため製品の類似性と同様に，業界一般的なビジネスシステムが形成されていく。想定する平均的なニーズに対応するビジネスシステムが形成され，いつしか小さな顧客価値の多くは捨象されてしまう。

　ところが他方で顧客価値は変化し多様化していく。最も顧客価値を多様化させるのは，生活スタイルや企業行動の変化，それに伴った価値観の変化である。たとえば多忙ななか短時間で低価格で伸びた頭髪を調髪したいと望む顧客がいる。彼らは待たされるうえ調髪以外のサービスを加える高料金な理髪店に不満を持っている。そこに登場したのが10分間で1,000円の理髪店QBハウスである。従来の手作業の業務に対して機械技術を導入し，調髪作業に特化して短時間の理髪を実現する。一方で集客能力を高める店舗立地と店舗形態で時間当たりの売上高は向上させる。

　そこには業務プロセスや立地条件，集客方法などトータルで斬新な仕組みが

ある。生活スタイルの変化やそれに伴う価値観の変化は，新たな顧客価値をもたらし，新しいビジネスシステムを求めているのである。にもかかわらず既に確立したビジネスシステムで新しいニーズに応えようとするか，他方で従来の仕組みでは応えられないニーズを企業は無視してしまう。それは今までの事業を否定して変革しなければならないからであり，また旧来の資源を廃棄し新たに調達しなくてはならないからである。既存企業が新しいニーズに応えるために，新しいビジネスシステムを構築することは単純ではない。

このような顧客ニーズに対する企業の姿勢は，既存の事業の中に顧客を満足させていない事業が，また提示すべき価値を見失っている事業が，そして顧客ニーズに対応していない空白な事業領域が存在することを意味する。だから絶えず事業の原点に返って，顧客価値に合致した仕組みを検証することが企業に求められる。顧客価値の多様化のなかで，個々の顧客は満たされないニーズに不満をもっている。それを把握せず，旧来の考え方や方法で平均的な顧客像として扱うために需要が獲得できない。

2　活用場面から顧客価値を発掘

それでは顧客の求める多様な顧客価値はどのようにして把握すればよいのだろうか。難しいことに顧客のニーズが多様化しているといっても，そうしたニーズが顕在化して存在し，企業に救い上げられるのを待っているわけではない。現実には顧客自身にも求めるニーズを具体的に理解していないことが少なくない。不満を感じていても顧客自身が何を求めているか自覚しないことも多く，ニーズは顕在化しているものだけでなく潜んでいるのである。その潜在するニーズを発掘し，それを提供するための仕組みを構築することが斬新なビジネスシステム構築の鍵になる。

そうしたニーズを把握するには，図2-6のように，顧客の製品活用場面の中に入り込むことである。ニーズは顧客の生活や生産活動の場面の中に埋もれている。先に例にあげた一つひとつが個性を持ったバッグというイビザ社の製品コンセプトは，製品が売れない時期にデパートの実演販売コーナーでの販売活

図2-6 新しいビジネスシステムの創造

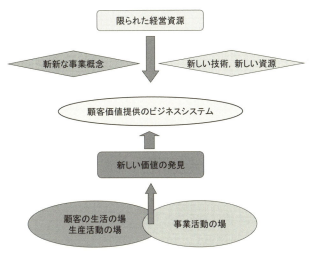

[出所] 著者作成

動で，顧客の反応から得たものであった。顧客の活用場面に注目し，顧客の声に耳を傾け，顧客の立場に立ってその使用方法や購入方法，そして使用の際や使用後に不便なこと，不都合なこと，それらに注目することで新たな顧客ニーズに近づくことができる。今日では顧客が製品を購入し，使用して廃棄するまでの製品使用期間全体のなかに顧客価値がある。

購入した後の使用場面での不満はないか，新たに求める機能は何か，何らかの事故は生じないのか，環境に配慮した製品であるのか，そして廃棄のときに処分しやすいのか。購入者の製品使用期間全体に注目することで，顧客に提供すべき価値もみえてくる。また顧客の使用場面に注目すれば，彼らが他に求めている製品やサービス，望ましい取引方法なども把握しやすい。

このようにみていくと，新しいビジネスシステムを構築するためには技術を重視するだけでなく，またひたすら生産活動に励むだけでなく，顧客の価値の把握が業務プロセスの重要な一環になるように設定する。顧客価値提供のビジネスシステムを有効にするには，顧客が求める価値を発見する機能を，事業の

仕組みのなかに組み込む。

　先にあげた図2-3にみる顧客との情報作用の部分である。それは顧客の活動のなかに入り込み，彼らが求めているソリューションを発見する活動である。またそうした活動の場で価値を提案し，その反応をみることで提供する価値を模索することである。このような顧客との情報作用を含めたケイパビリティを形成することが価値提供の仕組みづくりには不可欠になる。高品質な製品を作ることに，また他社には存在しないスキルを発揮できるという組織能力だけでなく，顧客のニーズを探索し，察知し，顕在化し解決できる組織能力が価値提供の仕組みには不可欠である。

3　ビジネスシステムの構成要素の組合せとフィット

　ビジネスシステムは活用できる資源で顧客ニーズを獲得するための仕組みである。そのためねらいとする顧客層のニーズに絞って，これに応える効果的な仕組を構築することになる。ただ調達できる資源には限界がある。その制約された資源を活用して，顧客を獲得する業務プロセス，限られた人材の能力を最大に発揮できる組織を形成する。

　そのビジネスシステムが有効に機能するためには，事業概念と業務プロセス，組織，資源という要素それぞれが，顧客ニーズの提供に向けて調和していることが重要である。たとえ個々の要素に優れたものがあっても，全体として調和していないとビジネスシステムは有効に機能しない。それらがばらばらでは事業の実行能力は小さいものに留まってしまう。反対に個々の資源が脆弱であっても，それが全体として同調し創発されることによって，小さな企業でも大企業に勝る顧客価値を実現できる仕組みができる。

　ところがビジネスシステムの要素それぞれは，事業環境の変化や技術革新，資源の衰退や陳腐化，新しい資源の登場，そして顧客ニーズに応えるための新しい製品や技術の開発などによって不均衡になる。このときその変化した要素を有効に活用するためには，他の要素も変革して調和させる。1つの要素の変化や変革を梃子に，それを活かすべく他の要素を変革して，選択した顧客ニー

ズに全体として応えることがビジネスシステムを革新する。このような変容する要素の調和を図ることも新しいビジネスシステムを構築する源になる。

[注]
(1) Ansoff(1969)邦訳pp.128〜140および，Ansoff(1990) 邦訳pp.132〜159を参照。
(2) Abell(1984)邦訳pp.221〜222を参照。
(3) Abell(1993)邦訳pp.58〜59を参照。
(4) 1980年代のアメリカ企業がM&Aという企業の売買に走り，結果的にその多くが失敗した要因について，チャンドラー(Chandler, 1991)は組織能力が弱体化してしまっことにあるとした。
(5) この業界では高額な製品は職人による生産が中心になるが，そのとき定番製品などは特定の職人が専門的に一人で生産する。製品と技能者が対応する生産方法がとられることが少なくない。
(6) Boulding(1988)邦訳p.10参照。
(7) システム論では要素Ⅰ，Ⅱ，Ⅲ，‥‥が集合したときに，それぞれの要素が本来保有していない性質がシステム全体として現れることを創発性という。詳しくはvon Bertalanffy(1968)参照。
(8) 使用している設備がどれくらいの年月を経ているかという設備年齢は，わが国企業の場合1980年の8年強から，2009年には12年強に伸びている。『2011年版ものづくり白書』財団法人経済産業調査会，2011年，pp.23〜24。
(9) 規模の経済性は製品もしくはサービスの生産規模が拡大するにつれて，単位生産費用が減少する場合に存在する。範囲の経済性はさまざまな製品やサービスを複数の異なる企業が生産する場合の総費用に比較して，単一企業が生産するときの費用の減少として定義される。これらの経済性は生産だけでなく，材料調達から流通や小売まで，企業活動のあらゆる局面で発生する可能性を持っている。Besanko, et al.(2000) pp.74〜104, 邦訳pp.77〜115参照。
(10) 優良な企業であっても，それまで業界で一般的に用いられてきた技術を凌駕する技術，あるいは次元の異なった破壊的技術に対して，その採用が遅れることがある。それが，すでに獲得した顧客ニーズに耳を傾けることによって，生じるものだというメカニズムが解明されている。Bower and Christensen(1995)参照。
(11) これら市場細分化の方法についてはKotler(2006)邦訳pp.305〜335を参照。

(12) ここで述べたビジネスシステムの基本的な概念については小川(2006)も参照。
(13) わが国で最初のコンビニエンス・チェーンであるセブンイレブンでは，狭い店内に在庫を保有せずに，売れる製品だけを陳列し補充していくことがビジネスシステムの鍵になって独自のチェーン・システムが開発された。それにはダースや配送単位での発注数ではなく，製品を1個ずつ管理し発注し，それをジャスト・イン・タイムで供給することが必要である。情報システムを基盤にした単品管理の意義については，川辺(2003)pp.243〜259およびpp.411〜415参照。
(14) 価格設定の方法については，Kotler(2002)邦訳pp.264〜289参照。
(15) 情報活用による速度効率概念をデルはヴェロシティ(velocity)と名づけている。デル社の事業方法については創始者のマイケル・デルが発表した次が詳しい。Dell(1999)邦訳pp.115〜120参照。
(16) バーチャル・コーポレーションの概念については，Davidow and Malone(1993)邦訳pp.15〜18参照。
(17) 近年，台湾のEMS企業の活躍が顕著である。エイサー(Acer 宏碁股份有限公司)はパソコンのマザーボード企業として世界の主要企業に部品を供給し，さらに発注者仕様のパソコンを供給してきた。その後自社ブランドでのパソコン企業になり，2007年にはゲートウエイ社を買収して世界3位のパソコン企業になる。そのエイサーから90年に独立して設立させたエイスース(ASUS：華碩電脳股份有限公司)が代わって世界首位のマザーボード企業になり，2007年には低価格パソコンを発売して業界に変化をもたらしている。そしてホンハイ(鴻海精密工業)はアメリカのソレクトロン社を抜いて世界一のEMS企業として躍進する。著名企業のパソコンの他，ゲーム機や携帯電話などが，EMS企業によって現実には生産されている。2000年代に入ってのアジア企業の躍進については宮崎(2009)を参照。またEMS初期の動向，EMS経営の目指す方向などについては稲垣(2001)を参照。
(18) 企業の変革にはネットワークの変革が不可欠であり，またネットワークの変革によって企業は自己を変革できるとして，さまざまなネットワークについて解明したものとして小川(2000)を参照。
(19) 伊丹は企業の資産を，事業を成立させるために物理的に不可欠な資産と，事業を円滑に進めるのに必要な資産とに分け，それを見える資産と見えざる資産と呼んだ。伊丹(1984)pp.47〜59参照。
(20) コア・コンピタンスについては，Hamel and Prahalad(1995)邦訳pp.10〜12参照。

(21) Barney(2002)参照。
(22) ケイパビリティの基本的な概念については次を参照。Barney(2001b) pp.159～172.
(23) Grant(2002) pp.139～157参照。
(24) 技術情報や製品情報を豊富に蓄積してeコマースをコントロールする企業は，インフォメディアリー(informediary)と呼ばれる。Hargel Ⅲ and Singer(1999)参照。
(25) 近年調査が行われていないので古くなるが，1998年で中小企業における下請企業の割合は47.9％になる。経済産業省『商工業実態基本調査』2000年参照。
(26) 順送金型は複数の工程を1つの金型で加工するものである。たとえば，コイル材を抜きや曲げなど16工程かかって部品として完成させるのを，1つの金型のなかで順番に加工して仕上げる。高度な金型技術と大型のプレス機が必要になるが，加工時間が大幅に短縮できる。

ものづくりのパラダイムと業務プロセス

　事業概念を基に資源を活用してものや情報を処理し，価値を創造するビジネスシステムの核として機能する要素が業務プロセスである。研究開発や製品の企画からはじまって，製造や販売，物流，アフターサービス，製品廃棄・回収に至るまでの業務をベースに顧客価値を創造する。業務方法や業務範囲，業務の重点やそれらの組合せなど，業務プロセスの仕組みは多様で，同じ事業概念でも，採用する業務プロセスによってビジネスシステムは異なり事業を多様化させる。新しい顧客価値を創出し競争優位なビジネスシステムを構築するためには，顧客価値に即した効果的なそして効率的な業務プロセスが必要になる。

　今日のものづくりのパラダイムは，顧客一人ひとりが求める価値をスピーディに創出することにある。ただ製品を多様化させカスタマイズ化するものづくりの仕組みだけでなく，販売やアフターサービス，製品の廃棄回収なども含めた製品にかかわるトータルな仕組みが求められる。顧客価値にそして企業のミッションに合わせてすべての業務活動を調和させて編成し，競争優位な業務プロセスを創造することが課題である。

　本章では，第1節でものづくりパラダイムの変遷を振り返り，今日では多様な顧客ニーズにスピーディに対応できる業務プロセスの創造が中心課題であることを確認する。第2節で製品デザインを標榜する企業の事例から，業務プロセスの要素を探る。そして抽出した要素の特質を第3節以下第5節まで検討する。第3節では業務プロセスを直接規定する製品・業務の範囲，バリューチェーンの定義，管理システムを取り上げる。第4節ではコア・プロセスの特質をみる。第5節ではコア技術と模倣しにくい独自能力について検討する。第6節では今日の業務プロセス構築の視点について検討し，最後の第7節で業務プロセス要素と主要なパラメータについてのまとめを行う。

第1節　業務プロセスの意義と新しいパラダイム

　業務プロセスの重要性を知るために，製造業を例にその業務プロセスをリードするものづくりのパラダイム(paradigm)が，産業社会にどのような影響をもたらしてきたのかを歴史的に検討する。

1　ものづくりパラダイムの変遷
　ものづくりパラダイムの歴史的な推移を把握する。ものづくりパラダイムは低価格な製品の提供から，顧客一人ひとりの価値をスピーディに提供する方向へと向かっている。

(1) アメリカを繁栄させた業務プロセス
　19世紀後半，ものづくりの世界に斬新な生産プロセスを導入して，当時の世界の工業先進国イギリスを凌駕しはじめたのが新興国アメリカである。アメリカはフランスで創案された互換性部品によるものづくりと，専用機械そして分業などによる生産方式を19世紀半ばには世界に先駆けて本格的に実現し，高品質な工業製品を低価格で生産するようになる。
　互換性は構成部品のそれぞれを規格どおりに生産し，同じ品名の部品であれば，どの部品でも同一のサイズで他の部品と調整することなく組合せて機能を果たすように，標準部品を生産する方法である。構成部品を相互に一つひとつ現物あわせをして，修正しながら組合せるそれまでの生産方法からみると，それは革新的な方法で量産化を可能にした。今日では工業製品生産では常識的なこの方法も，ハウンシェル(Hounshell, 1984)や森(1996)が指摘したように，初期にはコストを上昇させるものであった[1]。しかし銃器生産での採用を契機にミシンや工作機械生産に用いられるなど改善され普及していく[2]。
　当時の新興国であったアメリカは，手工業を母胎とするイギリス流の工場生産とは異なったそのアメリカン・システムと呼ばれる生産プロセスによって，1880年代には品質やコストの面で，イギリスの工業製品と逆転を果たすのである。規格どおりに部品別にまとめて分業化して生産することで，部品ごとに

規模の経済性が追求でき,さらにそこに専用機械を用いることで飛躍的に生産性を高め,均一な品質の製品をより低コストで大量に生産できたからである。

その後1920年代には,アメリカン・システムは細分化した工程ごとにより専門化の程度を高め,専用機械による規模の経済性を追求するヘンリー・フォードのT型フォードの大量生産方式としてさらに発展する[3]。それは同質的で大きな市場に対して,品質の一定の標準化した特定品種を低コストで提供するもので,アメリカン・システムを一歩進めた方法であった。そこでは分業化がさらに進められて,ベルトコンベアを導入した組立工程では半日程度訓練しただけの未熟練者が自動車の組み立てを行った。その生産方式は大衆消費社会を形成し,20世紀アメリカ経済繁栄の基盤になっていく。

(2) 低コストで高品質な多品種少量生産システム

しかしものづくりのパラダイムは変化する。20世紀に世界に君臨したアメリカは,20世紀後半になり多数の品種を少量生産しても,低コストで高品質という多品種少量生産システムを採用する日本企業にその地位を奪われる。特定品種に絞って量産して供給する仕組みでは,多様化した市場の変化に対応できなくなったからである。対してわが国の自動車やエレクトロニクス産業の優良企業は,生産現場の改善活動によって段取り作業の短縮化を図り,大量生産を母胎にしながらも低コストで多品種な製品を生産することを可能にした[4]。多品種な製品を少量生産しても,コストを増大させないトヨタ生産方式に代表されるような生産プロセスが,それを可能にしたのである。

トヨタが創案した生産システムで重要なのは,1つの生産ラインで多品種を生産する仕組みである。ロット生産ではなく,多品種の製品を1つずつラインに交互に投入する混流生産(1個流し生産)としてそれは完成していく。この結果在庫に依存せずに,最小単位の製品を迅速に生産して提供するジャスト・イン・タイムな生産方式が一般化し日本企業の躍進がはじまる[5]。

しかしアメリカ企業がイギリス企業を凌駕して,長い間世界経済に君臨したような道を日本企業が歩むことはなかった。安くて高品質な製品を多様に生産して世界市場に投入するという戦略は,20世紀末には経済のグローバル化の

なかで立ち行かなくなる。労働コストが数十分の一という東アジアや中国が，低コストな生産の舞台として登場したからである。

このため日本企業はコスト削減を求めて東アジアや中国に生産拠点を移転し，それは中小企業も含めた国内の製造基盤を弱体化させる。安くて高品質な製品を多様に供給するという国内需要中心の生産プロセスは，トヨタやキヤノンのような一部の優良企業を除いて破綻したのである。

(3) 顧客ニーズに対応するためのパラダイム

一方で日本企業躍進の原動力が，低コストで多様な製品を素早く提供することにあるとみたアメリカ企業は，日本企業以上にスピードの経営を志向する。そして斬新な技術や製品の開発とともに，設計技術や製品のアーキテクチャ(architecture)を革新して新しいものづくりを開始する。またトヨタ生産方式のものづくり方法をリーン(lean)生産方式としてアメリカ企業に移植し，製品の企画開発期間や生産期間さらに物流時間の短縮を推進する[6]。

このときアメリカ企業は，発展する情報技術を業務プロセスの中核として活用した。新製品の開発や設計時間の短縮のために，2次元や3次元のCAD(Computer Aided Design)が開発される。とくに後者の3次元CADでは製品の立体的な表現が可能になり，製品の企画や構想が容易になった。そして部分から全体を設計するのでなく，全体の構想から段階的に細分化しながら部分を設計することが，コンピュータ上でできるようになった。また製品の強度計算や内部構造まで推定しながら設計できる。このため企画やデザイン領域では業務がスピーディ化される。

そのCADによる設計データと光造形システムや3Dプリンターとを結べば製品の試作モデルを容易に製作できる[7]。その設計データをCAM(Computer Aided Manufacturing)によって製造データとすることで，設計と製造が一体化され製造期間の短縮化も図られる[8]。このように情報技術を生産プロセスに活用したデジタル・エンジニアリング技術によって，アメリカ企業は多品種な製品を斬新な方法でスピーディに生産しはじめた。

一方で販売と生産を結ぶ業界横断のコンピュータネットワークも発展した。

生産と小売段階を一体化して流通在庫を圧縮し，顧客ニーズの変化に応えるためのSCM(Supply Chain Management)が開発される。SCMでは小売店の販売状況に応じて生産し製品を供給するため，小売店や卸売店，製造企業，部材企業や下請企業まで含めて製品データベースを共有し，受注から資材調達，在庫管理，発注といった業務活動を企業の枠を超えて連結する。

2 顧客個々にカスタム化した製品の提供

アメリカや日本の業務プロセス革新を歴史的にとらえ，新しいパラダイムの業務プロセス概念を提起した一人が，経営コンサルタントのパイン(Pine II, 1993)である。彼は次にみるような新しいものづくり概念がアメリカに登場していることを指摘した。

(1) マス・カスタマイゼーション

多様な顧客ニーズに対応するために，規模の経済性を維持しながらカスタム化と多様性を追求する企図のもとに，20世紀末にパインはマス・カスタマイゼーション(mass customization)を提示した(Pine II, 1992)[9]。そのものづくりの新しい概念は，量産できる単位に製品をモジュール(module)に分割し，モジュール単位での規模の経済性を追求し，一方でモジュール化したユニットを組合せたカスタム化した製品で顧客に短時間で提供するものである[10]。たとえばデル社のように顧客ごとのオプション注文に応じながら，最短4日で低価格な製品を納入するという方法である。

今日の業務プロセスは顧客仕様による一つひとつが異なった製品を，低コストでスピーディに供給する方向に向かっている。それはわが国で創案した多品種少量生産型システムが契機になって発展したものの，その概念とは異なった新しいものづくりのパラダイムである。生産工程での工夫だけでなく，その実現には製品設計，顧客価値の把握，生産プロセス，物流配送などの業務全体を変革して統合化しないと応じられない。

段取り替えをはじめとしてムリやムラ，ムダの排除そしてJITの実現など，日本企業は生産工程の作業効率を追求して低コストで高品質な製品の多品種少

量生産を完成させた。わが国の多品種少量生産はアメリカン・システムを基盤に，現場作業での工夫を加えて実現したものであった。そして多品種化を図る一方で，一つの製品で多様な顧客の要望に応えられように多機能化を図った。それは同時に製品の高額化を図れるが，顧客の多くにとって大半の機能は活用されない不要なものでもあった。

日本企業は多様な顧客ニーズに応じるために，部品の共通化やモジュール化の推進よりも，製品品種の拡大や多機能化に邁進した。培ってきた多品種少量生産の概念に縛られ，より低コストで多様な製品を生産する新しい製品アーキテクチャや設計技術の採用，情報技術活用による製造で顧客の多様なニーズに応えることも怠り，いつしか高コストな生産体制に陥った。しかし複雑化した高額な多機能製品は海外では受け入れられず，国内市場にしか通用しないいわゆるガラパゴス化に向かう(宮崎，2009)。その結果，経済のグローバル化が進展するエレクトロニクス市場は韓国や台湾，中国企業に奪われる。

日本企業が競争力を回復するには，現場作業の改善だけでなく，個々の顧客ニーズに即した製品やサービスの提供を軸に，多様化する顧客に価値を提供できる新しい業務プロセスの創造が求められている[11]。新しい業務プロセスで求められるのは生産ばかりでなく，企画開発や販売，物流，アフターサービスなどの業務も含んだ全体である。従来の生産効率向上一辺倒の姿勢を改めて，物流など外部企業も含めた統合的なシステムで，顧客の多様なニーズにスピーディに応じる。さらに後述するようにバリューチェーンを再定義し，垂直統合戦略などを見直すことも必要になる。

(2) クラフト的方法による顧客ニーズの対応

顧客個々のニーズに応えるにはもう一つの方法がある。それはクラフト的な生産プロセスによる対応方法である。かつてピオーリとセーブル(Piore and Sabel, 1984)は技術的な発展がどのような経路をたどるか決定する瞬間を，産業分水嶺(industrial divide)と呼び，1970年を境に大量生産体制から柔軟な専門化体制への転換が求められているとした[12]。

それは社会的なコンフリクトが，その後の何十年かに及ぶ技術的発展の方向

を決定するのであり、その時期に適切な技術を選択しなくてはならないという考え方である。最初の産業分水嶺は19世紀で、西ヨーロッパの柔軟な生産技術は、それはクラフト・システムであったが、大量生産技術の登場によってよって押しやられる。そして1980年代の初期、世界は第2の産業分水嶺に直面しており、そこではもう一度柔軟なクラフト的生産体制への転換が求められているとした。

　彼らの主張するクラフト的な生産体制は、単純な18世紀の職人技能中心ではなく、コンピュータ制御の小型汎用工作機械を基盤とする柔軟な専門化システムであり、それこそが多品種少量生産に向いており、不確実性の高い変動的な市場変化に対応できる生産システムだとしたのである。そかしその先駆的な担い手とした日本のその後の状況からいえば、彼らの主張は正鵠を射たものではない。中小企業を主体とした産業コミュニティの動きは鈍く、わが国産業を変革することはなかった。しかしイタリアではアルティジャーノ（artigiano；職人企業）といわれる中小企業は今日でも輝きを失ってはいない[13]。

　ただ彼らの主張したクラフト的ものづくり概念、機械技術、情報技術と一体となったものづくりは、多様な顧客ニーズに対応する方法であることは間違いない。顧客の注文仕様に応じた高級品や、一つひとつ仕様を変えなければ機能を果たせない福祉用品などに適している。しかしこの方法では供給スピードと世界の成長市場に対応できない。ところが職人技能の代わりに、3Dプリンターなどデジタル技術を活用した、個人によるものづくりのパーソナル・ファブリケーションとして発展の可能性が見えてきた（Gershenfeld, 2008）。

3　オープンなモジュールによる生産システム

　顧客の価値観の多様化、技術の複雑化と急速なイノベーション、そして膨大な需要量を抱える新興国市場への製品供給など、新しい環境に対応する方法の一つがモジュールによるものづくりである。ここでは先述したマス・カスタマイゼーションを実現する手段にもなるモジュール化を、それが生まれたコンピュータを例に発生要因とその特質を分析する。

(1) コンピュータ生産のオープンなモジュール化

　1980年代，日本企業が国際的な競争力を誇った時代に，一方の低迷するアメリカではコンピュータ産業のなかで新しいものづくりがはじまっていた。それはその後のデジタル産業分野でのアメリカ企業の競争力の源になり，反対に日本企業の同分野での凋落の要因になっていく。

　1970年から96年の間に膨大なモジュールのクラスター群が登場して生産の仕組みや，コンピュータ産業の構造が変わった（Baldwin and Kim, 2000）。ユーザーのコンピュータ更新を促そうとしたIBMは，1964年に発表したメインフレームのシステム/360では命令セットを同一にし，機器間の互換性や周辺機器の共有を確保するためにモジュール化を採用した。さらに次に登場したIBMのパソコンが，モジュール化アーキテクチャを拡大してダイナミックにものづくりを変えていく。

　1981年に遅れてパソコン分野に参入したIBMは1984年にIBM PC/ATを投入してパソコン市場を本格的に開拓し産業化する。このときIBMは短期間でパソコン市場に参入するため，市場で入手可能な部品でパソコンを構成し，ソフトや周辺機器の普及のために回路やBIOSのソースコードを公開した[14]。さらに基本ソフトをマイクロソフトとライセンス契約し，同社が他社にもそれを供給できることを認めたため，市場にはIBM PC互換機が登場するようになる。このため互換機と接続できる多数のアプリケーション・ソフトウェアや周辺機器を販売するベンチャー企業が登場する[15]。こうして事実上の標準としてのハードやソフトのさまざまなモジュールが生まれ，それら専門企業のモジュールを市場調達して生産するものづくりシステムが80年代以降登場する。

　IBM PC/ATのアーキテクチャが事実上のパソコンのデザイン・ルールになり，それを守ることによって構成部品が標準モジュールになり，その標準モジュールを誰でも生産でき，そのモジュールを調達して組立てれば標準的なパソコンが生産できるようになる。こうしてデジタル技術を活用するハイテクな産業分野では，機能とインターフェースが規定されたモジュールを組合せて製品を生産するオープンなモジュール型の製品アーキテクチャへと移行する[16]。

モジュールはインターフェースを守れば，その機能や性能を独自に変革することが可能であり，それがより優れたモジュールの開発を目指すベンチャー企業を登場させる。ベンチャー企業による激烈な価格競争と技術革新競争が展開され，アメリカ産業をダイナミックに革新していく。モジュールを使用することで，斬新なデジタル製品まで比較的容易に生産できるような産業の仕組みに変わったのである。携帯電話や液晶テレビ，スマートフォン，タブレット，スマートフォンなど今日のデジタル製品はオープンなモジュール生産に移行した（小川, 2013）。

(2) 新興国企業を活用したものづくりと新興国市場への対応

すでに存在する部品を組合せて組立てるのがモジュラー型製品で，それには完結した機能を持つ部品と，部品と部品を結びつけるインターフェースの形状や通信手順などが標準化されていることが条件になる[17]。外観的には独自でも今日のデジタル製品の多くは，専門部品企業からオープンなモジュール部品を調達して組立てられる。そして技術進歩によってより上位のワンチップ化や統合化したモジュールが登場し，複雑な製品でも容易に完成できる。

このとき生産機能を保有しないアメリカのベンチャー企業は，そのモジュール生産や製品組み立て業務を生産コストの低い新興国企業に委託する。そこで台湾や中国などの電子機器の受託生産を専門的に行うEMS企業（Electronics Manufacturing Service）や部品企業が登場して，鴻海精密工業のような巨大企業も躍進する。さらに製品を企画設計してブランド企業に提案していくODM（Original Design Manufacturing）形態の企業まで登場することで，小売業のような異業種の企業までもが製品保有が可能な仕組みが登場する。

他方で経済のグローバル化によって新興国経済がテイクオフし，新興国企業が躍進をはじめると同時に，新興国市場が先進国市場に代わって成長市場としての歩みを始めた。加えてプラハラッド（Prahalad, 2005）が提唱した40億人以上ともいわれる途上国の貧困層を対象にしたBOP（Base of the Pyramid）市場も注目されるようになる[18]。

このとき，高い性能と機能の差別化で対応してきた先進国市場向けのものづ

くり方法は，新興国市場やBOP市場では需要を獲得しにくい。製品使用方法を学習していない顧客でも活用できる簡単な機能で，大量に供給できる低価格な製品が求められる。それだけでなく市場のニーズは民族や地域によって異なり多様である。

オープンなモジュール化は，このような市場要求にも応え易い製品アーキテクチャである。規格部品であるため大量生産によって低価格になり，それを組合せることで多様な製品をスピーディに供給できる。反対に，統合型の製品アーキテクチャで製品固有の部品から設計していては，安定した品質の製品を素早く低価格で供給しにくい。そこでは，顧客側の視点に立った製品開発と同時に，生産方法や販売方法そして利益獲得方法の革新が不可欠になる。

(3) モジュールの特質

モジュールについてボールドウィン(Baldwin and Clark, 1997)は，それぞれが独立的に設計可能であって，全体としては統一的に機能する小さなサブシステムによって複雑な製品や業務プロセスを構築するものであるとした。ただモジュールの定義は単純ではない。複雑な製品を生産するときは，製造プロセスをモジュールまたはセルに分割して生産するという生産の原理として，それはすでに1世紀以上も前から社内分業や社会的分業として行われてきたことをボールドウィンも指摘している。製品だけでなく生産段階での，そして消費段階でのモジュール化という視点もある。

ただボールドウィンが注目したのは単なる分割ではなく，それら分割したコンポーネントの設計に，その分担者たちが参画できるモジュール化であり，分割されたコンポーネントや業務プロセスを，それを担当する者がデザイン・ルールを守れば，独自に設計やイノベーションできることをモジュール化の条件として重視した。

そうしたモジュールはオプションを創造し，独自に進化できるという特徴を持つ[19]。モジュールは製品の多様性の向上，環境変動に対してシステム全体ではなく各モジュール側で対応できるという不確実性の軽減，そして開発設計を同時並行的に推進できる開発の迅速性，という3つの性質を発揮する

(Baldwin and Clark, 1997)。こうした優れた性質を持つモジュールが，すべての製品やプロセスに適用されないのは一般的な統合型のそれに比べて，設計が難しいことをボールドウィンは理由としてあげる。モジュールが全体として機能するように，あらかじめデザイン・ルールを確立しなくてはならないからである。

(4) モジュールのオープン化要因

このようなモジュールを誰でも生産しまた活用できるオープン化は，次のような条件のなかで生じている。第1に，製品の仕様や形状などがほぼ類似化するドミナント・デザインの形成以降にオープンなモジュールは生まれる。製品ライフサイクルの導入期からドミナント・デザインの登場までは激烈な製品開発競争が行われ，共通的な仕様が存在しないためオープンなモジュールという仕様や機能の標準化は難しい。

第2に製品が複雑化して，それを構成する部品を組立企業それぞれが独自に開発するには，ノウハウや時間が不足して需要が増大する市場の要求に即応できないときや，知的所有権の使用が避けられないときである。そして製品の中核になるモジュールを有力企業が提供するとオープン化が加速する。携帯端末の場合には複雑なモジュールの小型化が求められ，台湾のMTKのような汎用IC（ASSP）を提供する半導体企業の製品が標準モジュールになった[20]。

第3に製品が他の機器と相互接続され，システム化される度合いが高いとき，周辺機器も含めてモジュールがオープン化されやすくなる。たとえば画像やビデオのようなマルチメディア機器は，通信プロトコルやコネクター形状などのインターフェースを共通にすれば，コンピュータと相互接続できるようになる。こうしてJPEG，MPEGというデータ形式の標準が形成された。そこではデータ処理ソフトとコネクターや処理モジュールがオープンになる。そうすると周辺機器の標準化が加速し，BD（Blu-ray Disc）規格のように研究開発段階からオープンな製品規格が決定される例も登場する。

ただ技術的要因だけでなく，第4に一定量の需要の存在が前提になる。旺盛な需要にできるだけ低価格で早く応えるためには開発期間の短縮や，規模の経

済性による生産コストの低減が必要になり，それらもオープンなモジュール化の要因として作用する。

　以上のような要因によってオープンなモジュール化がはじまると，業界の製品生産の仕組みがダイナミックに変容し，従来の事業の仕組みでは顧客価値創出に対応できなくなってしまうことは，わが国デジタル機器産業の凋落が如実に示している。それは産業構造を変革し競争方法も変容させ，事業の仕組みを革新しないと企業の生き残りさえ難しくする。それは一方で中小企業にビジネス・チャンスを与える。モジュールを調達すれば高度な製品でも容易に生産できるようになるからである。その典型的な例がスマートフォンで躍進を始めた北京小米科技である。

4　優れた業務プロセスが価値を創出

　業務プロセスは事業を実行するための具体的な活動であり方法である。事業対象の顧客層が求める機能を実現する仕組み，価値を創出する仕組みが業務プロセスである。それは一方で競争企業に対する差別化を実視する手段でもある。

　組織がどのような価値を作っていくかという動的な見方がプロセスであるとしたダベンポート(Davenport, 1993)は，プロセス概念の重要性を次のように指摘した。プロセスは特定の顧客や市場に対して，特定のアウトプットを作り出すためにデザインされ，構造化された一連の活動を意味する。それは製品に焦点を当てた「何をするか」に対して，「どのように」組織のなかで仕事が行われるべきかを強調する概念である。このようにプロセスは時と場所を横断し，始めと終わり，および明確に識別されるインプットとアウトプットをもち，仕事の活動の特定の順序であり活動の構造でもある[21]。

　たとえ製品やサービスを開発しても，それを実現する具体的な仕組みが構築できなければ事業は成立しない。構想した事業概念を業務プロセスとして確立することで事業が実行できる。しかし今日，経営学では戦略などと比べて業務プロセスが重要視されているとはいいがたく，またプロセス・イノベーション

よりもプロダクト・イノベーションが注目されがちである。それを必ずしも否定するものではないが，斬新な製品で顧客を獲得するにも，それを効果的に効率的に遂行する業務プロセスが同時に不可欠なのであり，ビジネスシステムでは優れたプロセス構築が核になる。

　元来，欧米企業は飛躍的アプローチを好み，それに対して日本企業は漸進的なアプローチを得意としてきた。欧米企業は新しい製品技術，マネジメント技術を開発してドラスチックなイノベーションを行い，わが国企業は目立たないカイゼン（改善）を日常的に継続することで，業務プロセスで競争力を形成してきた（今井，1991）[22]。いずれにしても顧客が求める価値を提供でき，そして競争優位を発揮できる業務プロセスは事業の根幹である。

　ただアメリカ企業は斬新な製品や技術を開発するだけでなく，前述したように，一方で情報技術を活用して斬新な業務プロセスを創造して競争力を形成し，90年代以降再び日本企業を凌駕した。それに対して日本企業を代表するトヨタ自動車の躍進をみるとき，そこには継続的な改善活動推進の成果がある。QCサークルという小集団活動が多くの企業で後退するなかで，トヨタはそれを飽くことなく継続し，現場作業者からの提案を採用することで2008年のリーマンショックまでは売上高経常利益率10％を超える高収益を実現した。

　トヨタの改善提案件数は年間60万件にのぼった[23]。徹底したコスト削減を行い，コスト削減こそが利益を生むという大野耐一（1978）以来のトヨタ生産システムをさらに精緻化し，漸進的な工程改善を絶えず積み重ねることで，低コストな製品を多品種生産するという業務プロセスのイノベーションを実現する。このようにみていくと，改善と斬新な発想による革新との両面から，プロセス・イノベーションを図ることが必要である。そして日本企業は斬新な業務プロセスのイノベーションを実現しないと，新興国企業にも追い抜かれてしまう状況にある。

5　小　括

　ものづくりのパラダイムは図3-1のように変遷してきた。製品を大量に低価

図3-1　ものづくりのパラダイムの変遷

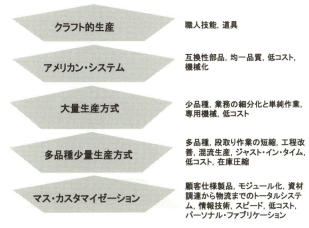

［出所］著者作成

格で供給する仕組みを実現してきたが，今日のものづくりでは多様化する顧客価値に対して，それをスピーディに低コストで提供することがパラダイムになり。そのための業務プロセスが求められるようになった。多様な顧客価値に対応できる製品アーキテクチャを確立して製品を設計するだけでなく，資材調達から生産，販売，物流，廃棄や製品回収までのトータルな仕組み全体でそれを実現する方向にある。

　グローバル市場に向けての量産品は新興国企業で主に生産し，先進国では多様なカスタム化した製品を素早く生産することに重点が置かれるようになった。デジタル機器市場ではモジュールを基盤にしたマス・カスタマイゼーションを，そして高級品や福祉製品などではクラフト的なものづくりも採用される。さらに技術が複雑化してその革新が激しいために，自社だけでイノベーションを図るだけではなく，外部のイノベーションを活用する仕組みも必要になっている。そして限られた資源の中で，業務プロセス要素のさまざまなパラメータを組合せて，また情報技術と組織能力を活かした価値創造のトータルな業務プロセスの構築が今日の課題であり，それを実現するビジネスシステムが

不可欠になっている。

第2節　事例：デザイン企業の業務プロセス

　次に業界の中で独自のビジネスシステムを持つ企業の例を，業務プロセスを軸にみていくことで業務プロセスの重要な要素について検討する。

1　垂直統合型の業務プロセス

　カンディハウス（旭川）は洗練された製品デザインで日本を代表する高級家具企業である[24]。木材の材質を活かしたデザイン性に優れた北欧調の家具を，家具にこだわりを持つ顧客層に提供する。旭川市の本社のほか全国11ヶ所とサンフランシスコ，独ケルンに販売拠点を構え，従業員も約270人と，企業規模も家具企業のなかでは大きい。同社の競争力は斬新で洗練された製品だけではなく，製品を企画して生産・販売する独自のビジネスシステムにある。

　同社のビジネスシステムの第1の特色は，企画開発から生産，販売，アフターサービスまでの家具事業に必要なほとんどすべての業務プロセスを，内部組織で対応していることにある。それは高級な家具という製品の品質を維持し，顧客のニーズに的確に応えるための手段として選択されたが，旭川の家具産地では社会的な分業構造が形成されていないという理由のためでもある。

　中小企業が中心の家具産業では一般に販売は問屋に依存し，生産でも箪笥などの箱もの，テーブルなどの脚ものといった具合に製品品種別に企業が分化し，またそれぞれの製品分野でも最終組立を行う企業のほかに，加工分野ごとに専門化した下請企業に外注される分業化したビジネスシステムが採用されている。これに対して同社では多様な家具を内製し，それに必要な工程を内部で行うため企業規模が大きくなる。

　販売業務は創業時から地場卸売業に依存せず，直営店舗や子会社店舗による直販が主力である。北海道から福岡まで全国に11ヶ所あるショールーム形態の直営店と百貨店などで販売する。営業コストはかかるが，消費者や小売店な

ど，顧客と直接接点を持つ販売チャネルによって高額な製品を販売する。

今日では，限られた資源を有効に活用するために，戦略上必要不可欠な業務や資源に集中し，それ以外を外部企業に依存するというアウトソーシング活用が企業経営の主流である。中核的な業務に資源を集中させて強化し，非戦略部門は外部化して競争能力を高める。同社が採用するような社内一貫型のビジネスシステムは投下資金を増大させ，資源を分散させるため資源効率が低下して収益を確保しにくくなる。しかし顧客ニーズに対応しながら独自の家具を生産し販売するには，内部で幅広い業務を一貫的に行うメリットがある。実際，それは海外高級ブランド企業の多くが採用する方法でもある。

2　重視するデザイン業務の外部化

第2に業務プロセスのすべてを内部組織で行う経営でありながら，この企業にとって最も重要なデザイン業務の多くは外部化している。専任の社内デザイナーはわずか3人で，国内外のデザイナーなど30人と契約する。外部のデザイナーには旭川工場出荷価格の3％程度をロイヤリティとして支払い，設計した製品が好調であれば，その製品をシリーズ化して商品群を育てていく。

重視するデザイン業務をアウトソーシングするのは，社内のデザイナーでは発想が硬直化してしまうこと，製造が容易な家具デザインになってしまうといったデザイナーと生産部門の馴れ合いや反対に反目が生じ，デザインと生産技術や技能が停滞すると考えるからである。外部のデザイナーを活用すると社内デザイナーや生産部門との間に刺激が生まれ，それが社内に業務プロセスのイノベーションを喚起する。外部の異質な発想や斬新なデザインの製品は加工しにくく，それに応えることで生産技術をも革新する。

ここには企業にとってデザインが重要だからこそ，反対に外部化するという発想がある。社会に対する感性や社会的な視点に優れる外部のデザイナーの斬新なデザインを取り込むことによって，デザインを絶えず洗練させ社内の活性化を図る。販売が好調な製品は長い時間をかけて育てていくため定番製品が多くなる。40年以上も売れ続けている椅子があるように，息の長い製品づくり

を目指す一方で新しい感性を求め,絶えず製品と生産のイノベーションを追求する。それが日本を代表するデザイン企業に成長させた。

3 機械と技能の融合による模倣しにくい仕組み

　第3に洗練されたデザインの高級家具でありながら,工房型の事業のように一つひとつ職人が手作業で生産するのではなく,最新の機械による生産システムを採用する。複雑な形状の家具を倣い加工機や木工用NC旋盤など高性能な機械で加工し,これに手作業による仕上げを組み合わせる生産システムで製品の質感を保ち,デザイン性に優れた高級家具を生産する。

　すでに1970年代にはイタリアやドイツなど海外の高性能なNC加工機械を採用し,早くから情報技術を活用する。そこでは機械を利用する新しい熟練やノウハウが生まれ生産プロセスが変革される。ただ家具の品質を最終的に決めるのは材料の選定と仕上加工であり,仕上では磨きや塗装がその鍵を握る。実際サンドペーパー掛けに工程の半分の時間をかける。ここには熟練技能者によるものづくりがある。同社では,職人とはその時代に手に入る最高の技術を活用できる人であると考える。古い技能にこだわるのではなく,新しい技能を創造することで職人を育成していく。工業技術と工芸技術とを一体化させて技術力を向上させる。

　このような方法は優れたデザインの家具を模倣しにくくする。高級な家具の質感は材料とデザイン,視覚や触覚による味わい,使い勝手などにある。社内での木材乾燥からはじまる家具生産は,普及品を扱う企業には模倣しにくい。同社の製品は生産しにくいデザインで,同様な製品を作ろうとするとコスト高になり,また生産設備を装備しないと数は作れない。優れたデザインで使い勝手の良い質感の高い家具には,高性能な機械と熟練した技能者が欠かせない。

4 小　括

　この例にみるように,優れたビジネスシステムは絞り込んだ顧客層に対して,製品だけでなく事業の仕組み全体で価値を創造する。個々の資源が脆弱で

あっても，それらが同調し創発するビジネスシステムを構築することによって，中小企業でも大企業に勝る顧客価値を提供できる。それには優れたビジネスシステムを構成する価値創造の業務プロセスや組織能力が必要である。事例企業では事業経営に必要な活動や資源をすべて内部に保有して業務プロセスを構築する。それは地域に分業化した専門企業が希薄なためだけでなく，事業概念にある質感の高い高級家具を生産して提供するためである。

この事例からいえば業務プロセスの要素としては，次のような事項が重要になる。まず業務プロセスの枠組みを左右するものとして製品・業務の範囲である。産業のなかでの事業分野の選択や製品ラインの幅があげられる。次いで製品生産に必要なコア技術が業務プロセスを特徴づける。そしてどんな業務で価値を創出するかというバリューチェーンの特質である。具体的な製品創出方法で日常的に繰り返されるコア・プロセス，さらに業務方法に影響を与える管理システムといった要素が業務プロセスを構成する。第3節以下ではこれらの要素を取り上げ，サブ要素やそのパラメータを抽出する。

第3節　業務分野とバリューチェーン

本節では業務プロセスの枠組みになる製品や業務の範囲，バリューチェーンの定義，コア技術そして管理システムについて取り上げる。

1　製品・業務の範囲

まず製品・業務の範囲は，産業分野の中でどのような領域を事業対象にするかという選択と，その事業ドメインのなかで保有する異質な製品群の選択である。それは業務プロセスの枠組みを左右する。先の例でいえば同じ家具製品でも，家庭用と法人向けの業務用とでは製品に求められる機能や形状，耐久性などの製品の機能にかかわる事項だけでなく，販売業務も異なってくる。そして家具事業でも生産業務の内外製，卸売業務や小売業務をどうするかという業務領域の範囲によって仕組みが異なる[25]。

特定品種に絞り込むか，異なった製品や関連製品などを取扱い，製品の品揃えを拡大するという製品ラインの幅も業務プロセス全体に影響する。類似の製品で顧客ニーズに応じるのか，異質な製品を揃えて顧客の幅広いニーズに応えるのかは事業を異なったものにする。一般には事業規模が拡大すると製品ラインの幅は広くなるが，必ずしもそれが有効とはいえないことを今日の大手電機企業の例が物語る。

これら製品・業務の範囲は業務プロセスをデザインするときフレームワークの役割を果たし，事業概念に含めることもできる要素でもある。またビジネスモデルの場合は積極的に取り上げられる事項でもある。

次にバリューチェーンの定義，コア技術そして管理システムについて検討する。コア・プロセスとコア技術については次節でふれる。

2　バリューチェーンの定義

限られた資源を企業の使命に基づいて，有効と想定した業務に配分するのは戦略手段の一つである。どの業務を行い，あるいは行わないか，どの業務に重点をおいて業務プロセスを設計するか，どの業務を収益の源にするかはビジネスシステムを左右する。

(1) バリューチェーンとは

バリューチェーン(value chain：価値連鎖)という概念は競争優位を診断し，強化するというポーター(Porter, 1985)の競争戦略論の重要な用具として登場した。企業はさまざまな活動を通じて一連の業務を行って価値を創出し，またコスト優位や差別化を実現している。このため競争優位を創出するには企業を1つの業務単位として検討するのではなく，戦略的に重要な活動に分解してみていくことが必要だとしたのである。そして購買物流や製造，出荷物流，販売・マーケティング，サービスからなる主活動と，その主活動を支える全般管理や人事・労務管理，技術開発，調達活動からなる支援活動といった価値連鎖の基本形をポーターは示した[26]。

それらの活動それぞれが価値を創出し，その連鎖が利益を産む。同一業界に

属する企業の価値連鎖は類似するものの，価値創出の視点と企業の内部能力や資源の違いによってバリューチェーンは異なる。その違いを強調することが独自の価値と競争力を形成する。事業概念に対してどのような業務機能を持ち，その業務範囲のなかでどのような業務に重点を置くのか，独自の事業の特徴のためにどのように業務活動を組合せるのかというバリューチェーンの定義が業務プロセスを多様にさせる。このとき顧客価値創出の鍵になる業務は何か，という視点からのバリューチェーンの再定義が必要であり，それが業務プロセスの礎になる。

(2) 重点領域の変化

従来，製造業では製造領域での効率化を重点に，バリューチェーンを定義して業務プロセスを構築して来た。しかし今日，製造業務に重点を置いてひたすら生産に励むだけでは利益は望めなくなっている。製品の企画から生産，使用，廃棄まで含めた製品ライフサイクルを通じたバリューチェーン全体のなかで，付加価値を創出する業務分野を探索し，顧客の求める価値を提供するには，どの業務に力点を置けばよいかを検討する。

製品ライフサイクルの変化や顧客ニーズの変化によって利益を得る業務領域が移行し，バリューチェーンにおける価値創出構造が変容する例も少なくない。これについては第6章のプロフィット・プールで再度触れるが，産業のバリューチェーンというより広い業務範囲のなかで，価値創出のための仕組の再構築が求められている。

たとえば製造業務ではなくサービス業務の方が，利益が上がるとする実証研究がある[27]。法人企業のパソコン関連の支出では，ハードウエアの購入費は全体の5分の1に過ぎず，残りはテクニカル・サポートや運用，メンテナンス，ネットワーク機器や管理に振り分けられている。顧客は製品の購入費用ではなく，それを有効に活用するためにコストをかけている。このためコンピュータのハードウエア生産という川上事業では利益を計上しにくい。一方で運用やメンテナンスという川下事業は，利益率が高い上に大規模な設備も必要としない。それにサービス領域は売上の安定性が高く景気変動の影響も受けにくい。

このため，川下の業務に重点を移行したほうが利益を獲得しやすい。

収益を生み出せないときは，生産プロセスを改革するだけではなく，他の事業領域で価値を生み出すように新たなコア・プロセスの開発も必要なのである。

3 管理システム

業務はそれぞれが効果的な仕組みであると同時に，その運営やオペレーションに効率性が求められる。そこで業務の調整や管理の仕組みが登場する。企業経営の歴史を振り返ると，製造業務ならばどのように作業を行えば生産性が上がるか，初期には作業分析や動作分析による標準化を図ることで業務を効率的に行うための管理方法が登場した。次いでさまざまな業務を結合し調整するための管理が登場する。組織内の複雑な協業を調整することで，計画的に業務を運営するための管理である。

複雑な生産プロセスを調整するために，工程管理や生産管理が必要になる。さらに変動する市場状況に対して，より少ない在庫で資材を調達して工程に提供するために，MRP(Material Requirements Planning : 資材所要量計画)や，カンバン方式によるジャスト・イン・タイムな管理システムが登場する。販売業務では目標売上を確保するために販売計画が策定され，その実績を把握して売上確保の活動を展開するために販売管理が行われる。そうした管理システムの採用や運用が業務プロセスを多様化させる。

単純な例でいえば，販売や生産時にバーコードを添付してデータをスキャナーで読み込むことで，製品1個単位で管理するための単品管理情報が得られる。わが国で生まれたコンビニエンスストアの単品管理は売上管理だけでなく，調達や在庫管理の方法を変革した。このように，それぞれの業務ごとに研究開発管理や資材管理，在庫管理，生産管理，販売管理，物流管理などが登場し独自の技法が開発される。そうした管理を統合したERP(Enterprise Resource Planning)といった全社的な統合管理システムも登場する。

管理システムの一翼を担う会計制度は，業務プロセスだけでなく組織運営に

も大きな影響を及ぼす。活動基準原価計算（ABC）を活用すれば間接費を受益者負担で配布するため，標準原価計算と異なって製品価格や製品戦略，間接部門のあり方などで事業を特徴づけることができる。原価企画は顧客が求める売価や利益を前提に，原価のあり方を総合的に検討するため顧客本位の事業を追求できる。部門別損益管理の徹底は事業部制や子会社化を促進し，内部資本金の設定それにROE（株主資本利益率）やROI（投下資本利益率），キャッシュフローなどの業績評価尺度の違いによって業務活動も異なってくる。

　管理システムの採用と運用は業務プロセスを多様にする。中核となる管理システムが価値創出に対応し，効果的で効率化が図れることが重要になる。

第4節　コア・プロセス

　コア・プロセスは業務のなかで日常的に繰り返されて，顧客価値創出の基盤になる業務である。以下ではコア・プロセスの主要な要素を概説する。

1　コア・プロセスとは

　企業で日常的に行われている中核的な業務がコア・プロセスで，インプットをアウトプットにする方法であり，また加工や業務の手順である。能力や資源などのインプットを，顧客に提供できる価値へと変換する方法である[28]。事例企業でいえば，企画デザイン，木材調達，材料乾燥，部品加工，組立，研磨，塗装，仕上げ研磨，販売，物流，アフターサービスといった価値創出の方法である。それは技術・スキルと知識の蓄積をベースにした仕組みである。

　顧客に価値を創出するコア・プロセスは，さまざまな製品やサービスの創出に応用性があり，加えて競争企業が模倣しにくいほど戦略的な価値が高まる。コア・プロセスを構成する主な業務として研究開発業務，企画設計業務，資材調達業務，製造業務，販売業務，物流業務，アフターサービス業務などがあげられる。

　先のバリューチェーンで述べたように，企業内部でどの業務に重点をおいて

業務プロセスを構築するかは，事業概念で設定する顧客価値に対してどの業務を主体に価値を創造するのが有効かという視点で決まる。たとえば調達業務やアフターサービス業務をコアにする方法もある。

2 製造業のコア・プロセス

以下では製造業のコア・プロセスを形成する主な業務をみていく。

(1) 研究開発業務

研究開発業務では基礎的な研究を行うのか応用研究を行うのか，またそれらの機能を社内で行うか社外で行うかで業務プロセスは異なる。応用研究や実用化開発の重要性が増しているが，研究開発はリスクも高く成果を出しにくい。このため外部の研究開発を活用するオープン・イノベーション(Chesbrough, 2006b;Chesbrough et al, 2006c)が注目されるようになった。それは外部の知識や技術を活用するだけでなく，内部のそれをそれらを流出させて事業をオープンにしながらイノベーションを図るものである。

また第6章でみるような，製品開発における顧客との共創も必要になっている(von Hippel, 2005)。まだ顕在化していないが，顧客が価値を認める製品を発掘して開発する仕組みが課題である。また産学連携を活用した研究開発も注目を浴び政策的支援も盛んである[29]。しかしその成果が利益獲得まで結びつく例は少なく，ブームに依存せず連携のマネジメントを確立して取り組むことが課題になる[30]。また中小企業では研究開発が行われるものの，その成果が販売に結びつかず開発だけで終わってしまう例が少なくない。顧客から具体的な引き合いを受けての事業可能性の高い研究開発が現実的で，一般に中小企業の場合は顧客との関係に立脚した研究開発か否かが成否を握る。

(2) 企画設計業務

顧客ニーズに対応するには求められる機能だけでなく，デザインや価格，使い勝手，取扱いの容易性，販売方法，トラブルへの対応など顧客本位に製品化できる企画力が必要になる。しかし前述の研究開発業務の保有はともかくとしても，企画設計業務さえ保有していない中小企業が少なくない。今日，業績の

良好な企業に共通している特質として優れた企画力と販売力がある。ドラスチックな環境変化のなかではこれらの業務能力がないと，顧客に接近できない。

　高校生や若年女性向けのファッション企業のハニーズは，社内に専門のデザイナーをおかず，企画担当部門の女性社員が本社の福島県いわき市から渋谷や原宿に毎週1回出向き，路上で女性のファッションを観察してスケッチし，持ち帰ったその素描をもとに製品デザインに取り組み，さらに2,000円前後の価格帯の原価に収まるように企画しデザインする。デザインした製品は中国や韓国で直ちに生産され，店頭には毎週のように新しい製品が展示される。そして平日には高校生向けの陳列を，週末にはより年齢層の高い女性向け陳列に変更するなど，企画と柔軟な販売方法で，最新のファッションを若い女性に素早く低価格で販売するビジネスシステムで躍進する。

　デザインや設計のためには前述したようなCADを活用して，設計段階からデジタル・エンジニアリングを展開することも重要である。今後より発展していくのは3Dプリンターによる試作開発で，現物を使用した企画や販売の試みができる。また前述した原価企画手法を活用して，企画設計段階での価格重視の製品仕様の設定も重要視されるようになった。

　第2章で例にあげたイビザ社のような日常的に新製品を企画する企業は例外としても，定番製品を中心とする事業と新製品の比重が大きい事業とでは，事業スタイルが異なってくる。それにモジュールをベースにする多様な製品企画の方法もある。

(3) 部材調達業務

　生産期間の短縮化と製品の多様化には，部材の調達が大きな課題になる。部材を在庫しているとその量が膨大になるだけでなく，製品のライフサイクルがめまぐるしく変化するなかで不良在庫の危険性が増大する。その都度発注する場合は，部材がスピーディに入手できなくては生産に支障をきたす。また自社の製品仕様を提示して資材調達する外注形態では，外注企業の即応能力やモジュール化度が向上すると，多様な製品の即応体制が組める。

ユニクロの登場によって製造から販売までを行うSPA(speciality store retailer of private label apparel：製造小売業)業態が注目されるようになった。ユニクロは海外の専用工場で大量生産することでファッション性の高い製品を安く調達しようとしている。同じような調達形態をとるファッション企業にはGAPやZALA, H&Mなどがある。これらにみられるように，単純に海外調達だけでビジネスシステムを構築するのではなく，グローバルな物流システムや店舗立地，広告宣伝，定番製品，ファッション性など他の要素と組合せたビジネスシステムで価値を創造する。

今日，情報通信技術の活用による情報伝達の緻密化や迅速化によって，また航空や自動車，海運輸送などによる物流網の発達によって納入リードタイムの迅速化を図ることができる。調達先を広域化・グローバル化することが可能になって，部材調達方法や部材コストが事業を左右するようになった。部材調達方法と生産・販売方法の組合せで多様なビジネスシステムが可能になる。

(4) 製造業務

これには多様な要素があるが，生産方式や製造拠点の配置，製品の個別性と画一性，製品の規格化の度合い，生産単位の大きさ，品質，コスト水準，納期，在庫保有度などがあげられる。たとえば標準的な製品を画一的に生産するのか，それともオプションや個別受注によって，個別性を主体に提供するのかによっても業務の仕組みは異なる。またパソコンの直接販売で躍進したデル社のように，見込生産が主体の市場で受注生産化することで新たな事業に変革することもできる。反対に受注生産が主体の市場で見込生産的な業務システムを工夫すれば，異なった事業に発展する。

コア・プロセスを構成する製造業務の要素は多岐にわたる。上記例をはじめとして製造業務の要素を活用すれば多様な生産プロセスが創出できる。本書では事例なども含めて多面的に触れているのでここでは多くをあげないが，顧客価値に結びつく斬新な事業概念を実現する製造業務を目指すことになる。

(5) 販売業務

単純には製品が売れない今日，販売業務が顧客獲得の鍵を握っており，顧客

ニーズに対応した販売業務が不可欠になる。販売業務では販売価格や販売チャネル，販売場所や時間，販売促進方法，課金方法などが要素になる。

　顧客の購買を誘いながら，競争企業にも対抗できる価格設定も業務プロセスを左右する。高価格を設定できなければ，コスト削減できる業務プロセスの開発が事業の鍵になる。それに販売価格を同一にするのか，顧客によってまた販売量によって異なった価格にするのか，時間やタイミングによって柔軟に価格を変えるダイナミック・プライシングといった価格政策でも事業は多様化していく。そして顧客への直接販売か，卸売業や小売業を通じた間接販売か，通信販売やWeb販売かといった販売チャネルの違いも業務システムを多様にし，ビジネスシステムそのものを異なったものにする。

　販売チャネル採用には，どのような形態が顧客価値を高めるかという側面と，資源が限られているために当該の販売形態を採用せざるを得ないという側面とがあり，後者の制約が多い。今日ではさまざまな販売チャネルが採用され，資源の制限と顧客価値，取り扱う製品の性格，それに企業の戦略の中でチャネルが決定される。

　よく知られている例がある。大規模事業所向けに直接販売で，レンタル方式を採ったゼロックス社の複写機に対して，後発のキヤノンは小規模事業所向けにルート販売し，売却方式で底辺の需要を確保しながらゼロックス社から複写機のシェアを奪い去った。そこには顧客対象に合わせた販売方法や販売チャネルの設定，販売価格の設定がミックスされている。

　また顧客からの受注や販売情報の収集方法も重要である。インターネットによる受注は受注情報入力の手間を省くとともに，その情報の蓄積によってコンピュータのデルのような，納入リードタイム短縮化の手段になることもある。

　課金はネットビジネスの登場によって注目を浴びるようになった要素である。サービスを直接受給する顧客とその代金の支払い者が異なったり，携帯電話によるコンテンツ事業のように代金徴収が間接的になったり，固定制料金や従量制料金など，多様な対価徴収の方法が登場している。

　課金は収益確保の方法であり，ビジネスモデルの考え方はこの収益獲得の方

法を主眼にすることを第2章でみた。販売チャネルや課金方法はコア・プロセスだけでなく製品の生産・販売事業の場合，事業概念のなかで設定した方が事業をデザインしやすくなる。このため第2章でもふれた。

(6) 物流業務

顧客にスピーディに製品を届けるには物流業務が重要である。これが不備なために，店頭で購入した製品が到着するまでに何日もかかることは珍しいことではない。生産部門ではJIT方式を採りながら，物流部門での配送が製造期間以上かかって顧客への提供が遅れることもある。特に小売店頭にないものを注文すると，顧客の手元に届くのは製造企業の在庫製品であっても遅い。

自社対応で行うのか，外部依存か，納品単位，納品頻度，物流手段，サプライチェーン・マネジメントなどの要素で物流業務は多様になる。スピーディな製品供給が求められているなかで，物流業務はビジネスシステムの成否を握る。

(7) アフターサービス業務

アフターサービスはクレーム受付など，製品やサービスの不具合時の対応が主なものであるため一般にはあまり充実していない。電話連絡をしても話中で通じなかったり，夜間や休日には受付せずに，顧客本位や顧客満足度を標榜している企業が少なくない。家電企業の一部を除いてわが国企業のアフターサービスは形式的であることが少なくない。

製品不具合時の修理では長い修理期間によって製品が使用できず，顧客は不便を強いられる。パソコンの電話サポートや修理を経験した顧客で，満足する人は少ないだろう。それらの多くがコールセンターへのアウトソーシング形態を採用している。製品やサービスが画一化している今日，アフターサービスの充実は顧客ロイヤルティを高めるものであり，その方法が新たなビジネスシステム形成に結び付く。

3 流通業のコア・プロセス

小売業や卸売業など製品を商品として販売する流通業，そして製品を移動す

る物流業などでは当然，製造業のコア・プロセスとは異なる。製品を仕入れて販売する小売業では，仕入業務，販売や店舗運営業務，チェーンオペレーション業務などが主体となる。

　仕入業務のなかで例をあげれば，一般的な売掛金や商業手形によるによる信用仕入に対して，現金仕入れを行うことで仕入価格を引き下げる。仕入れ価格を低下させて，業務プロセスを異なったものにすることでディスカウント事業も可能になる。ただ製品買取りは販売リスクを増大させるので的確な需要予測能力や販売力が不可欠である。

　その返品制を廃して完全買取制で独自のビジネスシステムを展開する婦人衣料チェーンの「しまむら」のような小売業もある（月泉，2006）。衣料品では仕入れた商品の50％程度が問屋に返品される。これを見込んで問屋は販売価格を高く設定する。大型店やチェーン店など大規模店では返品業務が日常的に多く，商慣習となっている返品制を廃止するだけでも，その返品業務のコスト削減で利益が出るほどの業務量が存在する[31]。

　今日，小売業のビジネスシステム変革の鍵になるのが業態である。業態という用語は必ずしも明確な定義がなくて使用されているが，小売機能を遂行する基本的な様式が業態であり，その機能は消費者に提供する諸処のサービスで構成される店舗属性である。また業態はさまざまなサービスを持つ企業の集まりを認識するための概念になる（田村，2008）[32]。

　鮮魚店や金物店のような生産や仕入が類似している商品群を扱ういわば業種別の店舗と，それらを複合して扱う店舗，さらには大型店やデパートなどのようにあらゆる商品を扱う店舗とがある。そのなかでの品揃えによってビジネスは異なるが，さらに価格帯，セルフサービスの採用や接客対応，在庫保有度，サービス形態などで事業が異なってくる。そして小売業における新しい事業創造の多くはそうした業態変革を伴っている。小売業のビジネスシステムの創造は品揃えによる商品構成と，それにふさわしい店舗と店舗機能を設定する業態創造でもある[33]。

　このように流通業や物流業には，独自の業務プロセスやバリューチェーンが

あり，提供内容が多様なサービス業になると事業ごとにより多様化していく。

第5節　コア技術と独自能力

他社が模倣しにくい製品やサービスを創出できる技術や能力が，競争力のあるビジネスシステムには有効である。それは独自の業務プロセスを形成し，持続することで独自能力になり業務プロセスの基盤として事業を支える。

1　コア技術

事業には中核になる技術がある。本章の事例木製家具事業であれば，原木を購入して社内での木材乾燥，NC加工機による部品加工，磨き，塗装など，そして企画・デザインによる模倣しにくい高級家具生産の技術である。次の第4章で詳しくみる事例には，硬い特殊材料を精密に加工するコア技術がある。それが業界では一般化せず，他社では模倣しにくい独自なコア技術ほど競争力をもつことは当然で，とりわけ中小製造業の競争には技術力が大きく影響する。

小さな企業であっても，世界有数のコア技術やコア製品を持つ企業がある。なかには最新の工作機械や計測器がなくとも，技能によって精密な加工や製品を創出する例もある。それは機械技術に移植される部分が少ないために他からは模倣しにくい。ただ技能者が高齢化すれば技術の継承が課題になる。

他社が模倣できないような独自技術を保有し，それを顧客に提案していく高収益企業の例がある。清田製作所(東京北区)は小規模な企業ではあるものの，世界でも数少ない製品を独自開発する。半導体や液晶，プリント基板などの素材や回路特性について電気的な検査を行う場合に，検査対象に接触するプローブが主力製品である。半導体シリコンウエハー検査用に1986年から生産するケルビンプローブは，それまでアメリカの企業が独占していた製品であり，これは今日でも生産する企業が世界で2社という製品である。同社はこのような独自製品を今日でも創出し続けている。

小さな町工場がそうした斬新な製品を開発できるのは，好奇心を研ぎ澄まし

ながら顧客の工場現場に赴き，次の技術革新を見逃さない能力の存在である。顧客の抱える課題や技術の変化を察知し，顧客が必要性を明確に意識する前に明日の技術開発に着手する。数年先に求められる製品を開発するのである。そのとき最新の機械を保有しない同社は，着想した製品のアイデアを古い汎用設備と職人技能で実現していく。

　ここには顧客の現場でニーズを発見し，それを精密な加工技能で解決していく仕組みがある。大企業のような設備と融合した技術ではなく技能と創意工夫で開発し，それを新たな能力にして蓄積していく。時代の先を行くコア技術を絶えず進化させる仕組みを持てば，技術や技能で顧客を獲得するビジネスシステムは可能である。ただそれには価格競争に巻き込まれない希少性のある技術を，絶えず創造できる仕組みが不可欠である。

　他社が模倣しにくい自社ならではの独自な能力をコア・コンピタンス(core competence)としたハメルとプラハラッド(Hamel and Prahalad, 1990)は，表面に見える製品ではなく，その製品を生み出す元になっているコア・コンピタンスを強化しないと競争優位を長期的に持続できないと指摘した。コア・コンピタンスは組織内の集団的学習から生まれるものであり，複数の製造技術を調整し突出させることで形成される。それは組織のなかで10年，あるいはそれ以上の時間をかけて形成される能力であるとした。

　そうしたコア・コンピタンスは予想もしない製品を低コストで迅速に登場させる基盤になると彼らは指摘する。その例を1980年代の日本企業に求めた。ホンダはエンジンと駆動系統の技術能力で，乗用車やオートバイ，芝刈り機や発電機の競争力を形成する。キヤノンは光学とイメージ技術，マイクロプロセッサ技術からなるコア・コンピタンスで，複写機やレーザープリンター，カメラ，スキャナーなどの多様な市場への参入を果たすと同時に競争力を発揮しているとしたのである。

　また最終製品だけではなく，最終製品の価値を左右するコンポーネントや半製品にも注目し，それらをコア製品と呼んだ。最終製品では売上シェアが少なくとも，その中に使用される重要なコンポーネントで競争力を発揮する場合が

少なくないことを指摘し，松下のエアコン用コンプレッサなどをあげている。パソコンのMPUやチップセット，ハードディスク，OSなどもこれに該当する。持続的な競争力の形成にはコア・コンピタンスやコア製品を構築することの必要性を彼らは指摘したのである。

確かに業績が良好な企業には優れた技術や能力をみることが出来る。中小企業でも他社が模倣できない加工技術で好業績を誇る企業がある。しかし競争力のある製品や技術が現時点で存在するだけでなく，それが持続しないとコア・コンピタンスが存在するとはいえない。そのような模倣の難しい独創的な技術や製品の開発に，わが国企業は精力をつぎ込んできた。

ところが，とくに優れた技術やコア製品がなくとも業績の良い企業がある。他社が模倣できない事業の仕組みを保有している企業の場合である。それからいえることは技術や製品だけでなく，組織の業務プロセスに根ざしたケイパビリティのような日常的に円滑な事業運営の基盤になる組織全体で発揮する能力が事業にとって重要なことである。

2　模倣回避の方法

顧客を獲得できる製品や技術は模倣の対象になる。模倣されないためには，模倣してもそれが効果を持たないような状況にするカテゴリー・イノベーションや，製品だけでなくビジネスシステム全体での顧客価値の発揮，継続的な新製品創出などの方法がある。カテゴリー・イノベーションによる模倣の無力化はアップル社のiPodやiPhone, iPadのように，斬新な概念で従来とは異なった製品領域を構築して，そのロールモデル（模範例）製品になることで得られる。競争企業が優れた製品を後追いで創造しても，ロールモデルが基準になってしまい模倣とみなされて，需要を獲得しにくい(Aaker, 2011；小川, 2012)。

ところで模倣しにくいとはどのようなことだろうか。バーニー(Barney, 2002)は直接的な複製と代替という2つの方法で模倣が行われるとした[34]。また模倣するとコスト上の不利を招く主な4つの理由をあげた。独自の歴史的条件，因果関係の不明性，社会的複雑性，そして特許である。

歴史的条件とはある時点にその企業が存在し遭遇したことによって，特定の資源を獲得，開発，活用できた場合で，その後にその資源を獲得しようとすると著しいコスト上の不利を被る場合である。公営施設の払下げなどはその代表的なものであろう。それが持続的な競争優位につながるのは，先行者であることと経路依存性(path dependence)がある場合である。先行している企業を後から追いかけるとコストがかかる場合が前者である。後者の経路依存性はそれ以前の資源獲得があってはじめて，その後の資源獲得が可能な場合である。模倣するにはそれ以前の資源のコストまで負担しなくてはならない。

2番目の因果関係の不明性は，模倣しようとする資源やケイパビリティと，競争優位との関係が理解しにくい場合である。あたりまえと思われて当事者たちもその存在価値に気づかないような場合である。またいくつもの組織属性や資源が一体となって競争優位を形成する複雑な場合である。大きな決断ではなく，無数の小さな意思決定の結果が累積して，いつの間にか競争優位を形成することも少なくない。

3番目の社会的複雑性は，模倣する内容が社会的に複雑な現象であり，企業が管理できる能力の限界を超えている場合である。その例として企業内のコミュニケーション能力，企業文化，ブランドなどがある。それらは複雑なために模倣に大きなコストがかかる。

ところが，市場で調達できる資源に使用されている技術の模倣は比較的容易である。工作機械のような設備は市場で購入可能であり，独自な製品でも，それを分解して解析するリバース・エンジニアリング(reverse engineering)によって，新規開発よりも低コストである程度まで模倣できる。

最後の特許は知的所有権を守るだけでなく，参入障壁になって競争優位を形成する。ただ特許は情報が公開されるために，模倣コストを低くする側面もある。しかし持続的に特許を生み出す能力は競争優位の要因となる。

3　模倣しにくいビジネスシステム

競争優位な能力があれば短期的でもあれ，他社よりも高い利益率を獲得でき

るはずである。しかし原子力やロケット部品など最先端分野の加工技術を保有しながら，とりわけ利益率が高いとはいえない中小企業がある。それにはその優位性を自負する技術が事業の中で一部しか活用されず，収益全体に貢献していないか，あるいは現実には他の企業でも可能な技術であるが価格的に採算が採れない，などの理由によって他社が参入しないという理由もある。他社が模倣困難な技術でもコア・プロセスを構成し，日常的な業務に活用されなくては収益の源にはならない。

　外部からでも見える製品や技術は模倣し易いし，他の方法でも代替し易い。とくにソフトウエアは出力と入力仕様がわかれば，効果的・効率的に作動するかは別にして機能を果たすプログラムが作成可能である。今日，業務プロセスには進歩する情報技術が活用されるようになった。そうするとプログラム化された業務は模倣が容易になる。このためそうした定型化された業務をいかに効率的に運用するか，また顧客ニーズに対応させて統合的に活用できるか，そして絶えず進化させていくことが業務プロセスの課題になる。

　複雑なもの，その内部が不明なもの，総合性が強く全体像が見えにくいものは模倣にコストがかかる。生産技術だけでなくそれ以外のバリューチェーンの構成業務を複雑に結合して顧客価値を創出することが必要なのである。

第6節　業務プロセス創造の視点

　どのような視点から業務プロセスを創造するか。以下では業務プロセスを革新し，創造していくための視点と必要条件について検討する。

1　利益を獲得できる仕組みへの変革

　わが国製造業の少なからずが，中国への生産拠点移管に活路を見出してきた。自動車やエレクトロニクス企業にとって海外進出は避けられない選択である。ただ海外生産による低コスト化戦略は新しい価値の創造よりも，同様な製品による過酷な，そして飽くなきコスト削減競争の世界であり，一方でカント

リー・リスクが存在する[35]。それはいずれコスト競争を激化させて収益確保を難しくしていく。われわれはコスト競争・価格競争から少しでも脱却する事業方法の創造を求める。今日の環境変化に対応するには事業の仕組みそのもの，そして業務プロセスそのものの再創造が必要である。

たとえば従来見捨てられていた顧客ニーズを発掘し，そのニーズを満たす新しいビジネスシステムを創造して収益を確保する。従来の方法では採算性に合わない顧客価値に対応した事業の仕組みを新しい発想で創造する。採算性に乏しい顧客価値を単純に棄却するのではなく，他社が敬遠する顧客から利益を獲得する事業方法の創造，という発想も必要である（Rosenblum et al.2003）。

アメリカの証券会社で急成長を遂げるエドワード・ジョーンズ社（Edward Jones）は，個人投資家だけを顧客として，大都市ではなく地方都市に小さな事務所を設けて1人のブローカーを置き，自前のファンドは持たず，他社の安定した商品だけを取り扱う。そして顧客には健全な商品を長期間保有することを勧める。大都市で大口の顧客や機関投資家を対象に，売買回数を増やして手数量収入をあげようとする一般的な証券会社のビジネスシステムとは異なる。他の証券会社では利益が確保できない領域で，独自の仕組みを創造して収益をあげている[36]。

対象とする顧客ニーズを明確にして，今までみてきたような業務プロセスの要素を多様に組合せて，業界の常識とは異なった斬新な業務プロセスを構築して対応するのである。業務プロセスの革新は事業の競争優位を築き，競争を避け，そして新しい事業の創造に結び付く。

2 業務プロセスの効果性と効率性

業務プロセスは事業概念を実現するものであり，それを第1節でみたような新しい業務プロセスのパラダイムへと転換する。それは，顧客個々のニーズに応えられる個別性，個々の顧客の好みに対応した製品を多様に創出できる多様性，そして顧客ニーズの変化に素早く対応できる柔軟性である。さらにスピード（時間），低コスト，少ない在庫を実現する業務プロセスでないと競争優位性

が発揮できないということであった。

(1) モジュール方式による製品の個別性と多様性の追求

　顧客個々の好みに対応した製品を生産するには従来の大量生産の概念はもちろん，多品種少量生産概念からの脱皮も必要である。個々の顧客価値を把握し，それぞれが求める仕様の製品をスピーディに提供する方向に今日の業務プロセスは向っている。そのため多様な製品を短時間で生産し，短時間で提供できる仕組みが必要になる。

　一般に生産や資材調達のリードタイムよりも，顧客の求めるリードタイムは短い。このため，あらかじめ製品を在庫しておいて受注引き当てをするか，受注してから生産するか，それとも生産・調達リードタイムと納入リードタイムの差分を顧客からの受注に先立ってコンポーネントとして先行生産しておくか，という3つの方法がとられる。

　そこで生産タイプは大きく3つに分けることができる。最終製品を在庫で保有する見込生産(make to stock)は，低コスト供給が可能だが製品種類は限定せざるを得ない。受注生産(make to order)は注文を受けてから加工・組み立てを行うため顧客仕様には対応できるが，原材料調達を含めた生産リードタイムが長くなる。受注引当生産(assemble to order)はユニットや部品で在庫を持ち，注文があってからそれらコンポーネントを組み立てる。製品の在庫保有のリスクは回避されるが，納入リードタイムの短縮が課題となる。

　モジュール生産方式やBTO(Built To Order)は受注引当生産形態に含まれ，あらかじめ共通モジュールをコンポーネントとして生産しておき，その組み合わせとさらにオプションの付加によって，顧客の多様な製品ニーズに応える方法である(中根，2000)。多様化する段階までの仕掛品を準備しておいて，多様な仕様に応じる方法で，同時に生産スピードも向上させる方法である。

　このほか製品の個別性，多様性に応えるためには設計データをデータベース化しておき，コンピュータ上で顧客との対話形式で半自動的に個別性のある設計を行う方法もある。またクラフト的な手作りによる完全な受注生産の方法もあるが，これはリードタイムが大幅に長くなるので，それでも顧客が求めるこ

だわりのある製品が対象となる。

(2) スピードの追求

今日のビジネスシステムに求められる条件にスピードがあることは前述した。1980年代の日本企業の競争力が，高品質そして低コストなだけでなく，スピードにあるとみたストーク(Stalk, 1990)はタイムベースの経営概念を提唱した[37]。コストと品質による競争力から，コストと品質に即応性が加わった新しい競争力が登場し，それでアメリカ企業は競争力を失ったとみたのである。

彼は時間短縮によって生産性の向上や値上げ，リスクの軽減，シェアの増大が図られ，業界の競争状況が一変すると指摘した。そこでは本書でいうビジネスシステムあるいは業務プロセスを，顧客に価値を提供する価値提供システムとみた。システムの構造や運営の仕組みによる効率性がスピードに結びつくと業績に反映するのであり，それは技術や製品，サービスにも勝るとも劣らない競争優位の基盤であると指摘した[38]。

しかしストークがモデルとした迅速性を発揮する日本企業は，その後どうして競争力を失ったのであろうか。効率性の追求と在庫削減のためにスピードを求めたものの，スピードを顧客のニーズに結びつける努力を怠ったからである。多様な製品やサービスをより短時間で顧客に提供する仕組みはトヨタやキヤノンのような優良企業しか十分ではなかった。顧客仕様の製品やサービスを提供するスピードの実現はさらに遅れた。情報技術によるカスタム化志向のためのものづくり技法への革新や，物流まで含めた統合的な仕組みの革新にまでは向かわず，スピードを重視した業界横断の斬新なビジネスシステムの構築を怠った。

(3) コストや在庫の削減

ゴールドラット(Goldratt, 1992)は，生産性向上における利益獲得方法を小説仕立てにした『ザ・ゴール』を発表し，それがアメリカ製造業を復活させる鍵になったといわれる。その制約条件の理論といわれるTOC(Theory of Constraints)の考え方は単純でもある。工場の生産性はボトルネックとなる工程の

能力以上には向上しない、という原理を基本にして理論を展開する。ネック工程を改善する一方で、生産工程と材料調達をネック工程に同期させるようにすれば、生産性が飛躍的に高まり、在庫や仕掛品が劇的に減少するというものである。

ただTOCの考え方は生産性向上を目的にしているのではなく、利益の確保がゴールである。利益を増大させるためには、売上から資材費を引いた概念であるスループット(throughput)を増やすことが重要であり、同時にキャッシュフローに注目する。企業が利益を増やすには第1にスループットを増大させる、第2に総投資額を減らすこと、つまり在庫や設備などの投資を減らす。それは生産性のあがらない設備投資を抑制し、企業の内部に停滞する材料や仕掛品、製品在庫を減少させることである。そして第3に固定費を減らすという順に3つの方法で可能であると説く。

いたずらに業務の工程ごとに生産性を上げて、部分的にコスト削減を図っても企業の利益は確保できない。全体最適のなかでネック領域のコスト削減を図ることの重要性を指摘した。TOCは組織でもっとも弱い部分を集中的に強化して、全体最適を図る手法である。

トヨタ生産方式の提唱者である大野耐一(1978)は、古くから作り過ぎの無駄を指摘し、ラインバランスを崩すような生産性の高い設備の採用ではなく、自動停止装置をつけた単純な設備をライン化して、必要な数だけを生産することを主張し在庫は悪であるとした[39]。その意味でゴールドラットの概念は新しいとはいえない。しかし大野の考えが、コスト削減こそが利益を生むという基本思想であるのに対し、ゴールドラットは企業の目的は利益の確保という基本思想で、より直接的にまた体系的にコスト削減手法を提示した。

われわれは改善活動とは異なった視点からのコスト削減の考え方に学ぶものがある。何よりも当時アメリカの企業は在庫回転率を向上させ、リードタイムを大幅に短縮したのである[40]。コストダウンが目的ではなく利益の追求目的であり、それがスピードを呼び込むことをTOCは同時に証明したといえる。

3 柔軟性のある業務プロセスとネットワーク

　今日，激しい技術革新が繰り返され，製品ライフサイクルが短縮し，顧客の嗜好は予想外の変化をみせる。このため環境や顧客の変化に素早く応じられる柔軟性が業務プロセスには求められる。顧客に柔軟に対応するには顧客価値の的確な把握とそれに対応する製品やビジネスシステムの開発，それに対処できる業務プロセスの柔軟性が必要になる。このとき変化に柔軟に応じるには顧客価値や製品の幅を絞り込んだドメインで事業を行うほうが多様性に応じ易い。

　業務プロセスもバッジ処理やロット処理ではなく，一つひとつを連続的に処理する。あるいは1箇所で処理することが必要である。後述のリエンジニアリングの主張のように，業務処理の現場で意思決定し実行していくことで柔軟性が生まれる。また製造業務ではU字ラインでの生産や，多能工度を高めて数人で製品を完成させるセル生産方式などの工夫がある[41]。できるだけ最小単位で業務を完成させ，その業務状況を組織全体が把握する。それにバリューチェーン全体で業務の進行状況を把握しないと柔軟な対応はできない。

　また外部企業それぞれを製品群ごとに専門特化すると同時に，外部企業には自律的な行動を求めてネットワーク化すれば，変化には比較的柔軟に応じることもできる。複数の異なった顧客層を対象にする事業を行う場合には，顧客層ごとにビジネスシステムを設定し，それぞれに異なった業務プロセスを構築して，業務プロセスのポートフォリオを組むことが効果的である。それには1つの企業体のなかに事業部やSBUといわれる戦略事業単位を組織するのではなく，自律的な外部組織ごとに独自な業務プロセスを形成する。

　今日，従来の垂直統合型の事業組織で安定性と変化への対応性を高めることは，ますます困難になっている。コア・ビジネス機能を自社の事業範囲内でコントロールする一方，他のビジネス活動はジョイント・ベンチャーや戦略的資本提携，および業務上の戦略的提携によって制御する事業の仕組みが求められている。それは組織のフレキシビリティを高める有効な方法である[42]。

　さらに外部の組織を計画的に調整するのではなく，外部の企業が業務のコンポーネントとして自律的な行動を展開し，それらをつなぐインターフェースが

調整機能を果たしながら新たな価値を創造していくコンポーネント・ベース ド・ビジネスも模索されている(Veryard, 2000)。

　異質で多様な顧客や市場の変化に対応するには，市場の変化を素早く察知する情報能力，その情報に素早く対応できるケイパビリティが必要になる。俊敏な意思決定を現場で行い，素早く問題を解決する。それには小さな組織による柔軟な対応が有効になる。自己完結性を持った中小企業で構成するネットワークによる業務プロセスは，変化に対して柔軟に対応する有力な方法の1つなのである。

第7節　業務プロセスとビジネスシステム

　今までみてきた製造業における業務プロセスの要素，そのサブ要素とそのパラメータを示したのが表3-1である。

　要素のなかで製品・業務の範囲は事業そのものを性格づけるので事業概念に含めてもよいサブ要素であり，販売業務の販売価格や販売チャネルも同様である。現実には事業概念でも事業フレームワークとして取り上げ，さらに業務プロセスのなかで業務方法と一体で検討することになる。またバリューチェーンの定義はコア・プロセスと類似しやすい。バリューチェーンの定義ではどのような業務フローが必要であり，顧客価値を形成するためには，また企業が収益を獲得するためにはどのような業務に重点を置くのかを定義する。コア・プロセスでは顧客価値を創出するにはどのような業務方法が効果的，効率的なのかを重点にそのオペレーション方法を検討する。

　これらの要素そしてパラメータを活用して企業は，顧客価値そして競争優位を追求し，一方で保有する資源に合わせて業務プロセスを構築する。

　リエンジニアリングという言葉はいつの間にかリストラと同義語に活用されて陳腐化した。しかしハマーとチャンピー(Hammer & Champy, 1993)がビジネスプロセスの変革として掲げた次の内容は，今日でも有効なものである[43]。複数の仕事をひとつにまとめる。現場の担当者が意思決定を行う。プロセス内

表3-1 業務プロセス要素と事業多様化のパラメータ例

業務プロセスの要素		サブ要素	業務プロセス多様化のパラメータ例
製品・業務の範囲		産業での事業分野選択	開発・販売,部品,組立製造,卸業務,小売業務,自社製品,OEM,部品加工
		製品ラインの幅	単一製品,製品の品種拡大・ライン化,加工範囲
バリューチェーンの定義		保有業務領域	保有業領域の範囲,垂直的な業務機能,水平的な業務機能
		バリューチェーン	利益創出の業務領域,プロフィット・プールへの対応
		業務の重点	バリューチェーンのなかでの重点業務
コア技術		特質	生産技術,業務処理技術の優越性
		応用性	技術の応用可能性
		情報技術の活用	自社開発,市販品にはない要素,情報の活用方法
		機械と技能	機械技術と技能融合による独自性,職人技能の存在
		独自性,模倣性	業界の一般的な技術との違い,模倣困難な仕組み
管理システム		中核となる管理システム	管理の重点,管理システムの狙い,管理手法
		管理システムの運用	運用方式,運用度合い
		管理技法	管理技法,MRP,ジャスト・イン・タイム,単品管理
		会計制度	部門別損益管理,標準原価計算,活動基準原価計算,原価企画,バランスト・スコアカード
コア・プロセス	研究開発業務	保有する研究開発機能	内部保有機能,顧客の活用,ベンダーの活用,オープン・イノベーション,産学連携
		研究開発の重点	製品開発・技術開発,開発対象
	企画設計業務	企画設計機能	企画提案,総合的な企画,企画方法
		試作開発機能	デザイン,CADなどデジタル技術の活用,試作の内外製
	部材調達業務	部材調達システム	調達・発注方法,調達単位,調達頻度,外注率,海外調達
		在庫	在庫保有量,在庫把握
	製造業務	生産方式	計画生産,受注生産,半製品の程度,セル生産方式
		製造拠点	国内,海外,自社工場,外部工場,専属,スポット,系列化
		製品の個別性と画一性	カスタム化対応の度合い,マス・カスタマイゼーション
		製品の規格化の度合い	標準化の水準,規格化の方法,モジュール単位
		生産単位の拡大と縮小	ロットサイズの大小,バッチ生産,混合生産
		品質	品質の水準,安定性,品質確保の方法
		コスト水準	同業企業とのコストの差,海外生産
		納期	納入の速さ,納入頻度,納入単位,JITの採用
		在庫保有度	需要に応じるための製品在庫の程度
	販売業務	販売価格	顧客別価格,均一価格,ダイナミック・プライシング,バージョン化
		販売チャネル	直接販売,ルート販売,訪問販売,通信販売,Web販売
		販売の場所	販売エリア,代理店制度
		販売の時間	販売時間帯
		アクセス	HPの活用,CRM,one to oneマーケティング
		販売促進の方法	広告,プッシュやプル,リベート,販売員派遣
		課金方法	製品・サービスの受給者と対価支払い者,決済方法
	アフターサービス業務	実施度合い	きめの細かさ,料金,サービス時間帯,顧客満足度
		実施方法	内部処理とアウトソーシング
	物流業務	物流組織	自社対応,外部依存,宅配活用,料金,取付けサービス
		納期単位	月,週,日,時間
		納品頻度	頻度,JIT
		物流手段	使用交通,単品配送
		サプライチェーン	調達から配送までの情報の共有度,流通在庫の把握範囲

[出所]著者作成

のステップを自然な順序で行う。プロセスには複数のパターンを用意する。仕事は最も適当と思われる場所で行う。チェックと管理を減らす。調整は最小限に抑える。ケース・マネジャーが顧客との接点になる。仕事の集権化と分権化を組み合わせる。

このような視点から従来の業務を白紙に戻し，ゼロから新しい業務に再構築することを彼らは主張したのである。そこには第1節で述べた新しいパラダイムの登場が意識されている。分業によって細分化された企業内のあらゆる業務を新しい視点から，そして特に情報技術を活用して再編成することを提起した。その考え方は今日でも有効である。

ただ従来業務の大胆な改革というよりも，顧客に対して新しい価値を提供できる事業基盤としての業務プロセス形成を優先する。大幅なコスト削減を図っても顧客満足に結びつかなければ効果がないからである。そして事業概念を見直し，コア・プロセスを根本的に作り直して事業をイノベーションする。プロセスや製品のイノベーションのような限定的な戦略ではなく，それをビジネスシステムそのもののイノベーションに結びつけることで，また一体化して新しいビジネスシステムを創造することが必要なのである。

[注]
(1) アメリカにおける互換性部品の発祥は古く，イーライ・テリーが1816年に生産した木製置時計にみることができる。そこでは需要の増大に応えるために，特定の互換性部品が用いられて量産化が行われている。時計などのように低価格な実用品の大量生産を目指す仕事場の雰囲気が，互換性部品の土壌を形成し，それが1874年のスプリングフィールド国営兵器工場の互換性生産にも及んでいく。森(1996)pp.135～151参照。
(2) アメリカン・システムがいかに生まれて変容し，そしてフォードの大量生産システムに発展していくかを詳細に記述したものとしてHounshell(1984)を参照。また，大量生産方式の普及によるアメリカ製造業の発展については，鈴木(1995)を参照。
(3) フォードの互換性を基盤とした大量生産の中で，同一作業の繰り返しに注目し

て原価削減を解明し，さらにそれがトヨタにどのように導入され影響を及ぼしていくかについては，和田(2009)を参照。
(4) ジャスト・イン・タイムや多品種少量生産の実現にとって，段取り作業の短縮は不可欠な要素となっている。トヨタの場合，段取り作業の短縮化を掲げて，たとえば1970年，従来は1日から2時間かかったボンネット用800トンプレス機の段取り替え時間を3分にまで短縮した。それはその後1分以下にまで短縮され，シングル段取りからワンタッチ段取りにまで進化している。これはシングル段取りを掲げて作業改善に邁進した成果であった。門田(1991)p.221参照。
(5) このような品種の多様化とスピード，在庫やコストの削減を実現した生産方式は，1980年代後半には生産方式の一大革命とみられた。そしてアメリカ企業をはじめ世界に伝播していく。Abegglen(1985)邦訳pp.135〜172を参照。。
(6) これについてはWomac et al(1990)邦訳pp.66〜92参照。また実態を検証してアメリカ製造業の弱さ指摘し，日本的なものづくりを取り入れて製造業再生の処方箋を提示したものにDertouzos(1989)がある。
(7) 光造形システムは紫外線を照射すると固まる液体樹脂を使用して，短期間で試作品などを作成する。複数方向からレーザー光線を照射してスキャニングすると，レーザー光線が交差した部分だけが硬化し，液体状の樹脂の中で成形物が作製される。CADデータを直接利用でき，機械工具では加工できない複雑な形状や自由曲面を簡単に成形する。また近年は3Dプリンターによる製品生産が注目を浴びている(Anderson, 2012)。3次元CADの3Dデータを設計図として，断面形状を積層して立体物を作成する。液状の樹脂に紫外線などを照射し少しずつ硬化させたり，熱で融解した樹脂を少しずつ積み重ねたり，粉末の樹脂に接着剤を吹きつけていく，などの方法がある。これを金属素材で行うシステムもある。
(8) CAMはCADで作成された形状データを入力データとして，機械加工用のNC加工プログラムを作成する。技術者のノウハウも加えてCADデータを修正変更して，出力されたデータをCNC(コンピュータ数値制御:Computer Numerical Control)化された工作機械に伝送して加工する。
(9) Pine(1993)邦訳pp.48〜98。
(10) モジュールとは半自律的なサブシステムで，他のサブシステムと連結することで，より複雑なシステムやプロセスを果たすものである。1つの複雑なシステムやプロセスを自己完結的なサブシステムに分割することをモジュール化という(青木, 2002)。

(11) 前掲書Womac(1990)でトヨタ生産方式の必要性をアメリカの自動車産業に訴えたウォーマックは，その後のわが国企業が不振なのは，そのリーン生産システムを十分に行っていないからだとした。トヨタでさえ，原材料から最終顧客まで滑らかな流れを構築できていないと指摘した。Womac & Jones(1996)日本語版序文参照。

(12) Piore and Sabel(1984)邦訳pp.6〜8参照。

(13) イタリアではフェラガモやセリーヌなど，世界的なブランド企業も小さな職人企業から出発して成長している。小川(1996)前掲pp.96〜98参照。また，イタリアにおける中小企業を主体とする産業集積とそこでの分業については小川秀樹(1998)を参照。

(14) BIOSは入出力装置の制御プログラムをまとめたもので，基本ソフトを特定機種仕様に合わせる機能を持つ。IBM PCのBIOSコードはIBM所有だが，ベンチャー企業によって互換BIOSが発売されてしまう。

(15) コンピュータの巨人IBMのパソコンが爆発的に売れたため，それに使用できるソフトや周辺機器を販売する企業が登場する。それら多数のソフトと周辺機器，それにインテルのMPUをはじめとするモジュールが市場で調達できるようになる。このためIBM互換機が容易に生産できるようになりベンチャー企業が叢生した。Campbell and Aspray(1996)を参照

(16) 製品アーキテクチャとモジュールについては，中川(2011)が基本的視点から解明を試みている。またデジタル製品一般がオープンなモジュール化に向かうことについては小川(2012)を参照。

(17) エレクトロニクス製品のモジュール概念はここに示したようになるが，自動車産業ではエンジン，トランスミッション，インストルパネル，ドアなどの部分に分割し，そうした主要ユニットをモジュールと呼んで，協力企業に発注して一括生産したものを組立てる。それらは社内規格であり，多くの場合車種ごとの規格である。このため，エレクトロニクス産業におけるオープン化した規格ではない。ただ後述するように，今日の自動車では電子部品の比重が多くなり，この領域ではオープンな部品やソフトが生まれてくる。さらにオートバイ産業にみられるように，ハードな主要コンポーネントにもオープン化が採用される可能性もある。

(18) 1日の所得が2ドル未満で暮らす世界で約40億人以上の貧困層も潜在的な成長市場として注目され始めた。

(19) ボールドウィン(Baldwin, 2000)日本語版への序文を参照。

(20) 携帯電話のモジュール化については，安本(2010)および川濱・大橋・玉田編(2010)を参照。
(21) Davenport(1993)邦訳p.14参照。
(22) 今井(1991)pp.82〜102参照。
(23) 2002年のトヨタの改善提案は61万件にのぼった。読売新聞，2003年11月6日朝刊。そして2008年の改善提案件数の実績は約62万件，1人当り提案件数は10.3件である。2009年度は対象者が減少したのか，49万件，1人当たり8.2件である。日本HR協会調べ。
(24) 詳しくは小川(2005)pp.173〜203参照。
(25) エレクトロニクス製品になると，最終的な組立を行う製品メーカーではなく，電子回路を構成する特殊な部品分野や，周辺機器などの分野で利益を獲得する企業が少なくない。このとき素子や部品という川上の分野で，また電子機器活用の有効性を高める周辺機器分野，そしてメンテナンス分野で利益が高い。このような傾向についてはスマイル・カーブという概念で説明されている。
(26) 価値連鎖は企業の業務を価値創出業務に分割するものであり，またそれら業務のコスト構造を示すものである。Porter(1985)pp.33〜61，邦訳pp.45〜64。
(27) 製造業で利益をあげているのはサービスや流通といった川下事業に重点を置いた顧客指向型経営である。Baumgartner & Wise(1999)参照。
(28) Hamel(2000)pp.79〜81，邦訳pp.108〜110。
(29) 産学連携の取り組み要因やその効果，成功要因などについては岡室(2009)を参照。
(30) 文部科学省『大学技術移転サーベイ』によると，産学連携の重点政策の一つである大学の知財活用では，2008年には大学の得たライセンス収入9.8億円に対して，特許出願取得費用は25億円である。2010調査では全機関の平均収入は約1億4,098万円，知的財産活動の平均支出は約5,440万円(支出には人件費は含まれていない)となった。人件費を含めた支出額は，収入とほぼ同額と推定され，TLOや大学の知的財産本部の運営活動は経営的には厳しいと推定される，としている。
(31) 流通業における返品制の実態や，完全買取制の導入による新しい事業の仕組みについては次を参照。小川進(2000)pp.3〜62。
(32) 田村(2008)pp.20〜29参照。
(33) 小売業における品揃えによる業態創造については，岩崎(2003)を参照。
(34) Barney(2002)pp.163〜178，邦訳pp.256〜271参照。

(35) 中国進出の経営上の問題点については，高橋他(2002)pp.38〜39を参照。
(36) この事例については，Markides(2001)を参照。
(37) Stalk(1990)邦訳pp.44〜90を参照。
(38) Stalk前掲書pp.66〜69を参照。
(39) 大野(1978)pp.33〜64。
(40) フォードの電装部門では，10.6日であった平均製造リードタイムをJIT導入で8.5日に短縮し，さらにTOCの導入でそれを2.2日まで短縮した。「ザ・ゴールに学べ」『週間ダイヤモンド』2001年9月15日号，参照。
(41) セル生産方式の考え方とその例については坂爪(2012)が詳しい。
(42) Barney(2002)参照。
(43) リエンジニアリングについては，Hammer & Champy(1993)邦訳pp.82〜102を参照。

第4章 ビジネスシステムを運営する組織

　事業の仕組みを実際に運用するのは組織であり，組織を構成する人間である。それに顧客価値を実現する業務プロセスと組織とは一体不可分の関係にある。このため人の集合体である組織のあり方がビジネスシステムの機能や効果，効率を左右するだけでなく，ビジネスシステムそのものを変容させる。

　ただビジネスシステムにとって有効な唯一の組織はなく，業務プロセスや資源，さらに戦略などに応じて組織は多様になる。しかしビジネスシステムの特性に応じて，効果を左右する，あるいは必要な組織要素は想定できる。以下ではビジネスシステムを設計する際に，考慮すべき組織要素の特質についてみていく。ビジネスシステムに活力を与える組織が必要なのであり，事業活動を高めていくような組織を構築することがビジネスシステムの課題になる。

　第1節では組織の役割と，組織の基本は分業化にあるが，その分業化の考え方とその分割した業務の調整の方法などから組織の基本的な要素をみる。第2節では事例を提示し，事業における組織の役割をみるとともにビジネスシステムにとって必要な組織要素を抽出する。ついでその組織要素について解明し，第3節では組織構造と組織形態を，第4節ではその組織活動を有効にする情報処理を，そして第5節では組織のエネルギー発揮のための要素をみる。最後の第6節では組織要素とそのパラメータ例を提示する。

第1節　組織の役割

　組織のない事業や企業は存在しない。効果的なそして効率的な組織を構築するために，まず事業を運営するための組織の要件と役割について検討する。

1　組織の役割と重要性

はじめに経営学のなかで，組織が注目されるようになってきた経緯を振り返る。

(1) 戦略と組織の適合

アメリカの経営史家チャンドラー(Chandler, 1962)はその著『経営戦略と組織』のなかで，「組織は戦略に従う」という有名な命題を提示した。彼はデュポンやGM，スタンダード石油，シアーズ・ローバックという1920年代のアメリカ巨大企業4社を取り上げ，アメリカ産業における近代的な分権制組織への革新と，その普及を解明するため，その経営をつぶさに調査した。

その結果，企業の拡大を計画し実施することが戦略であり，そのための活動と資源を管理するために形成される組織は，戦略に従ってつくられているという命題を引き出した。優れた大企業の組織は，市場という環境に適応するための戦略に応じたものになっていることをチャンドラーは指摘したのである。とりわけ大企業が事業部制(multi-division structure)という，製品別に特化して完結した組織を採用していることに注目した。

市場のなかで顧客を獲得し競争企業よりも優位な経営を展開するために，企業活動を効果的，効率的に遂行できる組織のあり方は企業の課題である。そして顧客価値を創出するビジネスシステムを構築するとき，事業概念を実行する業務プロセスを支え運営するのは組織である。顧客価値を提供するための組織の態様は，業務プロセスと一体であるため事業の効果や効率性を左右する。

チャンドラーが解明しようとしたアメリカ大企業における製品系列ごとの事業部制という分権的な組織は，製品分野ごとに顧客のニーズが違い，需要や嗜好の変わり方も異なり，また生産方法も原材料なども製品系列ごとに異なることから，製品群ごとに活動を区分して管理するために生まれたものである。

そうした事業部制組織をもたらしたのは巨大企業における経営の多角化である。たとえばデュポン社は火薬製造業であったが，企業成長のために染料や植物性油脂，塗料などの事業に多角化したため，単一の製品系列とは異なった製造や販売そして顧客への対応が必要になった。このため製品系列ごとの事業部

制が登場する。製品やサービスが異質な事業で成果をあげようとすれば、それぞれに異なった事業戦略や業務プロセスが必要であるだけでなく、それに応じた組織構造が求められるのである。

チャンドラーが分析した半世紀前の時代よりも、今日の製品はさらに多様化し、一方の顧客価値はより多様化し複雑化している。競争が激化し競争の方法も多様である。それはチャンドラーの提起した組織のあり方のさらなる前進を企業に求めている。このため製品系列ごとに分権的な組織を構築するだけでは、顧客の獲得には十分ではなくなっている。

チャンドラーが指摘したように、市場状況に企業の資源を合致させていく仕組みが組織である[1]。ものが豊富で、多数の企業が需要の獲得競争を繰り広げる状況では、顧客のニーズに少しで応えられるように、市場変化に迅速に対応できる組織が求められる。このため戦略を実行し競争企業よりも顧客価値にスピーディに対応できる業務プロセスと、それを支える組織が課題になる。

(2) 環境に対応した組織

チャンドラー以降、組織は戦略に従うという組織の有効性に関する命題が一般化し、戦略と組織の関係が大きな課題になる。同じころイギリスのウッドワード(Woodward, 1965)女史は、技術的なパターンの異なるイギリスの製造業100社について10年間にわたる実態調査を行い、製造技術が組織形態を決めるとした。

また1961年イギリスのバーンズとストーカー(Burns and Stalker)は、イングランドとスコットランドの20の企業を対象に実態調査を行って、環境条件に対応した組織構造が企業活動の成果を向上させるとして、機械的組織(mechanistic organization)と有機的組織(organic organization)の概念を提起した。安定的な環境では高度な分業と専門化、方法の標準化、および階層構造によって組織をコントロールする機械的組織が有効であり、非ルーティンの問題が頻繁に発生するような変化が激しい環境では、役割を明確に規定せず、水平的なコミュニケーションを活用することによって活動が展開される分権的な、有機的組織が有効であることを指摘した。

さらにローレンスとローシュ(Lawrence & Lorsch, 1967)はアメリカのプラスチックと食品，容器という3業種に属する10企業について調査した。そして複雑な環境のなかで組織が効果的であるためには，組織構造自体も複雑でなければならないことを彼らは指摘した。環境の不確実性および多様化の程度に合わせて組織の分化を図り，一方でその分化した組織を統合することで組織の有効性は高まるとしたのである。

　このような環境に適合した組織あり方についての考え方をローシュは，コンティンジェンシー理論(contingency theory：状況適合理論)と名づけた。それは，どんな場合にも有効な唯一絶対的な組織のあり方というものは存在せず，環境条件によって組織の有効なあり方が異なってくるという主張である。事業の環境特質に合わせて企業組織のあり方は多様になる。

(3) 組織は業務プロセスに従う

　目的遂行のための人間の協働体系である組織は，業務を効果的にそして効率的に遂行するものである。製造や販売，それに物流やアフターサービスなどの業務を的確に処理できる組織でないと，事業の目的を果たすことは出来ない。それに組織は業務プロセスと一体で活動するものであり，業務プロセスの一部であるということもできる。

　そして組織が戦略に従うといっても，その戦略もより多様化してきている。同じ業界のなかで業務プロセスも多様にある。それに事業に活用できる資源はさらに個々の企業によって異なっている。どのような生産技術を採用するかによっても組織は異なる。そして環境の特質や変化に応じて組織の有効性が左右される。そのうえ激しい競争のなかで顧客ニーズに対応して需要を獲得する方法はますます多岐にわたる。ローレンスとローシュが指摘したように企業のおかれた状況と戦略，ビジネスシステムによって，独自の組織を模索しなければならなくなっている。

　ビジネスシステムは同じような製品やサービス系列であっても顧客を絞り込み，何らかの特質を持った顧客層に対応した仕組みであり，さらに顧客一人ひとりが求める価値を提供できる事業の仕組みである。そのためチャンドラーの

指摘以上に，ビジネスシステムを支える組織が重要性を持つようになる。事業概念で設定した顧客に対して価値を提供できる組織で業務プロセスを運営し，また新しいビジネスシステムに進化させていく組織が必要になる。組織は業務プロセスに，そしてビジネスシステムに従うのである。

2　分業による機能発揮

　組織の機能とは何かを確認し，基本的な組織のあり方を明確にしてビジネスシステムを支える組織の考え方をみていく。

(1) 個々の人間の能力以上のはたらき

　組織の概念を明確にしたのは近代組織論の祖といわれるバーナード（Barnard, 1938）であり，2人以上の人々の意識的に調整された諸活動，諸力の体系を組織と定義した[2]。それは公式組織（formal organization）と呼ばれる概念で，組織という人工的な集団が人そのものの集合ではなく，個人の意図とは切り離された人間が発揮する諸活動や諸力の集合であると考える。公式組織の概念では組織は明確な目的を持ち，意図的に構成された2人以上の人間の協働システム（cooperative system）である。

　協働システムであるということは，彼らが発揮する能力や活動といった組織の要素が独立して存在するのではなく，相互に依存関係にあることを意味する。要素の関係性によって成り立つシステムは，それらの要素にはない新しい性質を発揮する創発性を持つことを先にみた。構成する個々の人間が単独で実行できる活動とは異なった，またそれら要素の総和とは異なった効果を発揮できるという性質を組織は持つ。一人ひとりでは困難な活動を遂行するために，組織は存在するといってよい。

　構成員それぞれが行う活動の集合体に過ぎなければ組織の必要性は少ない。複数の人間の活動を相互に関係させ組合せることによって，個々人には行い得ない活動を組織は展開する。それは次に述べるように分業という仕組みに明確にあらわれる。繰り返しとなるが組織は全体としては複雑な業務を，また一人の人間では行えない業務を実行する。そのとき全体的な業務を一人ひとりの能

力で実現可能な業務に分割し細分化する。個々の人間が目的に向かって担当する協業活動が，全体としては高度で複雑な業務を行うことになる。

　この点に意思決定の側面から注目したのがサイモン(Simon, 1976)である。情報の認識力に限界がある人間は，すべてに合理的な活動を行うことが困難である。このため限定された合理性(bounded rationality)の範囲内で，人間は活動せざるを得ない。そこで組織，それも階層的な組織を構築して，人間の限られた認識の範囲で少しでも合理的な活動を行う，とサイモンは指摘した[3]。合理的な活動に限界を持つ人間の活動を補って，成果を生み出す人工的なシステムが組織なのである。

(2) 能力を向上させる組織

　ただ組織は人間の持つ能力を単純に関係づけて，複雑な業務を行う静態的な存在ではない。組織は人間の能力を育成し向上させていく。業務を推進するなかでその能力を向上させてより優れた業務の方法を開発していく。このためたとえ同じ構成員であったとしても組織活動のなかで経験を蓄積し，新たな課題に挑戦するなかでより高度な活動を営めるようになる。

　それは業務の習熟によるだけではない。働く場での関係性は相互に学習の場となって，構成員それぞれの能力を高めていく。また相互に刺激を与え，構成員間の競争がそれぞれの能力を高めるという側面もある。加えて組織外からの情報が刺激となって構成員の能力が向上し，それが組織内の関係性のなかで，他の構成員に刺激を与えて組織の能力を高める。ダイナミックに個人と組織の能力を高めてより高次の目的を可能にし，また効率性を高め，そして環境に適応していくのが組織である。

(3) 分業と専門化を基盤

　前述したように複数の人間の協働システムということは，組織のなかでは1人の人間が業務を完結させるのではなく，それを複数の業務に分割して，担当するそれぞれの人間が協業して業務を完成させることを意味する。分業化した業務はそれぞれに専門化され，それらの業務で次第に専門技能を発達させていくことで効率的な業務になる。それは古くアダムスミス(Adam Smith)が，

1776年に『国富論』で指摘した業務の分業化による効率性の追求である。彼は古典的な手工業的ピンの製造と工場生産とを対比して，分業化して専門化することで生産性が飛躍的に向上することを説明した[4]。

　分業化することでそれぞれの業務は単純化されて未熟練者でも業務が可能になり，一方で習熟度の向上によって業務効率が高まるという効果を持つ。また業務の分割による単純化は機械化を可能にして，人的な作業が機械やコンピュータに置き換わることで，飛躍的に生産性を高めることもできる。それに専門化してその業務を集中的に処理すると規模の経済性も発揮できる。分業化は生産性を高め，産出物の単位あたりコストを引き下げていくのである。

　このため企業は複雑な業務を分業化して生産性を高めようとする。分業化の目的や手段，分業の単位をどのようにするか，それらは業務プロセスの設計そのものであり，分業の方法はビジネスシステムの重要な要素になる。このとき業務プロセスの設計は組織の設計と一体で行われる。分業化や専門化を基盤とする組織のあり方は業務プロセスと一体なのであり，さらにそれが顧客価値に沿うようにビジネスシステムと一体で，整合性をもって構築されるときにその効果を高める。

　作業性や分割のし易さから単純に業務を分割するのではなく，業務の自律性を主体に分割する先述のモジュール（module）という考え方が今日注目されるようになった[5]。これは他と分離しても業務が独自に遂行できるように分割することで，特定の業務機能が有効に発揮できるように，またそれぞれが独立・分離して自律的に業務を行える。一方でそれらの業務をつなぐ方法（interface）を標準化しておくものである。そこでは業務内容の変更や改革が他の業務に直接影響されず独自に可能になり，業務単位ごとに最適化することができる。個々の業務内容には関与せず，その出力だけを管理していれば全体の最適化が図られるということからモジュールが取り上げられる。

　モジュール化できればその業務は外部化もしやすくなる。モジュールが規定されると業務方法に関する細部の指示や取り決めをその都度行わなくとも自律的に運営されるため，効果的な業務分散化の方法とされる。しかし抜本的に業

務効率を上げようとすればモジュール自体の再編が必要になる。それに業務を連結するインターフェースも見直さざるを得なくなる。

3　活動の調整

　組織活動の特色は分業化にあることをみてきた。企業は細分化した業務を遂行する組織を相互に結びつけて製品やサービスを生産して顧客に提供している。ただ分業によって分割された業務は，それらを調整し組合せてまとめなくては業務が完成しない。業務の構成を明確にして処理し，業務の引継ぎのタイミング，そのための方法などを調整する。細分化して分業化された業務は相互依存しているために，他方でそれを結びつけるための調整が不可欠なのである。分断した業務が関連なくバラバラに行われないように調整し，適切な時期に連結し調和させないと効率的な業務にならない。

　調整されなければ，部品やユニットが規格どおりに製造されずに組立が不可能になったり，構成部品が間に合わず製品が完成しなかったりする。折角実施した業務がその後に活かされずに不要になる，また必要な業務が行われず途中から仕事が進展しないこともある。顧客からの突然のクレームへの対応の仕組みがないために業務が混乱し，顧客からはさらに不信をかってしまうことも生じる。そうしたトラブルは組織のなかでは日常的に発生している。

　このような混乱を解消するため組織は，調整の機能や手段を保有する。ただ調整の仕組みは必要だが，調整の行為そのものを極力少なくして業務を連結するのが理想である。その調整の方法も組織を特色づけ，組織のデザインにとって重要な事項となる。その調整の方法として社会学者のトンプソン（Thompson, 1967）は標準化，計画による調整，相互調整という3つをあげた[6]。

(1) 標準化による調整

　相互に依存するそれぞれの部門や職位の行為を，他の部分との関係で矛盾しないように，予め一致させておく方法が標準化である。製品の規格だけでなく，業務方法そして手順やルールなどを標準的な守るべきものとして設定する。トンプソンが指摘した部門や職位という単位だけでなく，工場の中では工

程や作業という細かな単位まで，標準化を目指すのが一般的である。

標準化すると，それは一般に業務のマニュアル化と呼ばれている方法で，規定した方法や手順を守っていくことになる。業務をマニュアルどおりに行うことで担当者が替わっても同じ方法で業務が行われ，経験の浅い人でも適切な業務が可能になる。業務方法のどのような水準までマニュアル化するのかは組織を特徴づける。マニュアル化するほど業務の自由度は低下して突発的な変化に対応しにくくなる。一方それが守れないため，マニュアルがあることで突発的な変化が生じているという認識もできる。

標準化されていれば，その標準を守ることでその都度調整することがなくてすむ。このため繰り返し業務が多く，その業務が安定して例外的な状況の数が少なければ，標準化は最も有効な調整の方法である。このような標準化をどのような業務で，どのような領域まで設定するかは組織を特徴づけビジネスシステムに影響する。

(2) 計画化による調整

業務の内容や着手，完了，手配といった相互関連するものを予めスケジュール化し，そのスケジュールを守ることによって，その都度調整せずに業務を遂行する仕組みが計画による調整である。これは主に業務の着手や完了，加工した部品の受け渡し，連結などをタイミングよく出来るようする。企業内部の組織だけでなく，外部の組織を活用して業務は行われる。この時，タイトな計画が守られる企業ほど優れた管理システムを保有する。それはバッファとなる余剰人員や在庫保有量を減少させる。計画化も標準化と同様に，業務の環境が安定していると有効な調整機能を果たすことになる。

自動車産業ではジャスト・イン・タイム方式によって必要な部品が絶えず補充される。そこでは分単位での納入が行われ，その計画を守ることによって調整なしで外部の企業から必要な業務が提供されていることになる。さらに，その納入方式では「引き取りカンバン」と呼ばれる発注指示伝票がポストにあれば，そこで指定される部品と個数を指定の棚に納入するという，在庫縮小のためのより精妙な仕組みがとられる。この仕組みを構築し維持するには組立企業

の圧倒的なパワーが必要である。組織では権威が暗黙の行動を適切に行わしめる。

(3) 逐次的相互調整

行動の結果が良好か否かを判断して，必要な措置を施す方法は相互調整といわれる。これを繰り返して望ましい結果を求めていく。相互調整はマーチとサイモンがフィードバック制御と呼んだものであるとトンプソンはいう。それは相互に情報を伝達しながら調整を図るもので，調整が必要な都度，関連する業務間で逐次的に連絡して合意する。一般には標準化や計画化できないもの，あるいはそれが守られなかった場合に，この相互調整によって業務の整合性が図られる。本来的な業務よりもこの相互調整が多くなってしまうことも組織のなかでは珍しくはない。調整がまた新たな調整を惹起し企業活動を低下させてしまうことも生じる。

この3つの調整方法に対して，トンプソンは共有的相互依存関係 (pooled interdependence) では標準化による調整が，そして連続的相互依存関係 (sequential independence) には計画による調整が，互酬的相互依存関係 (reciprocal independence) では相互調整が適しているとした。彼のいう共有的相互依存関係とは組織相互には業務を依存しないが，共に全体には依存しているため結果的には，個々の組織同士も影響しあう関係を示す。連続的相互依存関係は1つの組織のアウトプットが他の組織のインプットになっている関係である。最後の互酬的相互依存関係は，組織相互にアウトプットがインプットになるという相互依存性の強い関係である。この順にコミュニケーションの必要性が増大し，また調整のための意思決定が増大していく。

第2節　事例：顧客本位のビジネスシステムを運営する組織

今まで検討したような分業の方法や分業を推進するための調整だけでは，組織の仕組みの把握は十分ではない。どのような組織要素がビジネスシステムには必要になるか事例を基にみていく[7]。

1 顧客ニーズに対応した業務プロセス

　総合商研(札幌)は北海道内企業トップの印刷業で，札幌と神奈川県の伊勢原工場それに東京と大阪，九州支社を持ち，顧客業務を支援するソリューション型のビジネスシステムを実現している。それは受注産業としての印刷業からの脱却を図るもので，一般的な印刷業とは異なった独創的なビジネスシステムである。そこにはその事業概念を実現する組織がある。

(1) 折り込み広告印刷の特殊性

　総合商研は量販店などの折り込み広告印刷と年賀状印刷事業を主力とする企業であるが，主力の折り込み広告印刷事業では印刷業としてはユニークな顧客価値本位の，それも顧客の求める本質的なニーズにまでさかのぼる独自な業務プロセスとそれに対応した組織を構築している。

　はじめに特筆しなければならないのは，その総合商研という印刷業としては変わった社名である。そこには1972年創業時の時代の先をみる眼がある。「商研」という名前は「商業や商売，商流について総合的に研究する」という企業のミッションから来ている。この社名は顧客である小売業の販売促進活動について研究し，それを顧客に提案していくことが事業基盤であることを示す。顧客企業から指示された印刷物を制作する，専門的技術サービスの提供という一般的な印刷業ではなく，消費者に価値を提供できる訴求力のあり方を小売業に提案する事業である。

　家庭に配達される量販店などの折込み広告は印刷される直前まで，その印刷内容が決定しないという特殊性を持っている。それは折込み広告が少しでも多くの消費者を獲得するために行われるものであり，また競合店舗を意識して制作されるものだからである。このため特売商品やその販売価格の扱いには，高い秘匿性が求められると同時に，その内容は印刷直前まで変更されていく。

　特売日の開始3～4日前に，掲載商品と販売価格が確定した完全原稿を制作して印刷作業が開始され，完成した印刷物は特売の2日前の午前10時までに，新聞社の折込み広告センターに搬入しなくてはならない。このとき最終的な印刷内容の確定が，印刷着手の30分前という場合もあり，この業務プロセスに

は，一般の印刷業とは異なったケイパビリティが必要とされる。

　販売企画に基づいた商品内容が提示され，その顧客から提示された原稿をレイアウト化して訴求力のある印刷物を作成するのが，一般的な折込み広告制作である。しかし忙しい顧客企業はセール商品の選択や顧客への訴求方法を十分に詰めきれない。そこで総合商研の業務は顧客企業が作成した完成原稿を印刷するのはなく，セール内容やその打ち出し方を顧客に提案し，原稿の作成そのものを企画段階から代行する。

(2) マーケティングの代行

　このため顧客の小売店舗ごとの商圏分析，消費者の会員カードデータの分析，消費者動向を把握することから業務がはじまる。国勢調査データとGIS（地理情報システム）を用いて商圏を分析する。住所や年齢，性別がわかるカード会員のデータから商圏内の買い物行動を分析する。さらにPOSの買い物データそのものを分析して，顧客企業にどのような販売行動を行うかを提案する。顧客のマーケティング活動の一翼を担い，セール方法，販売促進方法をコンサルティングして提案していくのである。いわば忙しい顧客に代わって販促活動を代行し，その一環として折込み広告などの印刷物を制作していくというビジネスシステムを構築する。

　さらにそれを一段高めた業務方法もある。顧客のPOSデータと商品データを同社が一元的に管理して，折込み広告やPOP広告を作成する。顧客の販売データというその基幹データをもとに販促活動を代行する。またセールの結果，どのようなものが売れたのか，反対に売れなかったのかを分析し，販促方法を企画して提案する。それは販売管理や販売促進，仕入業務の多くを同社が顧客に替わって実行することを意味する。現実にこの業務方法を契約した顧客企業は，販売促進部門の陣容を20人から3人に縮小させている。折込み広告企画だけでなくマーケティング業務を代行して行うことが総合商研の進化した業務である。

(3) 顧客個々に対応した組織編制

　消費者の需要を獲得できる印刷物を企画提案していくためには，顧客の業務

に精通するだけではなく，顧客企業個々の戦略を理解し顧客と一体となった販売促進活動が必要になる。ただ顧客側のマーケティングに浸透した業務を行うほど，それは顧客の企業秘密領域に入ることになる。さらに同社は競合関係にもある多数の量販店を顧客にしなければならない。

そこで顧客の企業秘密を守るという課題を解決する方法として生まれたのが，顧客中心の組織体制である。主要量販店ごとに社内組織を編成し，マーケティングや印刷物に関連する顧客情報は，担当者以外には関与できない社内のセキュリティ体制を構築する。独自の業務プロセスを実行するには，やはりそれに対応した組織が必要なのである。

営業本部の25人から35人ほどが所属する営業第1部から第3部までが，前述した折込み広告の業務フローの完成原稿作成までの業務を担当する。営業部門は主力得意先別に構成され，一方で直接競合しない顧客を同一部署内で担当する。営業部組織は顧客別に編成され，生産業務を除いて印刷物の受注から納品までを行う。業務量の多い主力顧客の場合には，傘下の店舗ごとに1人で3〜4店舗を担当し，比較的業務量の少ない顧客企業の場合は2〜3人前後で担当する。それは競合関係にもある顧客別に組織して顧客の情報やノウハウを守ると同時に，総合商研としてのノウハウを醸成していく組織である。

顧客情報の漏洩を防ぐため，建物内の各部署それぞれは1つの事務所として完全に隔離され，部屋への入退出はICカードの社員証で認証される。顧客との連絡には専用の携帯電話が使用され，その担当者の電話番号は内部でも秘匿される。生産部門も含めて建物内のすべての部屋ごとに入室できる社員が登録され，入退出は社員証で管理される。またコンピュータもすべて社員証で認証しパスワードがなければ使用できず，使用履歴をサーバーで管理する。

こうした方法で，顧客は担当の社員のみとしかコミュニケーションできない。この古くから採用されている顧客情報のセキュリティ対策が，顧客からの信頼になっている。顧客の業務内容に入り込み，また顧客の業務を代行する度合いが高まるほど，顧客情報の漏洩を防ぐことが重要になる。それを総合商研では顧客別組織と電子的なセキュリティ対策で行う。

各営業部門には顧客企業の経営者の写真が掲げられ，あたかも顧客企業の事務所という様相をなす。そして営業部ごとに事務所の雰囲気さえ異なっている。一般社員は4～5年ほどで異動し，それぞれの業務で培った知識を社内に浸透させていく。責任者の営業部長はほぼ10年を目安に固定化され，顧客との信頼を形成する。ここには競合企業への漏洩防止だけでなく，それぞれ担当する顧客企業の一部門として同社社員が仕事を行う仕組みが構築されている。

(4) 職務へのインセンティブ

　同社では社員の能力発揮を促す組織運営のために，社員の評価は6段階の職責と営業や制作，製造，支援（管理部など），企画（研究開発など）という5職種で人事評価制度が構築されている。評価項目は業績，職能，貢献の3種で，業績評価は目標管理制度を用いて行われる。職能はそれぞれ6段階ごとに主な役割，実施職務，職責が決められて評価される。

　ただ「業績評価」は結果を評価するが，実行のプロセスを評価しない。「職能評価」は職務の遂行を通じて能力が発揮されたかどうかを評価するが，社員の意識や取り組み姿勢は評価しない。そこで組織全体に影響を与える意識や取り組み姿勢を「貢献」という尺度で評価している。これには社内規律性，顧客関係の維持，情報収集，社内協調性，人材の育成という項目が用いられる。

　このようにして年間2回評価されて社員の給与と処遇が決まる。さらに特徴的な制度として，社員はコンピュータですべての社員の賃金を見ることができたことがあげられる。これは自分の周囲の人がどのくらい成果をあげ，そして評価されているか，社員が具体的な目標とすることができるようにするためである。単に鼓舞するだけでなく具体的な見本を示し，成果に対する報酬を約束し，また適切な評価を周知するためでもあった。ただ2005年に施行された個人情報保護法によって，この仕組みは停止している。

2　内部効率性重視から顧客対応重視の組織へ

　総合商研の組織形態は後述するガルブレイスのいうフロント/バック型組織に近い。営業部門は顧客別に編成され個々の顧客の立場でスピーディに対応

し，そして顧客情報の漏洩が防止される。生産部門では機能別組織が形成されて規模の経済性を活かしながら安定的に印刷品質を提供する。

販売部門では個々の顧客ニーズに対応しなくては顧客を獲得できない。そのため製品別や顧客層別，さらに顧客別の販売対応が必要である。それは顧客の多様性に応える組織である。そのフロント部門に製品を供給する製造部門では，専門性の追求や規模の経済性の追求が必要になる。多品種少量生産やモジュールの組合せによる顧客仕様の製品を製造するにしても，また仕様の異なる製品を1つずつ生産する混流生産システムを採用するにしても，製造部門を1つの集合として扱うほうがとりわけ中小企業にとっては効率的である。フロント/バックのハイブリッド組織は，そうした業務特質を活かせる組織形態である。

今日の企業経営には顧客の個々のニーズに，スピーディに応えられる製品やサービスの生産・提供の仕組みが必要である。そうした事業の基本的なものづくり概念に対応し，それを実現する組織でなくてはならない。そこでは従来と異なって内部効率よりも市場を重視した組織が求められる。事業の出発は顧客なのであり，事業を支えて運営する組織も顧客ニーズに対応しやすい組織形態を採用する。今日のビジネスシステムが求めているのは個々の顧客への対応，それも即応的な対応のできる組織である。総合商研はそうした個々の顧客への対応を重視した組織を事業の必要性から試行錯誤で形成した。

3　小　括

事例でみたようにビジネスシステムの組織要素には多様なものがある。第1節でみた組織構造の要素については，そのサブ要素として公式化や分業の程度，権威の階層化，中央集権化，専門性，調整があげられる。また事例からいえば組織のパターンや，横断組織の形態などをサブ要素にする組織形態が要素としてあげられる。このほか，組織内のコミュニケーションの方法，また組織学習や組織のリーダーシップの方法，そして評価や報酬などの要素が組織のエネルギー発揮を左右することになり重要な要素としてあげられる。

当然，これらの要素は相互に関連しながらビジネスシステムの中で組織の役割を高めたり，反対に低下させたりする。以下の節ではこれらの要素について検討を加え，サブ要素やそのパラメータを抽出する。

第3節　組織構造と組織形態

　まず組織の特徴をわかりやすく示す組織構造と組織形態について検討する。

1　組織構造

　古くから組織論の中心として論じられてきたのが組織構造である。それは組織行動の安定的なパターンであり組織の骨格になる。その内容については今日でも多様な見解がある。

(1) 組織構造の考え方

　関係や活動が固定化されたときに，経営学では構造という用語を一般に使用する。このため組織の形態や相互の関係性，そして活動が組織のなかに定着し定式化されたもので，組織の骨格になっているものを組織構造と呼ぶことになる。それは建物の構造がその機能を規定するように，組織のはたらきを基本的に方向づける。組織の特徴により照らしていえば，組織構造は組織の分業や権限関係の安定的なパターンを示すことになる[8]。

　ただ組織構造とは何かの定義は多様である。組織構造の基本的な要素を職位 (position) とみて，各職位が安定的な関係を保っているシステムを組織構造とする定義もある (Scott, 1981)。そこでは各職位保有者の行動について，人々が抱いているさまざまな役割や期待から組織構造が成り立つとする。このため職位保有者の行動についての期待，職位の分類形態，職位に配分される意思決定権限の度合いに焦点を合わせて，組織内の各職位の相互依存的な関係を構成するのが組織構造になる[9]。

　一方ガルブレイス (Galbraith, 1978) は企業の業務を生産や財務，マーケティングなどいくつかの役割に分割し，その役割を機能や製品，地域，あるいは市

場に沿って職能部門や事業部に再結合し，そうした役割構造に権限を配分したものが組織構造であるとしている[10]。事業や業務を分割し分業化する仕組みが形成され，それぞれの役割や権限などが規定されて組織のなかで安定的に機能を果たすとき，職位も一体化して組織構造になる。

このため組織構造は次のような内容で構成されてその役割を担う（Daft, 2001）。第1に組織の階層性や管理者の管理範囲など，公式な職制関係を決める。第2に事業部門や業務特性ごとに構成員をくくり，それらを事業部門や全体の組織へとまとめていく。第3に組織内や各事業部門を情報でつないで調整し，組織の活力を統合するためのシステムを形成する[11]。こうして組織構造が形成されると業務プロセスが安定的に推進される。また組織構造は前節でみた調整機能の役割も果たす。

(2) 専門化・標準化・公式化

組織構造を数量的に測定しようとして過去さまざまな試みがなされてきた。そのなかで重要な役割を果たしたのがイギリスのアストン研究で，活動の構造化や権限の集中化，仕事の流れの統制，といった3つの因子を提示してその後の組織行動の測定に大きな貢献を果たした。

組織構成員の活動のルーティン化や手続き，文書を通じて専門化できる度合いを，第1の活動の構造化という。それを役割の専門化，規則と手続きの標準化，そして指図と手続きの公式化（文書化）という3つの要素で測定した。専門化を進めると組織の役割が区分されて分化し，業務プロセスを担う横断的分化だけでなく垂直階層的にも分化していく。

第2の権限の集中化は，意思決定権がトップ層に集中するのか，それとも下位階層に委譲されていくのかの度合いである。第3の仕事の流れの統制はそれがラインの構成員の個人的判断で行われるか，非個人的な手続きで行われるかの度合いをさす[12]。その後，組織構造の測定についはさまざまな試みがなされてきた。

ここではダフト（Daft, 2001）にならって，組織構造の特質を決めるサブ要素として公式化，分業化の程度，権威の階層構造，中央集権化，そして専門性と

雇用者の人員比率，それに前節で詳しくみた業務の調整方法などを組織構造のサブ要素にする[13]。

公式化は業務手順書や職務記述書，規則などについて，組織内の文書化されたものの量で測ることができる。一般的に企業規模が大きいほど，また業務環境が安定しているほど公式化は進展する。情報技術の発達によって作業手順を映像化するなど，以前よりも公式化そのものは進めやすいが，その前提として業務の標準化が必要である。

分業化の程度は組織の仕事が専門的に分割されているかという程度である。これも企業規模が大きなほど，完結するまでの業務工程が多くて複雑なほど，また業務に専門的な能力が求められるほど分業化が進む。分業化することで専門能力を有効に活用でき，また単純業務に分割することで反対に専門的な能力がなくても業務が行えることになる。専門的に分化する一方でトヨタ生産システムのように，複数の業務を実行できる多能工による業務方法も登場する。業務のモジュール化や情報技術の活用度合も分業化を特徴づける。

権威の階層構造は誰が誰に属するか，管理者の管理範囲の程度を示す。中央集権化は意思決定権限を上位階層が持っていることをいう。小規模になるほど意思決定の多くを経営者が行うという傾向が強まる。ただ日常的な意思決定は下位組織に委譲しないと，顧客からのさまざまな要求や，生産や販売現場における突発的な変化になどにも即時に対応できなくなる。

ダフトのいう専門性は業務遂行に必要な従業員の公式教育と訓練の度合いのことであるが，ここでは本来の業務の専門性の度合いを含めたものとする。また組織の人員比率は職能や部門などに配置する人員の割合で，経営者や事務の比率，専門スタッフ，直間比率などであり，組織の人員配置の特質をあらわす。専門性や調整のサブ要素についてはすでに第1節でみた。

2　組織形態

前述したように，組織構造の代表的な要素として最も取り上げられ，また組織の特徴を最も端的に示すのが組織形態である。その主なものには機能別組

織，製品別組織そしてマトリックス組織がある。これら代表的な組織形態の特質をみていく。

(1) 機能別組織

職能制組織とも呼ばれる機能別組織(functional structure)は，組織形態の原点ともいえる一般的にみられる組織である。これは同質な何らかの共通性で業務を区分して組織単位にまとめるのが基本である。製造業なら企画・設計や資材調達，製造，販売，物流，アフターサービスといった主要な業務区分ごとに，部や課といった名称で一つの組織単位にしていく。さらにその製造業務でも加工や組立，検査といった同質的な業務ごとにより細分化されて，下位の組織に分割されていく。

機能別組織は業務の専門性を追求する組織である。同質な業務を集めるために，狭い範囲の業務が日常的に繰り返し行われ，その結果業務のスキルを高めることが容易で専門性を向上させる。また同一業務従事者間の情報交換を行いやすく，一方でより優れた業務方法の競い合いも専門性を高める。それに同質的な業務が集合するので規模の経済性も発揮しやすく，業務処理コストを低下させやすい。そして繰り返し業務が多くなるため業務の標準化が進めやすく，人材の能力育成も容易である。資源を組織ごとに集中させるため後述の製品別組織などと比べて資源の重複投資が避けられ，資源が有効に活用できる。

短所としてそれぞれの組織では部門本位で独自の論理が形成され，組織区分ごとに独善的な組織になりがちで，部門ごとの最適性や都合も優先されやすい。たとえば製造部門は製造コストを引き下げるために，生産品種を絞り込んで製造数量を大きくしようとする。それに対して販売部門は顧客ニーズに応えるため多様な品種を揃え，在庫をおいて顧客ニーズに随時応えようとする。製造部門と販売部門はそれぞれの組織単位での最適化を図ろうとして，両者の間に利害関係さえ生じ，部門の業務の都合が優先されがちになる。

機能別組織は全体最適よりも部分最適に陥りやすい。このため顧客ニーズに対応するという全体最適を求めて，組織間の円滑な連携を図ることが課題となる。複数の部門が協調行動をとれるように，それらを調整する組織まで必要に

なってくる。

　一般に機能別組織は安定的な環境のなかで単一の製品，単一の販売チャネル，そして同質的な顧客ニーズに応えようとする場合には効果を発揮する。しかし多様な顧客ニーズに対して，コスト以外の要素で応えようとするとき，その対応が難しい組織になる。ただ同質性は組織単位でみると管理しやすく効率性も追求しやすい。他の組織形態を採用するときでも，職能別組織が発揮する特質を活かすことができるか配慮する。

(2) 製品別組織

① 機能別組織から製品別組織へ

　機能別組織の欠点を補うべく登場した形態が製品別組織である。それは，チャンドラーが解明した事業部制組織(multi-divisional structure)へと変化していく原初形態でもある。企画から販売や物流に至るまで，製品ごとに多くは製品系列別に，完結した運営を行うのが製品別組織である。異質な製品を産出するとき，主要な製品分野ごとに独立した組織運営を行う。

　製品別組織が必要になるのは，製品が異質で製造方法や企画開発，研究開発が異なり，また顧客価値が異なって販売方法も製品別に対応した方が効果的なときである。製品やサービスの異質度が高まるほど，また異質な顧客価値が存在するほど，異なった業務プロセスが有効になる。それに顧客ニーズに的確に応えるには，製品系列別に情報やものが流れる組織のほうが市場に対応しやすいからである。そこで製品ごとに全体的な最適化を追求しやすいものとして製品別組織が登場した。

　ただ製品別組織を採用すると同質な資源が分散され，資源の重複投資も避けられない。企業全体では資源の必要量が増大し，その一方で遊休資源も生じやすくなる。組織ごとの技術革新も進めにくくなる可能性もある。

　このような短所があっても，多様な顧客に対応するには製品別組織は有効である。多角化を進めていくほどその必要性が高まり，また異質な製品群が増えるほど製品別組織は，事業部制(より規模が大きくなると事業本部制とも呼ばれる)に発展し，製品系列ごとに独立した事業運営が行われるようになる。製

品別組織の発展形態としての事業部制組織は，大企業に一般的な形態になる。

② 事業部制

　製品別組織の独立性を高め製品群が集合した事業部ごとに，あたかも1つの企業のように独立して経営していく組織形態が事業部制である。事業部では独立採算の経営が行われ，事業領域や研究開発，設備投資なども事業部ごとに意思決定される。顧客ニーズに対応するためにはビジネスシステムさえも，事業部ごとに異なることが効果的である。ただそこまでの異質性は1つの企業のなかで許容しにくく，それは事業部ではなく別会社組織として運営される。

　そこで事業部制とは異なった用語としてカンパニー制組織が登場した。事業部や事業本部制の独立性をより高め，経営の自由度を持った独立した会社のように運営することで，環境変化への対応を主眼とするものである[14]。いち早く導入したソニーの例が著名で1983年に事業本部制を導入し，それを1994年には8つのカンパニーに再編し，1996年には10と社内分社化を一層進めた。さらに，1999年には，10のカンパニーを3つのネットワークカンパニーに括りなおしてエレクトロニクス事業を強化している。そこでは自主性・自立性を高めた事業ユニットを，求心力の強い本社が統合していく統合分極型が目標である[15]。

　しかしその後のソニーの業績からみると，この組織変革が効果を発揮したとはいいがたい。機動的な組織運営を図ることが目的といっても，わずかに2年で2001年にはカンパニーを再編し，2003年にも3つのカンパニーを統合している。それはカンパニー制が期待する効果を発揮していないこともその理由と推定できる。現実に2005年3月デジタルエレクトロニクス事業で遅れをとり業績不振のなかで，会長出井は退陣に追い込まれた。その後もソニーは事業縮小が続いている。

　その反対がパナソニックである。日本企業としては徹底した事業部制を古くから採用してきた企業として知られている。それは独立した子会社を軸に「連邦経営」として謳われ，カンパニー制が志向する内部資本金概念も含めて，独立採算の自由な経営が行われてきた[16]。しかし極度の業績悪化に見舞われた

同社は事業部制を見直し，また子会社を吸収するなど，分散化した組織の集中再編を図り資源を再構成した。

　環境変化の多様度に対しては，組織を細分化して組織の多様度で対応しようとする方向はますます強まっていくだろう。しかし細分化した組織に限られた自由度を与えるだけで，組織が活性化される訳ではない。企業規模が大きくなると戦略や組織資源の調達や運用も含めて権限を委譲し，自由な経営を志向させないと，細分化された組織は自らの活力を発揮し得ない。ただ反対に経営の自由度が高まるほど，パナソニックの事業部制が陥ったように，同じ事業領域での事業部間の競合や重複投資が避けられなくなる。

③ 地域別組織

　事業部制組織の1つともいえる形態に地域別組織がある。地域別組織は距離的に離れた市場をもつ場合に，地域別に完結した組織を構成する形態で，地域別に多様な製品を扱う。多国籍企業では一般に地域別組織が採用される。顧客の身近なところで事業を展開しようとするのが地域別組織の考え方であり，サービス業では一般的な形態でもある。一般にサービス業では顧客に提供する役務の生産とその消費が一体で，事前に他の場所で予め生産しておくことが難しい。このため顧客に近い場所で権限を持って事業を展開することが多い。

　これに対して製造業では，予め製品や半製品を製造しておくことが一般に可能である。また一箇所でまとめて生産することで規模の経済性が発揮でき，集中的に生産して顧客の元に届けるほうが，物流コストが加わっても低コストで品質の高い製品が生産できる。しかし今日，生産技術の発達によって規模の経済性が薄れ，また顧客価値が多様化して規模の経済性が追求しにくくなってきた。そのうえ顧客はスピーディな納品を求めるようになっている。このため，分散化して顧客の近くで生産し提供する地域型組織も採用されやすい。

　地域別組織は地域特性への密着や，顧客へのスピーディな対応を行うことなどを主眼とする組織である。一方で機能別組織の持つメリットも，また製品別組織のメリットも低下しがちな組織である。

(3) マトリックス組織

　機能別組織と製品別組織の持つそれぞれのメリットをともに活かそうとするのが，マトリックス組織(matrix organization form)である。環境変化が激しく，機能と製品という2つの側面を同じように重視しなければならない事業に採用される。それは機能別と製品別という2つの組織を合体したもので，1つの組織単位は機能別と製品別の2つの管理者の下に配置される。

　両管理者の意見が一致するときには，マトリックス組織は円滑にその効果を発揮することができる。しかし両者の意見の不一致は調整を増加させる。ただマトリックス組織を活かすには，機能と製品という2つの側面からのパワーバランスを活用することがポイントになる。単に対立を避けるのではなく，その二重の権限構造を利用して，異なった立場の両者の調和を図る組織運営を行う。

　マトリックス組織は伝統的な垂直の階層構造に加えて，水平方向の(横断的な)チームを公式化し，両者が同等になるようにバランスをとるものであると考えることもできる[17]。そして機能別組織であろうと製品別組織であろうと，垂直的な階層構造のなかで組織は業務を進めている。そのいくつもの階層構造を横断する組織コミュニケーションがないと企業全体が有効にはたらかない。

　このために組織横断の会議や委員会，プロジェクトチームといった調整の組織が構築される。ただそれだけでは不十分で，組織図には記載されない非公式な協議や個人のネットワークで，部門間の調整を図っているのが一般的である。マトリックス組織はそのような，垂直的な階層構造を補う仕組みを定式化して，組織としての権限まで付与したものでもある。

　このような実情からいえば，今日の多様で変化に富む環境の中では有効な組織なはずである。しかしマトリックス組織の持つ有効性を発揮できる企業は必ずしも多くはない。それは2つの権限構造がそれぞれ独自に主体性を発揮し，その解消のために絶えず調整が必要だからである。構成員は2つの権限構造の両者に参加しそこでも調整に追われる。このため構成員は仕事量の増大と，意見調整のためのフラストレーションに陥りやすい。

多国籍企業のように巨大な組織では事業部制を主軸としながらも，地域別に地域本部といった組織が置かれ，このマトリックス組織が採用されることが少なくない。そのもっとも著名な例として，スイスとスウェーデン合弁資本の巨大重電機企業ABB（ASEA Brown Boveri）があげられる。140カ国以上で営業する巨大企業は，50以上の事業部門のマネージャーと140の国別マネージャーに管理される組織である。分散された組織では2人の上司に管理されて機動性を発揮する。また本社は200人と小さく，最終的には10名ほどで5万人の企業の意思決定が行われている。

(4) 市場区分の組織構造

　先にみた製品別組織よりも，さらに顧客の多様なニーズに応えるための形態が市場区分の組織である。特性別に顧客を細分化し，それら顧客層別に組織を構築する。同じ製品に対しても顧客のニーズは多様であり，そのニーズに応えなくては需要を獲得しにくいために，顧客本位の組織が注目を浴びるようになってきた。それは取引において顧客側のパワーが増大しているからでもある。そうした顧客の多様な要求に画一的に応えることは難しい。このため応えるニーズ別に顧客を分割して，それに有効な組織が求められるようになる。

　製品の性能や機能など異なった仕様を求める顧客の他に，価格を優先する顧客，さまざまなオプションを加えて独自の仕様を求める顧客，納期優先の顧客，きめの細かなアフターサービスを求める顧客など，顧客のニーズに応えようとするとその要求は多様である。すべての顧客に対して同じように対応しようとすると反対に十分に対応できず，顧客のニーズを満たせないだけでなくコストが増大して事業収益を低下させてしまう。このようなときは顧客ニーズ別の組織形態が採用される。また顧客と日常的に取引が行われる事業では，市場区分ごとの組織形態を一歩進めた顧客別組織も登場する。

　すでにファッションの世界では多様な好みに応えるために，顧客層ごとにブランドを設定し，さらに大きな需要がある場合にはブランド別に別会社として，事業部制よりも主体性を持たせた組織で事業が行われる。サービス産業でも顧客層ごとに組織が形成されることが多い。1つの事業体でも顧客の特性別

に組織を形成すれば、顧客のニーズに的を絞った対応がしやすい。

(5) 多様な組織形態と新しい考え方

組織形態の基本は機能別組織，事業部制組織，そしてマトリックス組織の3つであり，すべての組織はこの3つの形態に修正を加えたものであると沼上(2004)は指摘する[18]。現実には機能別組織や事業部制組織の純粋な形態は少なく，企業はそれぞれの必要性や都合に合わせて多様な組織形態を形成している。

また製造業務では機能や規模の経済性を考慮した組織が必要であり，一方生産と消費が一体になってしまうサービス業務では，顧客の多様なニーズに応えるために顧客の近くで対応できる小さな組織単位が必要であるとダフトは指摘した[19]。事業の遂行には多様な業務があり，そのそれぞれの性格が異なっている。このため画一的な組織形態で事業や企業全体を構成すると，全体として組織の能力を低下させてしまうことにもなる。顧客ニーズと事業を構成するそれぞれの業務特性に対応した組織を採用することが理想といえる。

市場への対応と事業運営の合理性という視点から，今日的な組織形態としてフロント/バックのハイブリッド組織というモデルを提示視したのがガルブレイス(Galbrath, 2001)である[20]。顧客に直接対応する部門が事業のフロントであり，そして製品生産のような供給がバック部門となる。フロント部門では製品別組織や顧客別組織形態を採用し，バック部門では機能別組織を採用して，事業のなかでも異なった組織を組み合わせるという考え方である。市場や地域に焦点をおいた組織と，製品や技術に主軸をおく組織の組合せで，業務特性に応じて製品別組織と機能別組織の持つ優れた点を実現しようとする。本章で例に挙げた企業もこのフロント/バック型の組織を採用しており，主要顧客別の販売部門とバックは規模の経済性重視の製造部門からなっている。

販売部門では個々の顧客ニーズに対応しなくては顧客を獲得できない。そのため製品別や顧客層別，さらに顧客個々への対応が必要になる。それは顧客の多様性に応える組織である。一方で，そこに製品やサービスを供給する製造部門では，専門性の追求や規模の経済性の追求が行われる。多品種少量生産やモ

ジュールの組合せによる顧客仕様の製品を製造できる仕組みを構築したとしても，また仕様の異なる製品を1つずつラインに投入していく混流生産システムを構築したとしても，製造業務を担う全体として扱うほうが効率的である。このようにフロント/バックのハイブリッド組織は，組織のなかの業務特性に応じて，業務特質を活かす組織形態である。

今日の企業経営には，顧客個々の価値にスピーディに応えられる製品やサービスの生産・提供の仕組みが必要である。そうした事業の基本的なものづくり概念，サービス提供の概念に対応し，それを実現する組織が求められる。企業が採用するビジネスシステムのなかで，その仕組みをもっとも有効にする組織構築を目指せば組織はより多様なものになる。その組織の違いもビジネスシステムを多様化していく。

ただ従来と異なって内部効率よりも，市場を重視した組織が今日求められる。ターゲットにする顧客価値に応えることを最優先しないと，顧客を獲得できないからである。われわれのビジネスシステムのモデルも顧客ニーズへの対応を軸に，事業の仕組みを設計することを提起する。事業の出発は顧客なのであり，事業を支えて運営する組織のあり方も，企業の都合より顧客価値に対応しやすい組織形態が優先される。

第4節　組織のコミュニケーションと情報技術

複数の人間の集合体である組織が円滑に活動するには情報を収集し，評価して意思決定できるコミュニケーションが不可欠である。そのコミュニケーションの態様も組織ひいてはビジネスシステムを左右する。

1　組織における情報の役割

幅広く意志決定権を持つ上位の階層と，日常業務を遂行する下位の階層との間のコミュニケーションとが，また組織内と組織間の横断的な水平方向のコミュニケーションとが，ビジネスシステムを円滑に運営するには必要になる。

(1) 垂直方向と水平方向の情報処理

　組織は複数の人間が協働する活動体であり，それはさらに複数の部門から，また管理範囲に応じて権限を与えられた組織階層から構成される。その複雑な組織が効果的に，そして効率的に組織目的の実現のためにその能力を発揮するには，すでにバーナード(Barnard, 1938)が公式組織の3つの要素の1つにあげたように，コミュニケーション・システムが不可欠である。組織の目的を果たすために状況報告や指示，命令，協議などに必要な情報伝達と，その情報による行動が行われる。情報に基づいて行動して目的を果たすのが組織であり，組織はその目的遂行のための情報処理体でもある。

　組織には組織階層の上下間という垂直方向と，部門内だけでなく関連する部門間の水平方向との2つの情報の流通がある。垂直方向の情報の流れは上位階層から下位階層に対する指示と，下位階層からの報告や相談からなるコミュニケーションで構成される。その情報処理は業務状況を把握して組織の目標を達成するように，下位階層の業務のコントロールを目的にする。情報に基づいて上位階層はパワーを行使して，組織目的を達成できるようにはたらきかける。

　ただ上位組織が下位組織の行動についてすべてを管理し意思決定するのではない。ルーティンは下位に権限が委譲され，目標や計画などの指示とこれに対する報告や，例外処理が発生したときの報告や相談が行われる。どのような内容について報告・相談するのかは，比較的明瞭に規定することができる。

　権限の委譲が行われる分権的組織では指示や報告は少なくなるものの，一方で下位組織の責任が重くなる。そして権限を下位階層に委譲するほど情報流通は簡素化されていく。反対に意思決定の権限が上位階層に多い集権的組織では，指示の情報増大とともに，状況報告や協議のための下からの情報の伝達も多くなり情報処理量が増大する。しかも管理される下位組織が常に適切な情報を上位に伝えるとは限らない。コンピュータを活用しても下位の状況把握は限定されるので，組織目標の達成にはやはり下位組織の自律性が必要になる[21]。

　これに対して同一組織内のあるいは部門間の水平的な情報処理は，円滑な業務のための調整や協力を目的としたものである。関連業務が円滑に進むよう

に，前後工程の連携が行われるように，協力して仕事を進めるためのコミュニケーションである。この水平方向のコミュニケーションが的確に行われると，垂直方向の統制のコミュニケーションは減少する可能性がある。分権型の組織ではこの水平方向のコミュニケーションが，集権型の組織よりもより重要性を増してくる。また機能別組織形態を採用する場合も同様である。

(2) 情報処理からみた下位組織の自律性

組織のような自己組織化能力を内在するシステムは，記号を用いて認知(cognition)作用と指令(direction)作用を行い，さらにそれらの情報作用と行動をより高次の情報処理である評価(evaluation)作用で検証している[22]。集権型の組織ではこれら認知や指令，評価を上位階層で行い，評価に必要な状況報告のための情報が下位組織から上位組織に伝達される。反対に分権型の組織では認知や評価の情報処理も，限定されるとはいえ下位組織が自ら行うことになる。このため日常業務の変化の激しい事業では，集権型の組織よりも分権型の組織の方が変化に素早く対応しやすい。

業務が複雑化し顧客価値が多様化する今日，標準化を進めてそれを的確に守り，対応できない事態が発生したら上位階層に報告して指示を仰ぐ官僚制とも呼ばれる組織よりも，下位部門に権限を委譲する組織の有効性が高まっている。ただ下位組織が主体性を持つためには能力が必要である。現場の能力を引き出すために，提案制度やQCサークルのような小集団活動なども一定の効果は持つ。しかしそれ以上に，現場の構成員個々が日常業務そのものに主体的に対応できる能力が求められる。

このときチーム制の組織が，つまり小さなグループで変化への対応方法に協働して対応する組織が提案されている。1970年代のヨーロッパでは自分たちで仕事の流れや手順を決定しいく自主的作業チームが提唱され，今日でも自動車産業などで一つの方法になっている。一方で内部の効率性重視から脱皮して顧客や競争相手，仕入先への対応に重点をおいた組織，環境からの要求や脅威に対応できる組織のあり方が求められている。

このような視点からナドラー(Nadler and Tushman, 1999)は，次のような基

本原則を持つ高業績作業システムを提唱した。顧客ニーズなどの環境への対応に重点をおいて，それに適切な組織形態や業務プロセスを検討して組織設計を行う。製品やプロセスのはじめから終わりまで責任を持つ，ゆるやかに結びついた自主管理の事業単位とする。明確な方向性や明確な目標，アウトプットの必要条件と業績の尺度について，完全な理解が得られるようにする。業務結果の不備はその発生源で発見し対処する。人間的システムと技術的システムが密接に結びついて，お互いを意識して最高の業績を達成するように設計する。

さらに，関係のあるすべての情報が必要とする人に支障なく流れるようにする。共同作業によって個人の意欲が高まり，仕事の割り当てや問題解決に柔軟に対応できるようにする。チームや個人のエンパワーメントを補足し強化する人的資源管理を行う。経営管理層の構造や文化，プロセスなどのすべてが高業績作業システム設計を受け入れてバックアップする。そして組織もその事業単位も常に変化する競争状況に応えるために，自らを再編する能力を持つようにする[23]。しかしこれらを実現できる組織が形成できるか課題が少なくない。

2　情報技術と組織

情報技術は目覚しい発達を遂げ，今日の企業の業務はそれなくして機能しなくなっている。その情報技術の活用方法は組織とビジネスシステムのデザイン要素になる。

(1) 情報技術の発達

コンピュータ技術を中心に発達する情報技術(IT)は組織の情報処理を変容させる。コンピュータは販売や購買の事務処理業務を中心に活用され，そのデータが財務会計処理にも活用されて基幹情報システムとして確立する。次いで生産や物流などの管理業務でもコンピュータが活用され，それらは部門単独でスタンドアローンとして活用するのではなく，1980年代中期以降部門を超えてネットワーク化され一体化する。そして共通のデータベースによって情報が共有化されるようになる。組織内への情報システムの導入は管理業務の標準化を促進するとともに，業務の活動状況を示す情報を各組織に共有させる。

コンピュータ・ネットワークLANが発達すると，業務に必要な定型的な情報は当該部門だけでなく他の部門でも，また階層を飛び越えても現場の活動状況が直接把握できるようになる。このため部門間の調整を容易にして組織間の連携を高める。一方で現場の情報がコンピュータで把握できるため，組織階層が少なくなっても業務が管理できるようになる。情報技術の活用は垂直的な情報の流通を容易にして，組織階層を減少させるフラット化の可能性を高める。

しかし単純に情報技術が企業組織を簡素化していくのではない。情報通信技術の発達が大量の情報を流通させて，組織活動を容易にするとは単純にはいえないからである。情報技術が組織活動に有用になれば，企業はより多様な業務をきめ細かく行い，それをスピーディに処理しようとする。すると定型的な情報は瞬時に把握できるとしても，例外処理も発生しやすくなり非定型的な業務が増大する。

それに情報の流通がスピーディになっても，その情報に対して的確で迅速な対応が出来なければ，組織にとって情報流通の効果はない。組織活動に必要な情報がコンピュータで得られるとしても，それに対応した業務活動が行われなければ，組織は効果を上げないのは当然で，情報技術を活用できるビジネスシステムへの業務改革が不可欠になる。

(2) 情報技術と組織，業務プロセスの一体化

スコットモートン(Scott-Morton, 1991)は組織に対する情報技術の影響と，どのようにして情報技術を活用した企業変革を行うべきかを次のように指摘した。情報技術は仕事のやり方を根本的に変える可能性を秘めている，また組織内・組織間のあらゆる層の機能を統合する可能性を秘めている。このため組織に戦略的機会を与える，情報技術が適用できるようにマネジメントや組織構造を変革する，組織改革によって業務をリードすること，といった企業変革が必要であるとしたのである。情報技術を有効に活用するためには，組織という範疇だけで検討するのではなく，業務プロセスのあり方と一体でデザインしなければならず，組織内のさまざまな活動を統合化していくことの必要性を説いている。

情報技術を組織のなかで有効に活用するためには，分断された業務を統合化していくという視点が重要になる。データベースの共有によって，業務の全体計画や仕事に求められる全体的な姿が把握できる。そこで分業化された業務において，いつまでに何をどのように処理すればよいか，全体のなかで業務がどのような役割を果たすのかを関連する部門に提示する。それは業務の計画だけでなく業務自体をも統合する。このとき顧客に提供する価値を中核にして業務をトータルに再統合する。

価値観の多様化や激しい競争状況のなかでの顧客価値提供には，それに的を絞った斬新な業務の仕組みが不可欠なことは繰り返し触れた。そのための重要な手段の一つとして情報技術が機能するとともに，情報技術の活用や革新が業務を変革するという相互作用を持ち，組織活動に影響を与える。顕著な例は銀行の中枢業務がコンピュータ化され，われわれは行員のいる窓口ではなくいつしかATMと呼ばれるコンピュータ端末で，入出金や振込みを強要されるようになった。そして窓口業務は相談業務へと変化し，そこには入出金業務を行う事務社員ではなく，ファイナンシャル・プランナーのような専門職が登場し，顧客価値創造のために組織が再編されていく。

(3) 人間の能力を向上させる情報技術

1990年代の初め，情報技術を活用した大胆な業務変革を提唱したのがリエンジニアリング（reengineering）であった。リエンジニアリングは開発や生産，販売といった機能別に分かれている組織を，顧客の満足を高めるという観点から，プロセスごとに編成しなおすことを主張した（Hammer and Champy, 1993）。このとき情報技術の活用がその鍵になり，情報技術をインパクトに業務と組織を変革することを求めた。ただ実際にはリエンジニアリングは人員削減のリストラ策と一体で展開されたため，その対象になる現場からの積極的な同調が得られず，十分な効果を得られずに消滅した[24]。リストラが組織構成員の士気を低下させたからである。ただその業務処理の考え方は正鵠を得たものであった。

組織と整合しない情報システムは役立たないとして，経営戦略と情報技術，

組織の三者間の整合性を高めることを提唱したのは，ウォルトン(Walton, 1989)である．さらに彼は情報システムが生産性向上や技術改善，サービス改善という効果を生むだけでは不十分で，企業の構成員に良い影響を与え構成員の職務の満足や，構成員の能力の開発に結びつくかどうかが重要であるとした[25]．それには単純に組織と整合性をとるだけでなく，情報技術活用の考え方を根本から変革することが必要であった．

　業務プロセスを自動化することによって，コスト削減を図ることを目的に企業の情報システムは出発した．しかしそこに止まっていては不十分で，利用者が新しい情報で効率の向上や新たな製品の案出など，価値を付加し向上させる活用でないと情報システムの真の効果は得られない．情報技術を効果的に活用するには経営層に指示命令される従属的な組織ではなく，自ら進んで業務や組織を変革していく参画型組織への転換が必要である[26]．

　人間への貢献と学習を増進させるための情報技術でなくてはならないというウォルトンの指摘は重要である．人間の業務を情報技術に移植して業務を合理化していくだけならば，短期的には成果が得られるものの，長期的にみると情報技術そのもののイノベーションに依存するほかに組織の能力向上の方策はなくなってしまい，業務に携わる人間の能力を活かすことができなくなる．

　そうではなく，人間が新たな役割に移行できるような情報技術活用が重要で，そのとき情報技術が人間の能力を支え向上させる活用方法が必要である．より幅広い知識を人間に与えてくれ，さらに人間に意欲を持たせるような情報技術であれば，人間や組織を前進させる．業務効果が高まり，さらに構成員が意欲を持って仕事を遂行し改善していくような情報技術が求められている[27]．

3　組織学習

　不連続な環境変化に直面する今日，変化への対応が組織の大きな関心事になっている．しかし本研究は顧客ニーズを基盤とするビジネスシステムを担う組織のあり方，またそのときの組織の多様性について関心を持つ．このため環境への対応という変動する組織，変化する組織のあり方というテーマについて

はここでは触れない。しかし業務プロセスを円滑に推進していくためには，組織能力の絶えざる向上が求められ，それは学習する組織であることを求める。

(1) 学習する組織

　学習する組織という言葉を広めたのはセンゲ(Senge, 1990)である。人々が継続的にその能力を充実させ望むものを創造したり，新しい考え方やより普遍的な考え方を育てたり，集団のやる気を引き出したり，人々がお互いに学びあうような場と，彼はそれを定義した。また知識創造企業を提起した野中(1996)は，日本企業が組織的知識創造の技能・技術によって，1970～80年代に世界的な成功を収めたとしている。それは新しい知識を創り出して組織全体に広め，製品やサービスあるいは業務システムに結実する組織全体の能力を意味した[28]。

　センゲは学習する組織になるために，システム思考や個々人の自己認識，メンタルモデル，ビジョンの共有化，チーム学習という5つの手段を示した。野中は知識創造型企業では，形式言語で表現できる形式知と，言語表現できない信念やものの見方，価値システムという無形の要素からなる暗黙知という2つの知の相互作用が知識創造の鍵だとした。そして知識創造には表現しがたいものを表現するために，比喩(メタファー)や象徴の活用，個人の知を組織内で共有，曖昧さと冗長性の活用，という3つをあげる[29]。しかしこれらは理想的，理論的ではあっても，具体的にどのようにすれば学習する組織になれるのかという具体性がないと指摘したのはガービン(Garvin, 1993)である。

　そしてガービンは知識を創造・習得，移転するスキルを有し，新しい知識や洞察を反映しながら既存の行動様式を変革できるのが学習する組織であると定義した。彼は新しい知識を創造したり獲得する企業は多いものの，その知識を実際の行動に反映させている企業は稀であることを指摘する。それを解決し，偶然ではなく意図的に知識を行動に反映するには，この定義を元に学習する組織であるためのマネジメントが必要であり，さらに学習する組織の完成度を高めるための評価尺度が必要性なことを指摘した。

(2) 組織学習のマネジメント

　学習する組織実現のためのマネジメントとして，システマチックな問題解決，新しい考え方や方法の実験，自社の経験や歴史からの学習，他社の経験やベスト・プラクティスからの学習，迅速かつ効果的な知識の移転，という5つのポイントをガービンは示した。また欠陥率や製品開発のリードタイムなどの指標が時間経過の中でどのように改善するかを測定する手法を提起した。このとき改善されるスピードが速いほど組織学習が行われていることになる。

　学習する組織には外部から新しい知識が流入し，また内部からも新しい知識が生まれることが必要である。それには知識をもたらす環境との出会いが必要であり，また内部で学習する仕組みが必要である。顧客からの情報や競争企業をはじめとする他の企業の情報が社内に流入し，それが刺激となって構成員に新しい試みを促す衝撃も欠かせない。学習する組織であるためには構成員に情報がもたらされ，その情報を独自に解釈する余裕が必要であり，それを組織内でつき合わせてひとつにまとめていく場が必要なだけではない。創造された知識が活用されているか，問題解決の道具として役立っているか，それを管理していくことが求められる。

　改善や知識創造の掛け声だけで，また職場に対する強制だけでは学習する組織は形成できない。職場に個人に権限委譲がなされ，自由に発案できる余裕とそのための情報入手の仕組みが必要である。リストラが相次ぎ荒廃した職場では学習する組織の形成は難しい。自ら問題解決に参画する意欲，それが評価されてさらに意欲が高まり，職場全体で取り組むことが評価される仕組み，組織学習の管理の仕組みが必要になる。学習に対する内発的動機づけが重要なのである。そして学習することを組織文化にしていくことが鍵になる。

第5節　組織のエネルギー発揮

　組織のさまざまな仕組みを形成してもそれを機能させ，現実に担うのは人間である。人間が保有する能力をいかんなく発揮するのはどうしたらよいか，そ

れは大きな課題であり，組織の枠組みを構築するよりも組織のエネルギー発揮方法は難しい。

1　組織のエネルギー発揮とインセンティブ

　人間の集合体である組織は，業務を分割し組織構造を確立して情報処理の仕組みを構築すれば，部門内や部門間のコミュニケーションの円滑化が図られ，内在する能力を発揮するという単純なものではない。組織のリーダーシップや運用，構成員の意欲や動機づけなどによって，組織や人が発揮する能力や活力は異なってくる。組織のエネルギー発揮には仕組みだけでなく，そこに働く個々の構成員に対する動機づけや配慮が不可欠になる。

　ところで組織研究の理論分野には，組織理論(organizational theory)と組織行動論(organizational behavior)という2つの分野がある。今までみてきたのは基本的に組織理論の分野で，個人の行動の集合体として組織を捉える理論である。それは組織全体を一つの単位として分析するいわばマクロ的な組織研究であり，組織構成員の行動そのものを検討するものではない[30]。組織構造や組織過程とそれらの結果としての成果の関係について研究するものである。

　それは組織がどのような構造を持ったときに組織の有効性が最大になるか，組織としての行動パターンが変わるとどんな結果をもたらすかに関心を寄せる。主要な環境要因や技術要因(独立変数)が，目標や構造，職務のデザインなど組織全体にわたる主要な組織要因(従属変数)や，コントロールおよび情報処理にいかに影響を及ぼすかなどについて組織理論は関心を持つ[31]。

　これに対して後者の組織行動論は人間関係論から出発したもので，組織内部での個人行動や集団行動を研究し，組織のなかで人はどのように働くのか，どのようにすれば能力を発揮するのかに注目する。仕事に意欲を持つ人間，仕事そのものにはあまり意欲がない人間など，さまざまな価値観を持つ人間に対して，組織内でいかにその能力を発揮させるかを扱う。このためリーダーシップや組織構成員に対する動機づけ，評価，職務満足などを課題にする。

　過去わが国の組織の理論的研究の多くは，前者の組織理論であったといって

もよいだろう。そして学問分野とは反対に，企業の実務のなかでは組織形態に注目する一方で，後者の組織行動論の対象とする内容が問われてきた。リーダーシップや構成員の志気，インセンティブなど，個人のエネルギー発揮の方法が注目を浴びる。組織に対する注目は理論と実務とでは大きく乖離してきたのである。しかし近年，年功序列制の崩壊が叫ばれ，能力評価による成果主義がいわれるなかで，組織内の個人行動や集団行動に対して理論面からも積極的な対応がはじまった。

確かに同じような組織構造であっても，リーダーシップやモチベーションなどによって組織のエネルギーが変化することをわれわれは知見している。ビジネスシステムが狙いとする効果を発揮するためには，その実行にふさわしい組織構造だけでなく，そこに働く人々が意欲を持って組織活動にエネルギーを発揮しなくてはならない。

2 リーダーシップ

組織にはさまざまなリーダーシップが必要になる。組織全体を統括する経営者のリーダーシップが重要なのはいうまでもないが，そのほかに部門の責任者，そして部や課，係りといった細分化されていく組織の責任者，それにプロジェクトリーダーや非公式な組織やグループにも存在する。これらそれぞれの責任者がリーダーシップを発揮して構成員をまとめて誘導すると，組織は活力をもち，構成員の能力の総和よりも高度で多様な能力を発揮できる。

(1) リーダーシップに必要な資質

古くからリーダーシップのあり方については多くの研究が行われている。その結果，リーダーシップに求められる内容が業務や課題に関する側面と，対人関係に関する側面とでは大きく異なることが解明されてきた[32]。業務や課題に関しては，仕事を指示して部下に適切な仕事の遂行を誘導する。そこでは業務に関心を向けさせ，必要であれば業務の成果向上のために構成員に対して圧力もかけなければならない。このため業務に精通すると同時に，課題を解決するには何をすべきなのか，問題の本質は何か，どのような障害が発生するのか

といった仕事に関する知識と経験が必要になる。

　これに対して対人関係では何よりも部下を大切にし，部下の個人的なことにも配慮し，部下から人間的に信頼されるリーダーであることが重要になる。部下から親しまれ，信頼のあるリーダーに従えば組織の中で評価されると思われれば，リーダーシップは発揮しやすくなる。部下の感情に目配りできる人間的温かさはリーダーシップを左右する。

　こうして前者の課題型リーダーシップと後者の社会的情緒型リーダーシップの2つの資質が，リーダーにはまず期待される。冷静に業務状況を把握して部下の問題点を指摘し，より大きな成果を出すように誘導し圧力をかける。このとき人間的な信頼関係があれば，パワーによる強制よりも親しみのなかで成果発揮への努力を誘導することもできる。対人関係の配慮が上手く周りからの信頼が形成されると，業務や課題面でのリーダーシップがとりやすくなる。

　今日の複雑化し変動する環境のなかで，業務の的確な遂行や課題の解決にはますます専門的な知識が必要になっている。このため知識の習得と業務に追われて，対人関係への配慮は希薄になりがちで，両者は両立しにくくなっている。そしてリーダーに対する組織からの評価も厳しい。評価に追われて前者と後者を共に高める余裕が職場から失われつつあり，仕事本位のリーダーシップか，人間関係本位のリーダーシップかに分かれてしまいがちである。

(2) 変革型リーダーシップ

　また今日のリーダーには事業や組織の変革が求められ，より強力なリーダーシップがさらに必要とされる。従来の仕組みや慣例を変革し，新しい仕組みを創造することが組織の大きな課題になっている。部下に業績達成を誘導するだけではなく，変容する環境に適合した新しいアイデアを発想して目標を実現できる創造力が求められている。

　旧来の方法を維持しようとする構成員に対しては，態度の変革を迫り説得する。ときには組織から部下の排除さえせまられる。信頼や知識だけでは変革は出来ない。洞察力と決断力，行動力が求められ不屈の精神力が必要であり，そして温かい配慮も必要なのである。今日の経営者にこそ変革型リーダーシップ

が求められ，斬新なビジネスシステム創造には不可欠になる。

3　構成員のモチベーション

　人間は生活しなければならないし，豊かな社会生活には収入が必要になる。その意味で働くことに対する報酬は，組織のなかで能力を発揮するための基本になる。しかしわが国の賃金は世界一といった風潮と不況のなかで，賃金水準が長期に低迷している。かつては年々上昇するものであった賃金が低下さえする。これでは前向きのモチベーションは発揮されにくい。ただリストラや失職の恐怖感のなかで，働く意欲を高めているという現実もある。

(1) 成果主義

　報酬の面では働き具合を評価して賃金に反映する成果主義と呼ばれる制度が，年功賃金や定期昇給に替わって導入され，さらに普及しようとしている。それは，能力を発揮したものには高い賃金が約束されるという正当なもので，一時期は従業員からも歓迎された。しかし恩恵を受ける者が一部に限られたり，評価方法が不明といった理由で，職場のモラールやモチベーションを高める方向には必ずしも作用していない現実があり，反対にマイナス面さえ指摘される。

　事例でみた総合商研では業績評価の賃金への反映は低く，長期的な昇進に反映させている。成果主義を導入するには評価制度の確立が前提になる。成績考課や能力考課，情意考課など人事考課のシステムも向上してきている。しかし同一人物に対する個人の属性や人物評価が毎年変わることは稀であろう。そうすると，評価によって人間を育てるための前進の励みを与えるという役割が低くなる。そして絶対評価にしても相対評価にしても，評価者が客観的に評価できているのかという現実がある。

　成果主義は目標が明確であってはじめてその効果を発揮する。職務や評価内容を明確にし，それが行動のガイドにならなくては成果主義はマイナスとなってしまう。全社的な賃金水準の引き下げの方法になっているだけでは，組織も個人もモチベーションが低下してしまう。

人間が幸福を感じるのは誇りにできる仕事に従事していること，周囲との人間関係が良好なときである(Baker, 2000)[33]。高い賃金が必ずしもモチベーションを高めるものではないことは，組織行動論の研究成果の1つとなっている。外的報酬だけでは人の主体的活動は望めず，内発的動機づけが必要なのである。やりがいや誇りを持てる仕事づくり，職場づくりが必要である。仕事に意味を見出せ誇りを持てる仕事に従事している人間は，顧客満足度を高め企業に収益をもたらしてくれる(Hesket et al., 2003)。働く人に仕事の満足感を与え，さらに向上の意欲を持つような職場がモチベーションを高めることは，いつの時代でも組織運営の基本である。しかし業績評価が強調される一方で，コミュニケーションにあふれた職場の大切さが今忘れられている。

さらに悪いことに，成果主義の導入によってわが国の優れた企業制度でもあった集団主義が崩壊している。このため協力して仕事を行う，自分の能力を後輩や周囲に継承していくという日本的な組織学習の仕組みも失われつつある。それは組織能力を低下させ職場を荒廃させ，組織への忠誠心を低下させている。

(2) コンピテンシー

人の能力であるコンピテンシー(competency)の重要性が注視されている。コンピテンシーには多様な定義があるが，ある職務や状況に対して基準に照らして効果的な，卓越した業績を生む原因となっている根源的な個人の特性といったものである[34]。それは仕事ができるという能力を超えて，仕事や状況，課題が変わっても長期に安定して発揮できる能力を意味している。職場を観察すれば，確かに仕事に能力を発揮する人間は未知の業務であっても変わらず能力を発揮できる場合が多い。そうしたコンピテンシーの高い人材の能力をいかんなく発揮させるだけでなく，その高度な能力を少しでも組織内に移植したい。研修による能力向上だけでなく，コンピテンシーの高い仲間をみて，それを刺激として学習し職場全体が向上していくような仕組みの形成である。

組織がエネルギーを発揮し目標に向かって全体が努力するとき，そこにはコミットメント(commitment)がある[35]。構成員が企業の目標や戦略に向かっ

て，また組織構成員が一体となって努力し進んでいく。企業に愛着を持ち一体感を持ってビジネスシステムを支え，それに誇りを持って努力するとき，それは組織のエネルギーを向上させ，顧客に価値を提供できる事業となるはずである。ビジネスシステムのはたらきを高め，仕組みを進化させるコミットメントを組織に取り戻すことが必要である。

第6節　組織とビジネスシステム

　事業計画の評価をもとにベンチャー企業への資金支援が検討されるとき，企業家精神は注目されるものの，組織やその構成員の能力に対する評価は取り上げられないことが多い。ときには技術評価が優先されてビジネスシステムの評価さえ軽視されがちである。しかし事業を支えるのは最終的には人間であり，組織であり，それらが発揮するケイパビリティである。

　本章では，そうしたビジネスシステムを支える組織をデザインする場合に，どのような要素を対象とし，その要素を構成するサブ要素はどのようなものかの解明を試みた。しかしそれは具体化することが一段と難しいことを痛感させられる。古くから研究の進んでいる組織構造にしても，顧客価値に対応したビジネスシステムを設計する場合，どのようなサブ要素に注目するかとなると項目の具体化が単純ではなくなる。組織構成員の個々の能力発揮という組織行動論領域になるとさらにその内容は複雑であり，主な要素そのものの抽出さえ難しい。

　組織をデザインするとき，その細部については組織理論や組織行動論のさまざまな知識を活用し，その組織要素がビジネスシステムを効果的に，効率的にはたらくように設定することになる。しかし同じ組織要素のはたらきが，企業家精神や職場の雰囲気によって結果を左右してしまうため効果的な組織デザインは単純には行えない。そして事例でみたように，組織形成は事業を展開するなかで創意工夫に依存する部分が多い。このような課題はあるが，今までみてきたビジネスシステム設計に重要な組織要素を表4-1としてまとめた。

表4-1 組織要素と事業多様化のパラメータ例

組織の要素	組織サブ要素	組織多様化のパラメータ例
組織構造	公式化	文書化，規則，業務の標準化の度合い，情報技術の活用
	分業化の程度	分業化の範囲，標準化の方法，分業の編成方法，業務のモジュール化，機械や情報システムへの業務依存，熟練技能の活用，外部組織の活用
	権威の階層構造	管理範囲，階層数，階層別責任と権限，組織の人員比率
	中央集権化	階層別意思決定の内容，権限委譲の度合い
	専門性	業務の専門性の度合い，教育・育成方法
	調整	業務の標準化，標準化の対象，計画化されている業務，相互調整の頻度
組織形態	組織のパターン	機能別組織，製品別組織，事業部制，地域別組織，マトリックス組織，市場区分の組織，フロント／バック型組織
	横断組織	委員会，プロジェクトチーム，非公式組織，ネットワーク
組織のコミュニケーション	垂直方向	階層別の意思決定権限，コミュニケーション態様，現場組織の評価作用
	水平方向	業務横断の情報流通の方法，コミュニケーション態様
	情報技術の活用	業務のIT化度合い，社内LAN，インターネットの活用方法，データベースの共有度，業務の統合度，ITによるスキル向上の方法，業務変革，顧客価値への対応方法
組織のエネルギー発揮	組織学習	学習方法，新しい情報との出会い方法，業務改革への参画度，職場成員間の信頼感，成員間の競い合い，学習目標の明確化，学習マネジメントの存在，学習の動機づけ
	リーダーシップ	課題型リーダー，社会的情緒型リーダー，変革型リーダー，業務革新
	社員の動機づけ報酬	業務内容の誇り高さ，やりがい，給与体系，昇給，昇格，成果主義，年功序列制，処遇，コンピテンシーの向上策，コミットメント

［出所］著者作成

[注]
(1) Chandler(1962)邦訳p.376。
(2) Barnard(1938)邦訳p.78。
(3) Simon(1976)邦訳p.137。
(4) アダム・スミスは『国富論』の冒頭で裁縫用待ち針生産の分業の効果を提示している。専用の機械や道具を活用しても，技能のない者は1日に20本作ることさえ難しい。しかし作業を18ほどの工程に分けて，1人目が針金を引き延ばし，2人目が真直ぐに伸ばし，3人目がそれを切断し，4人目が先端をとがらせる等々

の18の作業に分割する分業方法を採用すると，10人で1日に48,000本以上を生産できるとしている。Adam Smith(1776)参照。
(5) 新しい産業のアーキテクチャとしてのモジュール化のさまざまな考え方については，青木・安藤(2002)参照。
(6) Thompson(1967)邦訳pp.71～72。
(7) 本事例について詳しくは小川(2005)を参照。なお文中の内容は小川がヒアリングによって把握したものであり，認識違いなどの誤りはすべて小川に帰す。
(8) 野中他(1978)p.14。
(9) Scott et al.(1981)邦訳pp.193～194。
(10) Galbraith(1978)邦訳p.6。
(11) Daft(2001)pp.34～39，邦訳pp.54～56。
(12) Scott前掲書pp.195～196。
(13) Daft前掲書pp9～10，邦訳pp.16～18。
(14) 事業部制では損益計算書をもとに業績評価を行うが，カンパニー制では貸借対照表も用いられる。社内資本金制度やカンパニーごとの内部留保も行われ，利益再投資も認められるなど，投下資本利益率を中心に業績を評価していく。これについては「再編時代の持ち株会社戦略」『日経ビジネス』2000年1月10号参照。
(15) 2000年までのソニーのカンパニー制については，楠木(2003)を参照。
(16) 松下電器の事業部制については石山(1967)を参照。
(17) Daft前掲書pp.45～48，邦訳pp.76～80。
(18) 沼上(2004)pp.20～41。
(19) Daft前掲書pp.81～83，邦訳pp.135～139。
(20) Galbraith(2001)邦訳pp.139～148。
(21) サイバネティクスの視点から組織の自律性を解明したものとして次を参照。Beer(1981)邦訳pp.170～189。
(22) 吉田(1967)pp.35～36。
(23) Nadler and Tushman(1999)邦訳pp.169～187。
(24) リエンジニアリングの問題点については次を参照。Nadler and Tushman前掲書pp.192～193。
(25) Walton(1981)邦訳p.25。
(26) Walton前掲書p.123。
(27) 例えばオークマの工作機械には「加工ナビ」と称するソフトが付随する。それ

は加工の状態を「見える化」し，あいまいだった加工の状態を明確にする。これを活用することでオペレーターは，さらに生産性を上げる対策を立てることができる。機械と工具の能力を最大限に引き出すように作業者自らがより良い加工方法を検討するように促すのである。

(28) 野中・竹内(1996)序文。
(29) 野中他前掲書 p.15。
(30) Daft 前掲書 pp.14～16，邦訳 pp.24-28。
(31) Gerloff(1985)邦訳 pp.15～18。
(32) 金井・高橋(2004) pp.184～209。
(33) Baker(2000)邦訳 p.26。
(34) Spencer and Spencer(1993)邦訳 pp.11～19。
(35) コミットメントの考え方については Sull(2003)を参照。

第5章 ビジネスシステムの基盤としての資源

　資源は事業の仕組みの基盤になるものであり，その資源の存在や活用がビジネスシステムの構造やその機能を左右する。限られた資源とその活用方法が，多様なビジネスシステムをもたらし，一方でその資源がビジネスシステムの構築を制約している。

　一般的にいわれてきた人やもの，資金，情報といった資源だけでなく，今日では持続的競争力の基盤としての資源，そして資源や活動が融合して蓄積した総合的な組織の能力であるケイパビリティ（organizational capability）などが注目されるようになった。調達が難しく模倣しにくい，事業の競争力や独自の能力をもたらす資源が重視され，非物理的な資源いわば知識的な資源や能力が注目されている。ビジネスシステムでは顧客価値を創出できる物理的資源や知識資源，ケイパビリティ，また内部だけでなく外部の資源活用にも注目する。

　本章では資源についての考え方を検討しながら，ビジネスシステムのデザインという視点から資源の特質を解明する。第1節では戦略論における資源の考え方を取り上げ，資源の基本的な考え方をみる。次の第2節では技術資源を生かした事業の例を取り上げ，ビジネスシステムに必要な資源要素を抽出する。

　第3節ではビジネスシステムで活用される資源の特質を把握する。物理的な資源や知識資源の重要性，さらに能力とりわけ組織全体として発揮するケイパビリティの重要性をみる。ケイパビリティを本書ではビジネスシステムの主要要素の1つとして位置付けるが，資源の1つであるため本章で扱う。続く第4節では模倣しにくい資源とは何かをRBVの視点から検討する。第5節は外部資源の活用について課題も含めて検討する。第6節は競争力のある重要な資源の育成について検討し，第7節でビジネスシステムの資源要素を提示してまとめとする。

第5章　ビジネスシステムの基盤としての資源　*197*

第1節　戦略論の視点と資源

　ビジネスシステムにとって重要な資源の特質を検討するために，資源に対する戦略論の考え方をはじめに検討する。魅力的な市場のなかでのポジショニングを重視するポーター(Porter)の戦略論と異なって，競争力の源を資源にみいだすのがRBV(Resource Based View：資源ベースの戦略論)であり，それはビジネスシステムの基盤になる資源に注目している。

1　市場構造のなかでの独自のポジション重視の戦略

　1980年，ポーターはその著『競争の戦略』で，魅力的な市場を選択してそのなかで独自のポジションを設定することが戦略であることを提唱し，その後の戦略論に大きな影響を与えた。それまでの企業の成長を主眼とした企業戦略論(corporate strategy)に対して，企業成長の前提条件でもある事業の競争に的を絞った競争戦略(competitive strategy；business strategy)が戦略論の中心になっていく。

　このポジショニングといわれる戦略論でポーターは，産業活動の社会的な公正を解明しようとする応用経済学の産業組織論の実証的な分析技法を援用する。ベイン(Bain, 1968)が集大成したともいえる産業組織論では，競争的な反対に寡占的な産業の市場構造のもとで，産業や企業の競争集団がどのような市場行動を行い，その結果どのような市場成果が達成されているのかというフレームワークを活用する。

　個々の企業の行動が市場価格に影響を与えることの出来ない，多数の企業による完全競争が経済学では理論モデルの基礎であり，またそれは独占や寡占構造と比べて，社会的な成果を高めるものであると仮定されている。そこで特定企業が競争に大きな影響を与えることの出来ない完全競争に近い状態に，企業行動を誘導していこうとするのが，公共政策のあり方を検討する産業組織論の基本的な考え方になる。反対に企業の立場からみると，それは価格競争によって大きな利益を獲得できない状況を示すことになる。

ポーター(Porter, 1980)はこの点に着目して，企業が利益を獲得するためには非競争の状況をつくることこそが有効であるとして，非競争を可能にする市場構造の選択と，そのための企業行動の在り方を究明してそれが戦略だとしたのである。こうして市場分析がポーターの戦略論の中心になり，そこでは売り手の集中度や，買い手の集中度，製品差別化の程度，市場への参入条件といった産業組織論の市場構造の分析ツールを発展させて，産業の収益性を決定する5つの競争要因(産業内の競合の度合い，新規参入の脅威，買い手の交渉力，売り手の交渉力，代替品もしくは代替サービスの脅威)を提示していく。

このようなポーターの戦略論の基本は，産業の内部構造が産業内の競合状況を決定し，そこから企業のとるべき行動である戦略を決めるというものである。勢い平均利益率の高い魅力的な業界の選択と，そのなかでの競争上もっとも適切なポジションの策定に戦略の焦点が当てられる。個々の企業の資源的特質は無視されてはいないものの，産業の環境状況の分析とそれへの対応とに重点をおいていることは明らかである。

2 企業の能力重視の戦略論

これに対して競争環境そのものに注目した方法で競争するのではなく，他社が模倣しにくい自社特有の中核的な能力を重視し，それを育成していくことが企業の競争力を高めていく，というコア・コンピタンス(core competence)を重視した経営を主張したのがプハラッドとハメル(Prahalad and Hamel, 1990)である。それは1980年代，アメリカ企業を凌駕したキヤノンやホンダ，松下電器などわが国企業の競争力の源泉を分析した結果提唱された。

これら企業の製品の背後にある精密技術や光学技術と電子技術，エンジン技術とディーラーのサービス対応，エアコン用コンプレッサーなどが，それぞれの企業の製品の競争力を根底で支えているとして，コア・コンピタンスという外部からは見えにくい企業の能力の重要性を問うようになったのである[1]。

つまり製品そのものが優れているだけでなく，その製品の基になる企業に内在する技術的な中核能力こそが競争力の源泉であり，それらが製品や企業の競

争力を高めているとする。このため製品を創出し構成している源である中核能力を強化しないと，競争力のある製品は創出できないと主張したのである。たとえばシャープの製品群の根幹には液晶技術が存在することは間違いない。そして同社は電卓からはじまって長い時間をかけて液晶技術を洗練させ，テレビ用フラット・パネル・ディスプレイに高めて同社の資源の中核に育てた。

ただコア・コンピタンスは自社特有の中核能力といっても，主に技術的な能力に注目したものである。しかし企業は技術だけで顧客を獲得するものではなく，また技術だけで競争力を形成するものでもない。その典型的な例もシャープで，優れた液晶技術の同社は2009年以降業績不振に陥ってしまった。組織の持つ能力は技術力の他に幅広く存在している。こうして顧客を獲得し企業の競争力の源となっている組織のなかに存在する能力が注目され，それがケイパビリティという概念に高められていく。

ケイパビリティは資金やものと同じようにビジネスシステムを支える資源なのである。そのため新しい製品や技術を開発して事業を創造したり変革したりするとき，その成否をケイパビリティが左右することになる。ケイパビリティに即した，またケイパビリティを活かした事業でなければ成功しにくいということである。それは，新しい事業を創造しようとすれば必要なケイパビリティも同時に育成しなくてはならないことを意味する。

このようなコア・コンピタンスやケイパビリティに注目する経営戦略の考え方は，さらに企業が保有する資源を重視する戦略として発展していく。持続的競争優位性を持った資源を活用する戦略である。

3　RBVの発展と資源の価値

企業の競争力の源泉はその保有する資源にこそあるという視点で，戦略を構築するのがRBVである。RBVでは有形，無形の資源とケイパビリティの集合体として企業をとらえる(Collis and Montgomery, 1995)。そのようなRBVには2つの前提がある。1つは，企業はそれぞれ異なった資源やケイパビリティを保有しているという経営資源の異質性(heterogeneity)である。もう1つは，

それらは長期間持続的に存在するという資源の固着性(immobility)である(Barney, 1991b)。この性質によって資源は独自なビジネスシステムの源になる。

　資源は企業ごとに異なっているため，企業の存在もそれぞれ異なってくるというのがRBVの基本的な企業観である。そして単純には同じような資源の束を獲得しにくい。そこで優れた製品を生み出す基になる資源こそが競争力の源になると考える。

　競争力の根幹は外部ではなく企業内部にあり，その組織のなかに存在する資源の水準によって，戦略が規定されるとRBVは仮定する。平均的な利益率以上の利益を獲得できる魅力的な市場のなかで，競争優位な手段を追求してポジションを設定するのが戦略ではなく，他社とは異なった資源を保有し活用することが競争手段になるという戦略の考え方になる。

　このとき注意すべきは，その資源が存在するということだけでその価値を単純に評価することは出来ず，資源の価値は市場要因のなかで最終的に決定されることである。第4節で詳しくみていくが競争力のある優れた資源かどうかは，顧客のニーズを満たす価値があるか，それは競争する他社よりも優れているか，さらに希少性(scarcity)や，その資源の活用によって利益を享受することが出来るか，という専有可能性(appropriability)によって決まると考える[2]。これらの条件に満足してはじめて資源は価値を持ってくるのである。

　魅力的な市場のなかで独自のポジションを設定するという利益獲得の源を企業の外部に求める視点と異なって，コア・コンピタンスやケイパビリティ概念は，戦略の視点を企業の外部から内部へと反対方向に変化させた[3]。そして今日のRBVでは単純に内部の独自能力(distinctive competence)を重視するのではなく，外部環境との関連で資源の価値を検証していくことになる。

　そのため単純に資源の存在を論じるのではなく，資源の価値を論じることになる。その価値ある資源は顧客価値を創出し，顧客ニーズを満足させる資源であり，なおかつ競争企業が同等のものを保有しにくい資源であり，それを模倣するにはコストや時間を要する資源である。そこで市場で調達できる資源より

も市場では入手しにくい資源が，また有形よりも無形な資源が注目される。

4 小括

　資源を活かして経済的価値を創造する仕組みがビジネスシステムである。そのビジネスシステムでは日常的に事業を遂行できる仕組みに直結する資源が不可欠である。競争優位を資源に求めるRBVの戦略的視点からは模倣されにくい知識や組織能力が重視されるが，ルーティンを行う物理的な資源も同様に重要になる。しかし資金調達能力に劣る中小企業はそれら資源を十分には調達できない。現実に調達できる資源という制約のなかで，事業概念を実現するビジネスシステムを創造せざるを得ない。

　つまり企業によって異なるそして固着性のある資源をいかに活用して，顧客価値を創造する事業の仕組みを構築できるかが問われることになる。このとき一般的な資源であっても，また不足する資源があってもその組合せ，相互補完によって優れた事業を構築することが仕組み構築の鍵になる。それが実現できると事業の仕組みとしての競争優位も発揮できる。

第2節　事例：コア技術のイノベーションによる資源の育成

　次に資源の調達や育成に関する事例から，ビジネスシステムに必要な資源要素を検討する。事例では事業の中核になる独自のコア技術という資源が，事業のなかで果たす役割を成長する企業の事例を通じてみていく。コア技術の変容や進化，育成の方法，そしてそれらを核にしたビジネスシステムをみることができる。

1　コア技術を基盤に時代の変化を先取り

　並木精密宝石（東京）は携帯電話のバイブレータ用超小型モータを開発し，そのトップメーカーとして一時期は世界市場の70％を獲得した部品加工業である。同社のコア技術は工業用ダイヤモンドのような固い物質を切る，削る，

磨く技術である。それは毛髪の先ほどの極小なダイヤモンドの先端を自在に加工できる技術であった。そのコア技術が多様な製品を創造していく。このコア・コンピタンスを新しい部品加工に求められる技術と融合させて，先端技術を開発し市場を開拓するのが同社の経営である。

同社は宝石軸受という特殊加工の小さな市場から出発して，レコード針，時計用サファイアガラス，磁気ヘッド，超小型モータ，光ファイバーレンズ，医療用輸液ポンプそしてサファイア基板と，新しい産業分野に次々と部品を供給して成長してきた。今日では国内2工場とタイ，上海の工場，それにカリフォルニア，シンガポール，スイス，ドイツに営業拠点を持つ企業に成長する

その部品の販売先はいずれもが当時のリーディング産業の一角の，それも業界のトップ層の企業である。変転するリーディング産業領域で時代を先取りして部品を開発し，その主力製品を転換しながら新しい産業とともに成長してきた。そこにはコア・コンピタンスを含めた絶えざるイノベーションがあり，技術資源を育成する技術重視の部品企業の経営がある。

2　技術の変遷

多様な製品を世界的に供給する同社の技術の発展は，図5-1の技術系統図にみるように工業用軸受宝石技術，レコード針技術，マグネット技術，そこから派生した医療機器という4つの系統に分けてみることができる。

1939年に水道用メータの軸受宝石加工で先代経営者が創業し，戦時下で航空機計器用軸受宝石の加工業務に従事する。戦後，電力積算計などのサファイア製軸受加工業として時計用軸受宝石加工を開始する。

この第1の時計産業領域では，時計の窓になるクリスタルガラスの加工からクリスタルガラス製造と事業を拡大していく。さらに時計のケースになる超硬合金の加工分野に参入して，世界の高級時計に部品を供給する。そして時計窓がより硬質なサファイアガラスに移行するなかで，その加工だけでなく，単結晶サファイア製造技術を獲得してサファイア素材の生産分野にまで技術の幅を広げる。単結晶のサファイアはその表面を1ナノメートル以下の精度まで研磨

図5-1　並木精密宝石の技術系統図

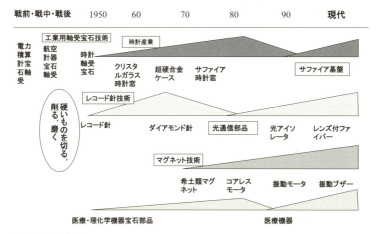

［出所］著者作成

すると光半導体基板にすることができ，工業用のサファイアの軸受加工技術が青色発光ダイオード用サファイア基板製造技術に変貌する。

　第2の事業領域は，レコード針に使用されたダイヤモンド針からはじまる。当時のトップ企業であるナガオカに供給して世界的なシェアを獲得する。この時代，オーディオ産業をリードしていたアメリカの著名企業シュアーやオルトフォンなどに採用される。その部品を生産できたのは同社を含めた世界の数社で，ハイファイ・ステレオ用ダイヤモンド針では70％の世界シェアを誇った。

　この時期アメリカのオーディオ市場では，躍進する日本企業にアメリカ企業が敗退していく。さらにレコードは新しい記録媒体CDに取って代わられる。そこでレコード針の加工技術を，光ファイバーの先端を楕円に加工して効率よく光伝送を行うファイバーレンズという光通信部品へと発展させる。この第2の事業領域は光通信をドメインとする通信部品事業になる。

　またレコード針部品加工からピックアップ部の組立に進出していくなかで，鮮明な音を盤面から拾うために，レコード針に付随するカンチレバーの組立事業に進出する。そのカンチレバーにはマグネットが使用され，感度良く正確に

音を拾う小型で高性能な軽量マグネットが必要になる。ここからマグネット関連の技術を習得し、そこで培ったカンチレバー技術は小型高性能な希土類マグネット技術に結び付く。それはテープデッキのヘッドそしてコアレスモータと、小型精密なモータ領域の事業に発展する。

小型のモータの性能を高めるために、希土類マグネットを開発した技術はコアレスモータ、そして直径10mmからはじまった世界初の携帯電話用の振動モータ、さらに直径1.5mmという超小型の医療用などのモータ事業として発展し、第3の事業分野に育った。世界の携帯電話企業に供給する小型モータの部品事業だけでなく、さらに第4の医療用機器事業に発展する。

同社では特定の業種にだけ依存すると、変化の激しい環境のなかで部品企業は成長できないと考え、1業種のシェアを25%以内に設定する。そして事業の30%は新規事業、50%は利益を獲得する事業、20%は撤退する事業とポートフォリオを設定する。絶えず新規の事業を開発し、一方で戦略的に事業を撤退する。

3　コア・コンピタンスの育成

レコード針を世界に供給したオーディオの世界で著名なナガオカは、CDの登場によって市場を失い、1980年代末には会社整理に追い込まれている（その後社員によって再建）。多くのオーディオ企業も激しい環境変化のなかで転換を迫られ、姿を消した企業が少なくない。そうした市場で部品企業の同社は新しい領域を獲得しながら成長を続ける。その事業の特質は次のようになる。

① 応用性のあるコア・コンピタンスの育成

創業時の工業用宝石を切る、削る、磨く技術が今日まで一貫したコア技術である。それは材料の入手が特殊で参入しにくく、小さな市場のため専用加工機械がなく自社で設備や加工ノウハウを開発するため模倣困難性が高い。

そのうえ極めて硬い材料を加工できる技術は、素材革命のなかで応用範囲を広げていく。新しく登場してくるものづくり分野では精密性やより小型な物が求められるが、そうした時代の要請に応えられる技術が育成される。貴重で希

少な，そして応用性のある資源が多様なユーザーを呼び込んで，それに応えることで絶えざるイノベーションを行う。

② 関連する技術分野で，市場ニーズが顕在化しつつある製品を開発する

今日の多様な製品群はコア技術，生産技術から周縁化したものであり，隣接した知見のある領域で開発している。それに開発してから売り込むのではなく，顧客からの引き合いに応じて開発するため，市場ニーズに対応した開発になる。携帯電話用の極小なバイブレータはモトローラ社からの要請で開始され，そこにはレコード・カートリッジで活用された巻き線技術や微細加工技術，希土類磁石技術が生きている。

③ 世界初か世界水準トップの技術のみを対象に製品開発

携帯電話用極小バイブレータのようにまだ存在しない製品や，世界トップ水準の製品に開発を絞る。それは当初は価格競争に巻き込まれないニッチな製品である。そして参入企業が増えて価格競争が始まると新しい製品に転換する。

④ 世界のトップ企業と組む

トップ企業に採用されれば他の企業からも採用され，その結果部品はデファクト・スタンダード化し，世界的なシェアをつかむことができると考える。この戦略によって時計部品ではスイス企業，携帯電話部品ではモトローラやノキア，サファイア基板では国内外の世界のトップ企業から受注する。

⑤ 新しい技術と融合させて技術を進化させる

単純にコア技術に依存するのではなく，新しく登場した技術を活用してコア技術を育てていく。たとえばカンチレバー部品のマグネットを開発するための希土類磁石の研究開発や，金型製作に活用され始めた放電加工機を多数台導入した時計ケース加工，またレーザー加工機のいち早い導入による時計軸受宝石の穴あけ加工などである。コア技術は育成しないと陳腐化してしまう。同社はコア技術そのもののイノベーションにも意欲的である。先端技術と既存の固有技術を融合して時代の先端を行く技術を用意しておくと，製品が陳腐化してもその生産技術で新しい製品に挑戦できるからである。

4 技術重視のビジネスシステムと資源蓄積

　独自技術を活かした事業推進のために，さまざまな仕組みを工夫している。
　① 熟練技能の重視
　技術の世界では一見関連がないようにみえる新しい分野でも，古い技術が応用され，再活用されるというのが同社の技術理念である。最先端技術でも，その根幹には古い技術からの応用や転用があり，そこには経路依存性がある。このためコア技術を技能者とともに大切にし，新しい技術や機械技術を導入しながら古くからの技術を変容させて先端的な技術に育てていく。
　社内の技術蓄積の上に，新たな開発技術が加わって技術は進化するのであり，このため企業の財産と認識するコア技術の社外流出を防ぎ内部蓄積を工夫する。技術伝承の教育制度，技能に誇りを持たせるための社内マイスター制度も創設する。また高度に専門化した技術や技能は，新規事業開発の狭間で，出番がなくなるときがある。そうした技術者や技能者を経営者直属の技術研究所預かりにして自由に活動させ，新しい知識や異なった技術に触れる機会を設けて，技術を変容させて次の技術に育てる。
　② 外部からの技術導入と連携
　また社内のコア技術を重視する一方で，必要な技術は技術提携を行って積極的に外部から吸収する。モータではスイス企業から，希土類磁石ではアメリカのウエスタンエレクトリック社からの技術導入を行った。国防上の理由で技術導入ができなかったサファイアの引き上げ技術では，アメリカに研究開発拠点を設置し，人材を確保して開発している。コア技術に満足することなく，必要な技術は時間をかけても外部から導入する。そうした内部の知識と外部の知識の相互作用による新たな知識創造がイノベーションを生み出す。
　③ 小回りの利く自律的組織
　イノベーションを行うためには技術部門だけでなく，全社的な取組みが不可欠である。組織単位を縮小し，部課制を廃してグループ制組織を導入する。従来の40～50人ほどからなる部を10人くらいの組織単位に分割し，今日ではこれを製造・販売一体の組織にしている。顧客が求めるものを製造や技術と営業

とが一体になって開発し，顧客に提供できる組織づくりを行う。スピーディに何をすべきかを自ら決定して行動できる自律的な組織形態の採用である。

1990年代から組織変革に取り組み，従来の事業部制から組織単位を縮小したミニカンパニー制を経て，2003年からは事業ドメインごとにミニカンパニーをまとめて社内カンパニー制とし，前述のような製販一体の小さな組織で独自に活動する。同社では組織を構造化して長期的に定着させるのではなく，より効果のあがる組織を求めて毎年のように組織を変更する。事業の革新やケイパビリティの向上には，環境に柔軟に対応できる現場組織の自己革新性が必要になる。全社的な戦略目標に対して，その実現をめざす現場の自己組織能力がイノベーションをもたらすのである。

5 小 括

事例にみたように技術を活用し，また優れた技術に磨き上げ変革するのは「人材」である。業務の推進者であり，業務を変革していく人材は資源要素として第一に挙げられる。だだ人間のスキルや熟練技能にこだわって，最新の技術を活用しないと技術は陳腐化していくし，人間の能力も向上しない。それに事業に合致した設備，競争力を発揮できる設備が必要である。同社でも新しい設備が技術力を向上させている。今日では情報技術を活用した設備を活用しないと国際的な競争力を発揮できない。このため新しい設備を有効に活用できるスキルが求められる。それがまた人材の新しい能力を育てていく。

顧客価値を創造できる物理的な資源を揃えたり，優れた人材や設備を調達するにはやはり資金が必要である。資源調達の基盤としての資金保有量や資金調達力が重要になる。資金確保は多くの中小企業にとって課題である。

情報，そしてそれを評価して体系化した知識は，多様に多重に活用でき，活用方法も多様である。また活用することによって情報や知識は増殖し進化していく。このような情報や知識は事例の中ではコア技術進化の鍵になっており，また新しい技術開発も可能にさせるなど，ビジネスシステムの鍵になる要素である。それに情報や知識は複数の人々や組織全体としての能力として発揮され

ていく側面を持つ。次はその能力である。

　優れた顧客価値を創造するだけでなく，それが競争企業にも模倣できないためには，あるいは競争力を持続するためには，技術的な能力であるコア・コンピタンスや，技術以外の能力も含めた組織の持つ能力であるケイパビリティが欠かせない。それらが具体的にどのようなものなのか，どのようにしてビジネスシステムの中で価値を形成していくのかを明確にすることが仕組み構築や顧客価値の形成上重要になる。

　前述の資源によって優れた顧客価値を提供できるようになると，顧客からブランドとして認知されたり評判になって，他社と差別的に選好されるようになる。そのためブランドや評判はもっとも重要な最終的な資源になる。同時にそこでは企業の内外から意識される企業文化が育つ。特定しにくい企業文化も重要な資源要素である。また企業内の資源だけでなく，外部の資源を活用することがビジネスシステムには求められる。どのような資源をどのように組み合わせ活用するのかによってビジネスシステムはより多様になっていく。

　以下ではこのような重要な資源要素について，その特質やサブ要素，そしてパラメータをビジネスシステムとの関わり合いの中から検討していく。

第3節　資源とは何か

　資源は事業を成立させるとともに事業を円滑に推進するもので，有形な資源だけでなく，無形な資源が加わってビジネスシステムの基盤になる。

1　物理的な資源と資金

　一般に人や「もの」，資金，情報が資源といわれてきたが，確かにそれらはビジネスシステムの基盤として不可欠である。製品を生産し顧客に提供するためには土地や建物，設備などが必要になる。事業経営ではこれら貸借対照表に計上される資産を調達して運用している。そうした事業活動を行うのは人材であり，人材はものが不足する部分を補い，知識の創造と活用の担い手であり，

ケイパビリティの形成者でもあるためとりわけ重要である。

　そして事業経営には資金が不可欠である。資金がなければ企業は存在できないし，ほとんどの企業が日常的に資金のやりくりに努力しているのが実情であり，キャッシュ・フローが途絶えると企業は瞬時に倒産してしまう。土地や建物，設備，人材，資金などの資源は，いずれもその実態が形として存在する有形なものであり，物理的に存在する資源といってよい。

　こうした有形な物理的資源は事業を創設するときには不可欠で，それなくして実質的な事業を遂行することは出来ない。いずれも市場で購入・調達できるものであり，これらの資源を保有できるか否かは最終的には資金に帰着する。資金や資金調達力があれば必要な資源が調達できて事業構想に合致したビジネスシステムを形成できる。資金に合致した資源構成でビジネスシステムを形成するため，資金の多寡によって事業が多様化する。

(1) 物理的資源の有効性

　1991年以降の日本企業が沈滞する時期，わが国工作機械メーカーの最新設備を購入するのは東アジアの新興国の企業であった。彼らはその設備の活用によって競争力を急速に高め，一方で最新の設備を導入しない日本の機械加工業はその競争力を相対的に低下させた。今日では，わが国の最新の工作機械を購入する企業は中国やインド，ロシアそしてブラジルなどへと広がっている。一般的なものづくり分野はこれら海外企業へと移ろうとしている。

　有形な資源は模倣しやすいという側面はあるものの，それは業務プロセスには不可欠であり，その機能や性能が競争力を左右する。さらに優れた業務プロセスを持つ企業の多くは，外部から購入する生産設備ではなく，生産設備を内製して，競争企業が模倣しにくい生産方法を開発する。たとえ外部から購入した設備であってもその性能をより高めるために，周辺機器を組み合わせて独自にシステム化していく。また生産性を高めるために治工具などを内製するのが一般的で，そこに独自な技術能力が潜んでいる。

　資源ベースの戦略論では有形な資源，物理的資源が軽視されがちである。しかし物的な資源にも競争力の多くが潜んでいることを無視できない。物理的な

資源が同等な企業が,さらに知識資源の活用によってより優れた能力を発揮していくのである。物理的な資源に劣る企業が知識資源だけで,その不足分を補うには,模倣しにくい優れた能力やビジネスシステムが不可欠である。

(2) 資　金

企業の資金調達方法は取引先との信用や金融機関からの融資,リース,そして証券市場での直接金融やベンチャー・キャピタルからの投資受け入れなど多岐にわたる。競争力のある企業や市場評価が高い企業にとって,資金調達方法は多様になり,以前にも増して資金の確保は容易になってきている[4]。実際,注目を浴びる事業計画を喧伝し,それが市場で評価されて多額の資金を調達するベンチャー企業がある[5]。競争力のある事業だから資金を調達できるのではなく,幻想的ともいえる事業計画で資金を調達し,その後に実効性のあるビジネスシステムを構築して成功する企業も存在するということである。

しかし多くの中小企業にとってそれはまさに夢のような話である。資金調達に制約のある中小企業にとって事業に必要な土地や建物,そして設備を整備することは依然として経営の課題であることが続いている。設備投資をためらわず,模倣しにくい独自の資源を蓄積して,少しでも競争力のあるビジネスシステムを創出して収益を確保することが中小企業の課題である。

そして資金調達方法は事業経営に影響を与える。金融機関からの融資では厳格な審査と担保資産の有無が問われ,事業拡大に必要な資金は制約される。証券市場からの調達では事業成果の毎期の拡大が求められ,ベンチャー・キャピタルからの調達では一挙の事業拡大が期待される。

2　見える資産と見えざる資産

資源は有形な見えるものと見えない資源,という視点からみることもできる[6]。

(1) 見えざる資産

伊丹(1984;2001)は企業の資産を見える資産と見えざる資産とに分けた。見える資産は前述したような有形資産で,それなしでは創業や稼動ができない。

それに対して技術やノウハウ，蓄積した顧客情報，ブランドや企業への信頼，細かな業務をトータルに実行できる仕組みやシステム，活き活きとした組織風土や，従業員のモラールの高さといった見えざる資産がある[7]。これらは人材やときにはコンピュータとネットワークなどで発揮される。あるいは仕事の仕方の慣習として組織のなかに蓄積されている。

　一方の見えざる資産は事業を行う過程で形成されていくという特徴を持つ。事業を日常的に行う結果として創造されるのが見えざる資産である。生産や販売などの業務を効果的に，そして少しでも効率的に行おうとする試行錯誤の工夫が，生産や販売などの業務ノウハウを創造する。

　半導体や液晶などの生産プロセスにおける競争力の鍵は，一枚のウエハー上に何個の良品チップを生産できるかという歩留率である。その歩留率を左右するのが生産工程での埃の管理で，それが重要な生産技術になっていることは一般的に知られてきた。それは性能の高いクリーンルームの設置という機械設備による対策だけではなく，工場全体の作業管理によって実現する。市場では調達できない試行錯誤から生まれた業務ノウハウが加わって，高い歩留率が達成されるのである。このように見えざる資産は，業務のなかでの失敗や成功の学習から創られる。それは業務の実行のなかで形成される無形な資源でケイパビリティも形成する。

　見えざる資産の活用によって，同じような物理的資産を使用しながら他社とは異なった事業を企業は行う。それを活用することによって事業を円滑に進めることができる。見えざる資産という無形な資産の本質は情報にあると伊丹は指摘した。見えざる資産は情報であるがゆえに物理的資源と異なって，さまざまな業務で同時に多重に利用できる。その上，外部から見えにくく，情報だけではその内容を再現して模倣しにくいために競争力の源泉となる。

　限られた経営資源を補い有効にするのが情報である。多義性（equivocality）という性質を持つ情報は問題意識や目的によって多様に活用できる。それに収集のためのコストとその利用価値とは比例しない。そのため中小企業でも情報を有効に活用することによって，大企業をしのぐ競争力や事業が可能になる。

見えざる資産という無形の資産が明確に意識され，それがビジネスシステムに活用されて事業を特徴づけることで競争力の基盤になる。顧客の価値創出に結びつく見えざる資産を明確に規定して，それをさらに育成し蓄積してビジネスシステムの実効性を高めるようにする。

(2) ブランド

製品や企業活動の評価が継続して高まり，顧客に広く知られるようになると，顧客からの信用が評判(reputation)やブランドとなって，顧客の購買行動に影響を与えるようになる。企業の評判やブランドは企業のなかに存在するのではなく，顧客や社会のなかに存在するという性格の資源である。

ブランドには3つの機能がある(Aaker, 1996)。第1は保証機能で，優れた品質や属性の製品を提供し続けることを保証する。第2は識別機能で，他の製品と識別するための印であり，同じような製品であっても顧客から見ると異なった製品になる。これはコモディティ商品には特に重要であり，顧客の選好度を高めることができる。第3はある種の知識や感情，イメージを想起させる想起機能である。これにはブランドの名前やマークが既知のものと認められたり，商品カテゴリーが提示されると，連動してブランドが想起されるブランド認知機能がある。また提示されると知識や感情イメージが想起されるブランド連想も行われることを内容とする。

ブランドは学習することによって顧客の側に存在し，顧客は製品やサービスに対して信頼し満足するようになる。それは企業にとって，ブランドの名前やシンボルと結びついた集合体としてのブランド・エクイティ(brand equity)になる。そして顧客に提供する価値を増大させる。

ブランドや評判は企業のアピールによって顧客が創造し，それに企業が応えることでさらに資産価値を高めていく。一度，顧客や社会のなかに形成されると，安定的に製品やサービスの質に対する評価を，また企業の価値を維持していく。反対に不祥事などで信頼を失うと回復することは難しい。

たとえ同じような製品やサービスであっても，顧客は評判の良いまたブランドのある製品を優先的に選好するようになる。フランスやイタリアのファッ

ションブランドに対する信仰的ともいえるわが国消費者の信頼は，同じような製品に対して何倍かの高価格設定さえ可能にしている。評判やブランドは企業にとって最終的な無形の資源で，競合製品との差別化と優位性をもたらす。そのブランドをビジネスシステムによって形成できると競争力が高まる。

3　情報と知識

　見えざる資産の本質は情報であり，企業の保有する情報は重要な資源になる。ただ情報とは何かという問に対してはさまざまな考え方がある。

(1) 主観的な存在としての情報

　わが国の情報理論の巨星ともいうべき吉田民人(1967)は，意味のある記号の集合が情報だとした[8]。われわれ人間が意味を見出した記号が情報であり，何に意味を見出すかは，個々人の価値観やおかれた状況によって異なる。情報は客観的に存在するものではなく主観的なものである。このため多様な人間の集合体である組織全体にとって，何を有意味な情報とするかは必ずしも明確ではない。資産としての情報は，それが明確に価値あるものとして意識されているか，または意識されていなくても，それが日常業務やビジネスシステムのなかで活用されているものになる。

　情報は人間や組織のなかで意味化され，交換，流通するフローなものである。そして人によってその価値や内容については評価が異なる。そうすると企業のなかに蓄積して活用される情報は，それが組織内で評価されて体系化された知識というストック概念でとらえた方が適切であろう。その知識の性質を検討するにもさまざまな視点があるが，バダラッコ(Badaracco, 1991)の知識概念が資源としての知識の特徴を示している。

(2) 移動型知識と密着型知識

　バダラッコは知識の移動性という視点から，移動型知識(migratory knowledge)と密着型知識(embedded knowledge)とに分けた。前者は製品，機械などにパッケージ化されていて移動しやすい知識である。後者は企業家精神や企業文化，組織風土，社員のメンタリティなどに存在しているもので，企業と企

業の間を単純には移動しにくい知識である[9]。

　製品や機械など物理的なものには，その生産者がもつ技術やノウハウという知識が組み込まれている。競争企業の製品を分解，解析してその原理や設計思想を知るリバース・エンジニアリング (reverse engineering) と呼ばれる方法で，すべての知識の解明は無理としても，そのかなりの部分を知ることができる。

　アーキテクチャといわれる製品の設計原理や，それを構成する知識，生産技術の知識を解明して他の企業は活用することが出来る。技術の適用によって生産された物的な製品やプログラムのようなソフトな製品は，その成果物から知識を取り出して再現し模倣することがある程度可能である[10]。その移動型知識は製品には欠かせないものであり，その重要性が否定されるものではない。しかし移動型知識の持つ性質は一方で，製品だけでは競争企業を持続的にリードすることが難しいことを示している。

　他方の密着型知識は製品や技術に固有のものではないが，その設計や生産，販売などを支えているものであり，それが根底で移動型知識を支えあるいは創造している。それは次にみるケイパビリティと重なる知識である。個々の人々のなかに存在しているものの，人が移動してもその知識は十分には再現できない。それは他の企業にとって模倣しにくい複雑なものである。

　バダラッコの知識概念からいえることは，移動型知識だけでなく，外部に流出しにくい密着型の知識を蓄積し，それによってビジネスシステムを支えることが重要だということである。ただそのような密着型知識の存在は明確化しにくく抽象的でもある。その存在と，それによる競争企業に対する優位性を明確に表現できれば，知識資源を管理育成できる。そして密着型知識の発揮するものが外部から評価され，顧客から評価される知識に高まることが重要になる。

4　保有技術

　製造業のビジネスシステムで重視されるのは知識のなかでもとりわけ技術である。ただ技術には，製品そのものを開発する技術や改良していく固有技術

と，その製品を実際製造する生産技術とがある。これら2つの技術を活用して業務プロセスも構築される。固有技術は何らかの機能を発揮する製品に特有な技術であり，それが競争企業には模倣しにくく，さまざまな製品に応用できる技術であるほど価値がある。また，その製品に代わるものがないほど希少で需要を獲得できる可能性がある。

　生産技術は当該製品を生産するとき，品質やコスト，生産期間など経済効率を高める知識体系・技術体系である。製品を生産するにはそれに適した生産技術が不可欠で，新しい生産技術の登場によって当該製品の生産がはじめて可能になることも少なくない。そしてイノベーションによって変化していく。また新しい生産技術は業務システムそのものの変革を誘導し，それに合致したビジネスシステムを求める。

(1) 印刷技術にみる業務プロセスの変化

　印刷技術の進歩を例にあげよう。かつて鉛の活字を1本ずつ拾って並べ，それをページ体裁ごとにレイアウトして，枠で締め上げ印刷用紙の大きさに固定して刷版が作られた。その上にインクを塗布して紙を載せ，それを押さえつけて印刷する活版印刷技術で書籍や新聞などが作成されてきた[11]。

　そこにオフセット印刷という新たな技術が登場すると，タイプなどで文字を印字した版下原稿を写真に撮り，そのフィルムからアルミ版に文字などを焼き付けて印刷用の刷版が作られる。アルミの刷版は印刷機のローラに巻かれ，水を使用してローラに転写したインクを用紙に圧着することで印刷が行われる。

　ついで情報技術が登場する。頁ごとに文字を並べるという組版作業は専用のタイプライタや写植機から，コンピュータに置き換えられる。組版作業はコンピュータによる情報処理作業に移行したのである。今日では刷版の製版工程をなくして，コンピュータデータから直接印刷を行うことが可能である。

　文字が中心の書籍のような印刷と，写真や絵柄が中心のポスターのような多色刷が中心の印刷物では製版工程が大きく異なり，印刷技術も異なった。しかしデジタル技術で組版データを扱うようになると，両者の垣根は低くなる。それまでは印刷業といっても，書籍などの頁物（ページもの）印刷とポスターなどの端物（はもの）印刷

とでは異なった事業ともいえたものが，同一の生産技術でも可能になる。それに情報処理技術企業が印刷という異分野に参入しやすくなる。出力媒体が紙でなくCD-ROMになれば，さらに電子書籍になれば印刷そのものが不要になる。

(2) 技術革新とビジネスシステム

このように印刷技術が物理的な加工から化学処理へ，そしてデータ処理へと変容してくると，生産技術が変革され業務プロセスとそれに必要な資源も変化し事業形態さえ変化する。鉛活字を文選し植字する時代には，組版工程は1つの工場内で作業することが有利であった。しかし情報技術はかつての重労働をコンピュータによる軽作業に変え，SOHOやクラウドソーシングのような遠隔地での作業も可能にする[12]。また再版のために版を保存する倉庫も不要にした。

それは高度な技術と労働集約性を持った製版業の事業経営には大きな変化を迫る。情報技術の進展のなかでその専業性の基盤が崩れ，多色刷り印刷の高度な技術をもつ製版業は印刷分野に進出し，印刷業は組版部門の外製化に向かい，文字組み版をコア業務にする垂直統合型企業は衰退する。情報技術による新しい業務プロセスが製版業という事業を消滅させ，一方で印刷業は技術革新の激しい情報技術中心の業務プロセス構築を迫られ，労働集型から資本集約型産業に変わる。

情報技術を活用した印刷技術は，印刷機械やコンピュータ企業を巻き込んで相次ぐ技術革新の中にある。このとき主流にならない技術を採用すると，設備投資資金が回収できず経営を破綻させる。それに情報技術の革新は目まぐるしく短期間に新しい技術が登場する。このためイニシャルコストを短期間に償却できる営業力が事業の成否を握るようになる。

このように製品の固有技術は業務プロセスそのものを変革し，有効なビジネスシステムをも変えていく。技術は業務プロセスを基本的に規定するのである。そして今日，印刷技術で述べたような情報技術が多くの分野に登場して業務プロセスを変革している。

斬新な技術開発が事業経営には重要である。だからといって，技術開発に重

点をおいて事業の創造や革新を図ろうという姿勢を本書はとらない。他社と同じような技術であっても，ビジネスシステム要素を顧客価値に合致するように創発させると，独自な価値を創造する異質な事業形成に結び付くことを重視する。そうした独自のビジネスシステムによる事業創造の必要性を訴える。

5 ケイパビリティ（組織能力）

グラント（Grant, 2002）は組織の実行能力であるケイパビリティを産み出すものが資源であり，その資源は見える資源，そして見えざる資源と人的資源の3つから構成されるとした。見える資源は資金や物理的なものであり，見えざる資源は技術，企業の信望や文化，そして人的資源はスキル・ノウハウ，コミュニケーションや協調能力，モチベーションなどである。そしてこのような資源を活用して他社とは明確に区別でき，組織に根付いて中核となる独自の能力がケイパビリティである[13]。

(1) ケイパビリティの特質

それが明確なものか，あるいは意識されたものであるかを別にして，一般的にどんな企業にもなんらかの組織的な能力が存在する。しかしそれが顧客価値に結びつき，かつ他社が模倣しにくい独自のものでなくては競争力の源にはならない。顧客が求める特定の機能を競合他社よりも優れて行うことのできる能力に注目するのである。

外部からは同じような目に見える資源でも，その資源と一体となって，競争企業に対して優位な事業を展開する組織内部に存在する能力をバーニー（Barny, 2002）はケイパビリティとした[14]。コア・コンピタンスのような技術領域の能力を意味するのではなく，かつてのソニーに存在したような斬新な製品を次々と創造できる能力や，日常的に実施されてあくなきコスト削減や品質向上を実現するトヨタの全社員参加の改善運動などのように，企業活動を根底で支え，それが顧客に評価され競争力の基盤として企業のなかに定着して，組織として発揮する能力がケイパビリティである。それは組織に内在する能力であるから，特定の組織構成員が発揮するものではなく，一人ひとりの能力や活

動が蓄積して組織全体で形成されるものである。

　ストーク(Stalk, 1992)は戦略的な業務プロセスの組み合わせをケイパビリティと呼んだ。そして一人ひとりが行う小さな活動を積み上げたものが組織の能力であり，ルーティン(日常業務)の蓄積であるとした。それは多数の構成員による小さな業務がまとまって構成されるものであり，そのため簡単には形成し得ないものである。ケイパビリティは多様な日常業務活動の複合として形成される能力で，その価値が意識されると能力が洗練されて向上していく。それは知識だけではなく物理的な資源や管理システム，そして人間の活動とが一体になって形成され発揮される。

　そうした企業のなかに蓄積されているケイパビリティが事業を円滑に遂行し，ビジネスシステムを支える。ケイパビリティはストックとして，伊丹が指摘した見えざる資産としての性格を持つ。工夫や努力の積み重ねによってさらにより円滑な業務活動を生み，洗練されながら組織全体の能力となっていく。またそれはバダラッコが指摘した密着型知識が基盤となって構成される能力である。組織の構成員が他に移動しても，単純にはそれは再現しにくい。

(2) ケイパビリティをビジネスシステムの核にする

　個々の資源が脆弱であっても，それが同調し調和して全体としてまとまりを持てば，資源の組合せや結びつきから生まれる創発によってより優れた能力を発揮できる。たとえば資金が乏しくとも顧客に支持されるケイパビリティがあれば，事業の実行力を高めることもできる。優れた企業とは絞り込んだ領域のなかで，顧客価値の形成に合わせて限られた資源を組合せ調和させ，事業の実行能力を高めているケイパビリティの高い企業である。

　ビジネスシステムの要素は相補的に相互作用して，事業の仕組を創造し効果を発揮している。また一つの事業要素の変化が他の要素の変革を誘導して，事業を革新したり，一方では不調和によって事業の実効性を低下させる。このとき，戦略資源を顧客ニーズの獲得のためにフィットさせることによって生まれてくる能力が，ケイパビリティであるとも言える[15]。すべての戦略資源を統合して競争企業が模倣しにくい水準にすることはフィットの追及でもあり，そ

れは結果として独自のビジネスシステムの基盤を形成する。独自のビジネスシステムはたとえ他社と同じような資源でも，ケイパビリティを活用して全体としては他社が模倣できない仕組みに止揚させることで形成される。

先述したトヨタのケイパビリティである。多数の企業がトヨタの開発したジャスト・イン・タイムという仕組みを導入しているが，社員の全員参加で日常的に改善活動を進めるという仕組は同様には模倣できず，トヨタの競争力の源泉になっている。その改善運動によってトヨタは今日でもジャスト・イン・タイムの水準を高め，優れた競争優位の源泉として企業を支えている。継続的な改善による業務効率の追求は戦略ではないと，ポーター(Porter, 1996)は日本企業の行動を揶揄した。しかしそのときも，その後も一貫して改善を実施し続けたトヨタは，リーマンショックまでは自動車産業の収益力で先頭を走ってきた。そしてリーマンショックや東日本大震災の影響を克服して収益を回復した2012年決算では，改善によるコスト削減が大きな要因になった。

第4節　競争力のある資源

資源の価値とは何か，競争力のある資源とはどのようなものか，このような視点からビジネスシステムに有効な資源の特質について検討する。

1　競争力のある資源とは

特有の能力があれば小さな企業でも競争力を持つことが出来るという考え方が，コア・コンピタンス概念の登場によって勢いを持つようになった。しかし実際には，どのような能力が存在するのか，それが本当に価値を持っているのかを適切に判断することは単純ではない。

日本のものづくりは中小企業が支えていると，東京大田区や東大阪などに集積する中小企業が賞賛されてきた(植田, 2000; 前田, 2005; 湖中, 2009; 山田, 2009)[16]。しかし東アジアとりわけ中国のものづくりがテイクオフすると，下請企業として大企業を支えてきた中小企業の役割の少なからずが海外に移動

した。今日では中小企業でも海外に生産拠点を築いている[17]。それは顧客企業が海外展開してしまったという理由ばかりではない。海外企業と同じ単価を求められる取引に，国内工場では対応できなくなったからでもある。

　この事実は，単純にいえば日本中小企業が誇っていた技術やサービスの価値が，これら海外企業と同水準のものになってしまったことを示す。それは当然でもある。かつて日本製造業は人の熟練技能を活用して，高度な技術力を形成しているといわれてきた(森，1982；小関，2002)。しかしその後，熟練技能の存在を誇示しながら，現実にはコンピュータ制御の工作機械で生産してきたのであり，その依存度を高めてきた。それは情報技術に依存した技術力で，その最新の工作機械が海外で導入されれば生産技術の遅れは短期間に解消される。

　そうした実態にもかかわらず技術優位を過大に評価し，他方で中国や東アジア企業の技術力を過小に評価して，環境変化を認識しなかったことが近年の姿をもたらした[18]。新興国企業の技術力が低く，日本企業と同等な品質の製品を生産できないのであれば，中国での取引価格水準を顧客から求められることはないはずである。現実には，進出した日系企業は中国企業の技術力を懸命になって向上させてきた。そのなかで企業に固有な密着型知識も次第に移動し，一方で経験を積む現地企業もケイパビリティを向上させる。ものづくりの技術力は根底から逆転してしまう可能性さえ持つようになった。

　中小企業のコア能力といわれてきたものの多くが，今日では既に競争力を持ち得ないために，中国企業と同様な取引価格が求められている。競争力のある新しい資源の再構築こそが日本企業には不可欠である。本書は新しいビジネスシステムという視点から競争力のある資源再構築をめざすことを主張する。

2　資源価値の把握

　企業の資源が競争力を持つものか否かを判断するために，バーニー(Barney, 2001a)はVRIOフレームワークを提示した。それは経済的価値(value)，希少性(rarity)，模倣困難性(imitability)，組織(organization)という4つのフィルターから資源の価値を判断しようとするものである[19]。

(1) VRIOフレームワーク

　資源を活用することによって外部環境でのチャンスを獲得できるときに，またその反対に環境からの脅威を防止できるときに，資源は経済的価値を持つことになる。当該資源で生産される製品に対して顧客が金銭を支払い，企業には利益をもたらすような経済的価値のある資源の存在は企業の生存条件である。しかし顧客価値は変容するため資源の価値も変化してしまうので，企業は価値を創造できる資源の追求を求められる。希少性は競争企業がその価値ある経営資源をどのくらい保有しているかということであり，当然保有する企業が少ないほどその資源は競争力を持つ。

　模倣困難性はその資源を保有しない企業が，新たにそれを獲得するとき，すでに保有する企業に比べてコスト上の不利があるほど，その資源は価値を持つというものである。希少であっても模倣できれば資源の価値は低下してしまう。この模倣困難性の低い資源しか保有していない中小企業が多いことを指摘しなくてはならない。そのため価格競争を招き利益率の低い経営を余儀なくされる。模倣コストが大きくて希少であり，経済的な価値を持つ資源を保有する企業は，一定期間持続する競争優位を獲得し，他社を上回る利益を上げることができるとバーニーはいう。

　最後の「組織」はこのような競争優位のある資源を活用するための組織的な方針や手続きが整っているかを示す。それは競争力のある資源を活用して利益を獲得できる能力である。いくら競争優位な資源を保有していても，それを活用するための体制が準備できなくては資源を活かせない。競争優位を実現する資源を活用する戦略やビジネスシステムが必要である。

(2) 模倣困難性

　このようなVRIOフレームワークのなかで資源の競争力を検討するとき，前述の模倣困難性が大きな比重を占める。競争企業による模倣は直接的模倣と代替による模倣という2つの形態をとる(Barny, 2002)。前者の直接的模倣は資源をそのまま同じ方法で複製しようとする場合である。このとき模倣コストが大きければ競争優位は持続し，模倣コストが低ければ競争優位は一時的なもの

にならざるを得ない。

　模倣が困難なほどその取得にはコストだけでなく，時間がかかるのが一般的で，その間は競争力を維持できることになる。同じような機能を果たす別の資源を採用するのが代替である。この場合も代替に要するコストが低いのか高いのかで，模範となる企業の競争力が持続するか否か決まってくる。今日，技術革新によって新しい資源が登場して代替される可能性が高まっているため，隣接分野の技術革新にも注目する。ときには優れた代替資源を自ら先取りして取得することも，競争優位の獲得には必要になる。

　ネットビジネスといわれる情報技術を基盤とする事業分野では，いち早く市場を獲得することで模倣や代替を防ぐことができるとして，事業化のスピードを重要視した。そこで積極的に技術開発に投資し，不足する資源は外部の企業にアウトソーシングすることでビジネスシステムの構築を急ぐ。事業化のスピードこそが持続的競争優位獲得の最大の方法であったのである。

　しかしそれは必ずしも成功しない。その理由の一つは，以上にみた直接的模倣や代替のためのコストが低下し，特に情報技術分野ではそれが急速だからである。日進月歩する技術によって模倣コストが低下するだけではなく，一方で新しい技術が発揮する機能が拡大し充実する。より低コストで多様な機能や高度な機能を果たせる技術が，短期間に次々と登場してくる。このため情報技術の先進性を中心に構成した事業は短期間で競争優位性を低下させ，後発者との激しい競争を強いられる。

　そこではポーターが指摘するように，情報技術以外の部分で競争優位を構築しなければならない[20]。そして今日，情報技術はITビジネス以外の分野でも広く活用されている (Rapp, 2002)[21]。最新技術を採用しても，それだけで競争優位を維持できる時間は短くなっている。だからこそビジネスシステムの重要性が高まるのである。ビジネスシステムという模倣しにくい事業の仕組みのなかで情報技術を活用し，その全体で模倣を回避するのである。

3 模倣しにくい資源

　どのようなときに模倣のコストが上昇するのだろうか。それを解明することは，模倣困難性の要因を知ることになる。模倣困難性の要因についてバーニーにならって検討する[22]。

　その第1の要因は独自の歴史的な条件である。企業が特定の資源を開発や獲得あるいは利用できたのは，企業がその局面に遭遇していたことに依存している。資源形成のときにそこに存在し，その資源を活用できたことに起因する。そこに存在せずチャンスが得られなかった後発の企業は，よりコストの高い方法で当該資源の取得を余儀なくされる。

　今日の新日鐵住金の前身は官営八幡製鉄所という国策会社であり，それは民間の製鉄業が育たないなかで設立され，軍需と鉄道という安定した需要への対応のために，国家から支援されて資源を充実していく。その後登場した財閥系高炉企業にも同じような支援が行われて製鉄企業が育成される。その資源はそのとき存在した企業しか獲得できないものである（広岡・市川，1959）。今日の高炉メーカーの資源形成プロセスは，わが国製鉄業誕生の明治末期にまで遡るのである。

　経路依存性（path dependence）も，このような独自の歴史的条件の形態を示すものである。それは資源の形成にそれ以前の経験がなければその後の資源を蓄積できない場合である。模倣しようとする企業はそうした経験ができないために模倣コストが上昇してしまう。

　第2の要因が因果関係の不明性である。その資源がなぜ競争優位になっているのか不明であり，そのため何を模倣して良いのか分からないときである。模範とされる当の企業の内部でも当然すぎて気がつかない場合もある。どの資源が競争優位に結びついているのか特定できない。多数の組織属性が一体となって資源を形成しているために，模倣しにくい場合である。

　第3の要因は資源が社会的に複雑な現象であるために，企業ではそれを制御したり模倣したりすることができない場合である。企業の評判やブランドなどもこの範疇に含まれる。エルメスやルイ・ヴィトンなどのラグジュアリー・ブ

ランドは製品の模倣そのものは可能なものの，そのブランドは模倣できない存在となっている(23)。それは伝統やマスコミによるパブリシティ，消費者の経験などさまざまな要因によって形成されている。

第4の要因は特許である。今日，特許は知的財産権と呼ばれて企業の重要な資源としてますます注目を浴びている。ただ特許料を支払えばそれは利用することが出来るし，特許に抵触しない技術開発によって代替的に模倣することも可能である。

このようにみていくと，その構成や形成過程が複雑であるほど，そしてその内容が複雑であいまいなほど，その資源は模倣や代替しにくくなる。製品の性能だけでは模倣しやすく，それを生産する技術や顧客価値をもたらす事業の仕組みが複雑なほど模倣しにくくなるといえる。

ビジネスシステムは長くて複雑な業務プロセスだけでなく，本章でみるような，資源や組織という複雑な要素の組合せによって形成されている。このためビジネスシステム全体で発揮する特質は，外部からは単純にはうかがいにくく，またその要素の相互作用が複雑で模倣しにくくなる。ビジネスモデルでいわれるようなコラボレーションといった内外製や利益確保のアイデアだけでなく，複雑で効率的，効果的な業務プロセスと，それと一体になった組織や資源が持続的競争優位獲得には有効なのである。

第5節　ネットワークによる外部資源の活用

ビジネスシステムに有効な資源は内部だけでなく外部にも存在する。産業集積にみられるように，特に中小企業は比較的狭い地域で社会的分業を発達させ，他企業の資源を活用して企業行動を展開してきた(小川，2000)。また起業の際には資源が不足するため外部の資源を活用する度合いが高い。そして今日，技術革新をはじめとする激しい環境変化に対応するため，外部の資源を積極的に活用して新たなビジネスシステムを構築することが大企業でも増大している。

1 専門化の追求とネットワーク活用

　ハーゲルⅢとシンガー（Hargel III and Singer, 1999）は，企業のコア・プロセスを形成する業務が根本的な活動からみると，経済原則の異なる3つの業務に分割できることを指摘し，その経済原則はお互いに相容れないので，企業の業務をアンバンドリング（業務の分離分割）して再編することを主張した。

　顧客を開拓して企業との関係を築くカスタマーリレーション業務では，できるだけ多くの製品やサービスを顧客に提供しようとするため，範囲の経済性が求められる。これに対して，新製品やサービスを考案するイノベーション業務では，スピードが経済条件として求められ，小規模で柔軟な組織が適している。そして作業や設備などを構築して，日々繰り返される生産や販売などの業務を運営していくインフラ管理業務では規模の経済性が求められる。

　これらの性格の異なる3つの業務を企業内で同時に最適化することは難しく，何らかのトレードオフが生じる。しかし企業は複数の業務特質の異なったコア・プロセスを1つにまとめようとしてきた。そうではなく，特定のコア・プロセスだけに絞り込んでビジネスとして最適化し，その業務をさらに高度に専門化する企業が登場している，と彼らは指摘したのである。創造性とスピードが求められるイノベーション業務は小さな企業の分野になり，他の2つの業務領域では大企業が有利になるので，そこでは企業統合が進んで大規模化していくと主張した。

　従来からの一般化したビジネスシステムにこだわっていては，独自の事業にならない。新しい発想で顧客の求める価値を提供する仕組みをつくることが重要で，技術革新によって新しい事業の仕組みも可能になっている。このとき業務の内外製という視点からみると，多くの業務の内部完結化を図って，製品やサービスの提供をすべて管理していく垂直統合型の仕組みと，コア・コンピタンスやケイパビリティの発揮できる業務に集中して専門化し，他の業務は外部に依存するバーチャル・コーポレーション型の仕組みとがある[24]。ただ現実には特定業務に専門化して自らは製品企画機能を持たずに，比較的狭い技術領域の業務だけを担う下請加工業のような，加工サービス型の仕組みが中小企業

には少なくない。

　限定した顧客に対して狭い市場領域で，均一な品質の製品やサービスを提供することが求められる場合には，前者の垂直統合型の方が有利になる。その典型的なビジネスシステムの例は，エルメスやルイ・ヴィトンなどにみられるブランド・ビジネスの分野である（秦，2006）。生産業務だけでなく直営の小売店を設けて，販売業務までも直接管理して顧客に価値を提供しようとする。

　それは外部の企業に依存すると均一な品質を保証できなくなるという発想である。あるいはすべてを内部で行うことによって，事業概念に応じたものづくりや販売活動を行って，顧客に信頼を植え付けている場合である。それに皮革や布地の縫製ではドラスチックな技術革新も少なくないために，専門企業に依存せずに自社で対応しやすい。規模の経済性による価格低下はブランド・ビジネスにとって主眼ではないために，コストが増大してもすべてを直接管理することによる信頼性確保を優先するのである。

2　外部資源活用の仕組み

　これに対して，自動車やエレクトロニクス産業のような量産組立型の製品では，外部に依存するバーチャル・コーポレーション型の事業形態が有利になる。固有技術が異なった多様な部品が必要なうえに，部品の機能とそれを生産する技術とが激しい技術革新にさらされているため，内部化していては変化に迅速に対応できない。それに大量生産による規模の経済性の発揮も不可欠である。このため多様な専門企業による部品生産と，完成品メーカーによる組立生産という社会的分業の仕組みが形成され，とりわけわが国では系列と呼ばれる硬く排他的でクローズドな生産ネットワークを構築してきた。

　一方パソコンの分野では部品の果たす機能や，部品と部品を接続する方法であるインターフェースが標準化され，その標準に沿った部品ならば，部品の内部構造はブラックボックスでもよいというモジュール型アーキテクチャによる産業の仕組みが形成されていることは第3章でみた[25]。パソコン規格やCPU，ハードディスク，LANなど事実上の標準（デファクト・スタンダード）が形成

されて，部品やソフトの専門企業が登場し，それらの部品を組み合わせて生産する水平分業といわれるオープンな取引方法が主流になる[26]。

そこではモジュール化された部品やシステムに専門ノウハウが存在し，組立企業のもつ製品ノウハウよりも高度な知識さえ必要になる。このため自社でモジュールを生産するよりも専門企業から購入するほうが性能や価格の面で有利になる[27]。その結果デファクト・スタンダードを獲得した専門企業からのモジュール調達による製品生産に移行していくため，中核専門部品企業の一人勝ち状況が生まれる(Frank & Cook, 1995)。専門化した部品企業で収益を獲得するには，優れたコア技術と技術開発のケイパビリティがより重要になっている。一方の組立企業はコア・コンピタンスが希薄になってしまうため低収益に陥るという産業のバリューチェーンに移行する[28]。

技術革新のゆるやかな分野では垂直統合型の仕組みや，系列のような強固な連携による仕組みが有効である。しかし技術革新が激しいと設備や技術の陳腐化の速度が速くなり，回収できないサンクコスト(埋没費用)の危険性が高まる。このため自社で保有する技術と利用する技術を識別し，そのうえで外部の経営資源を取り込むような仕組みが求められているのである(山田, 1993)[29]。

3　取引コストと資源調達

インターネット活用による事業経営の考え方として登場してきたビジネスモデルでは，新しい事業を構築する際に多様な外部企業の活用を，すなわちコラボレーションという組織間関係の活用を，その事業の仕組みの中心的課題として取り上げた(森本, 2000)[30]。そしてドットコム企業やネットビジネスなどを含むベンチャー企業の創業ブームのなかで，他社よりもいち早く事業を開始すれば市場を制覇できるという事業の先行者利得を唱えた。素早く事業を立ち上げるためには，アウトソーシングという外部専門企業の活用が不可欠であった。今日でもベンチャー企業の事業構築では，アウトソーシングを積極的に活用して素早い事業開始に腐心する例が多い。しかしそこにはリスクも潜む。

(1) 取引コスト

確かに事業に必要な機能を単独で行う垂直統合型の事業よりも，外部資源の活用はビジネスシステムを多様にする。そして現実に多くの企業が外部の組織を活用して，その社会的な分業によって事業を営んできた。今日の複雑化する社会のなかで有効なビジネスシステムを構築するには，外部の資源を活用した新しい仕組みが不可欠になっている。

事業に必要な資源を内部から調達するか，外部から調達するかという理論的解明は，コース(Coase)などの制度派経済学と呼ばれる分野の論者によって，主に取引コスト(transaction cost)の面から論じられてきた。それは企業の境界の解明でもあり，本来的には市場からの調達と対比させて，企業という組織がなぜ存在するのかという本質的な課題の解明を企図するものでもある。コースは財やサービスを内部で生産すると節約できるが，それとは異なって外部市場から調達する場合に発生する費用を取引コストと呼んだ(Coase, 1988)。

コースの1937年発表の論文「企業の本質(The Nature of The Firm)」で，彼は社会の資源配分の調整システムとして，中核的な役割を果たすと伝統的に考えられてきた市場のほかに，もう一つ組織の役割があることを意味づけするとともに解明した。市場での取引コストが大きいとき，その費用を節約するために，市場取引の一部を内部に取り込んで活動するために組織が生まれ，そのために企業が存在するとしたのである。

財やサービスの移転の過程で生じる費用が取引コストで，それは調達先を探索するコスト，情報コスト，取引契約の合意までの交渉コスト，取引の処理や監視などの管理のコストなどを指している。こうして取引コストと組織化コストとの多寡によって，市場に委ねるか，それとも企業内部の取引に取り込むのかが決まる。市場での短期の契約がコスト面で不利なとき，組織としての企業活動の場が広がるのである。

(2) 外部資源の活用

こうした取引コストが企業の内部で自ら行う場合の組織化コストよりも低いときに，企業は外部から財やサービスを調達することになる。このとき，外部

というのは市場を通じた交換であり，加えて企業集団や系列，合弁事業など中間組織といわれる調達方法とがある[31]。この取引コストの概念は財やサービスの内外製を解明するもので，それは同時に資源の調達方法をも意味する。

しかしこのような取引コストだけで調達の内外製を検討してよいだろうか。たとえその製品やサービスの取引コストが高かったとしても，その必要量が不安定で変動するとき，また必要な資源の調達に時間がかかるとき，そして限られた資源の配分上，事業にとってより必要な資源領域を優先するとき，また企業の持つコア・コンピタンスやケイパビリティからみてその領域の重要性が低いとき，そしてその資源保有の必要性が事業の将来性からみて十分には判断できないときなど，企業は事業に必要な部品やサービスを外部から調達する。

外部の資源を活用するか否かは単純に取引コストによって決まるのではなく，企業がおかれた状況に影響され，そのため判断は変化していく。取引コストだけでなく，戦略的視点から外部の資源を活用するのである。

4　機会主義的行動

事業に必要な部品やノウハウを市場から調達する方法は，同様な外部資源を他の企業でも調達できることを意味する。市場の一般的な資源を活用して独自のビジネスシステムを構築することも可能であるが，より競争力のある安定的なビジネスシステムの仕組みという点では，中間組織や提携，同盟などを活用した外部資源調達の必要性もある。ただ外部企業との取引では機会主義的行動（opportunistic behavior）に対する配慮が必要になる。

(1) 機会主義的行動の発生

外部から部材を調達するとき，それが市場で購入できる規格の定まった汎用品でよければ市場から調達される。そして市場には存在しないときは，必要な機能や性能を示してその仕様書に基づいて，ときには設計図面を示しての調達である外注や委託という形態で調達する。

しかし外注は仕様書や設計図を提示して供給してもらうものであり，それは調達側で当該の製品についての知識を保有している場合である。そこでは調達

企業から外注企業へと知識が移動するのであり，ときには密着型知識さえ外注企業に移動する可能性さえある。反対に受託先が製品やサービスの生産に高度なノウハウを保有し，調達側からの知識の移動よりも，受託側の高度な知識の一部が調達側に流入するケースもある。それは設計図などを提供することはなく，また業務の過程を管理せず，全面的に業務の委託を行うアウトソーシング形態になる[32]。

　一般的な市場調達ではなく，いわば連携的な関係を採用するとき配慮しなければならないのは，取引で自分の利益を実現するために，他人の不利益を招いたりするという機会主義的行動が発生することである。取引関係が将来にわたって続くという正式な合意なしに，複数の当事者が対等に取引するアームズ・レングス取引(arm's-length transaction)では，当事者がそれぞれの事由でその取引を停止することが出来るためにビジネスシステムを不安定にする。このためコストがかかっても内部で自ら行うことの意義がある。取引ではそうした機会主義的な行動防止のために契約が締結される。しかしどんな契約を結んでも，すべての状況に対応できるわけではない(Besanko, et al, 2000)。

(2) 機会主義的行動と契約

　取引で生じるすべての事象を予測して，予め権利と義務を契約に織り込む完備契約(complete contact)を結ぶことは現実には不可能である。契約を有効にするための法律もあらゆる状況を規定しているわけではない。このため外部からの調達には不安定さがつきまとう。そこでより安定的な調達を行う場合には，業務提携や資本提携，ジョイントベンチャー，系列といった形態を採用する。

　そのような戦略的提携でも機会主義的行動の発生を完全に防止することは出来ない。提携の場合でも逆選択やモラル・ハザード，ホールドアップといった協力関係を裏切る行為が発生する可能性がある(Milgrom and Roberts, 1992)[33]。求められている資源を保有していないにもかかわらず，提携候補企業が提供をするかのようにして，提携関係を結ぶのが逆選択(adverse selection)である。必要な資源をパートナーが本当に保有しているかを見分けるの

は，それが無形な資源になるほど難しいのが現実である。

それと異なって優れた資源やケイパビリティを保有していても，意図的にそれを活用しない裏切りがモラル・ハザード(moral hazard)である。より優れた資源で複雑なものであるほどモラル・ハザードは生じやすい。そして，パートナーが行った取引特殊な投資を利用するのがホールドアップ(holdup)である。この特殊な投資によって生じる一方的な依存関係とは，提携のために投資した設備を他との取引に活用できない場合，利用側が一方的に有利に提携先の設備を活用できるような場合である。提携で提供しようとした設備が他に転用できず，提携先しか利用価値のない場合には，その利用者側は大きな力を持ち，価格の引き下げなどを要求できる有利な立場に立つ。

(3) 安定的な外部資源の活用

このように契約に伴う問題を解消しようとして連携を行っても，取引で発生する課題の多くを解決できるわけではない。それではなぜ戦略的連携を行うのだろうか。アウトソーシングや外注よりも規模の経済性の活用，競合する企業との提携による学習，リスクやコストの分散，暗黙的な談合の促進，新規市場への低コストでの参入，新しい業界や業界内の新しい分野への低コストでの参入や撤退，不確実性への対処，といった2つ以上の事業の統合によって得られる企業間の範囲の経済性や，シナジーを活用したさまざまなメリットがネットワークによって得られるからである(Barney, 2002)[34]。

ビジネスシステムの視点からいえば，なによりもネットワークによって顧客に提供する価値が向上しなくてはならない。自らがその資源を保有して業務を行うよりも，外部の資源の活用によって顧客のニーズにより応えられ，提供する価値の向上が図られる連携が重要である。単純に外部の資源を活用して生産コストを引き下げるだけではなく，製品やサービスの新しい機能の付加，製品やサービスのオプションの付加や多様化，関連する製品やサービスを組み合わせた総合的な提供，納品や物流スピードの向上，顧客への利便性の向上，新しい代金決済の方法，利益獲得の新しい仕組みの構築などが可能になる連携でなければビジネスシステムとしてネットワーク活用の意義は薄い。

一般家庭への荷物宅配という新しい事業を開発したヤマト運輸は，東京と大阪や福岡，札幌という運搬量の多い物流の幹線部分を，業界の常識に反して外部委託し，一般家庭への配達や集荷という最も効率性の低い業務を自社が直接行うという仕組みを構築した。それは日本通運などが行ってきた業界一般の業務方法とは反対の仕組みであった。しかし結果的に顧客との接点を自ら担当することで顧客満足度を高めることになり，信頼のおける宅配企業として評価されることになる。収益性優先ではなく，顧客価値の提供のために必要な仕組みだったのである。そのビジネスシステムは収益性を高めるものであっただけでなく，顧客の需要を直接把握してクール宅急便やゴルフバッグの配達など，新しい事業分野を開拓することにも貢献した（小倉，1999）。

　しかしヤマト運輸の外部資源の活用は，路線トラック免許が規制されて取得できないための選択でもあった。その後，幹線網に航空便の活用さらにJR貨物の活用と，外部資源の活用も柔軟である。環境変化やビジネスシステムに応じた外部資源の選択と活用を柔軟に行うことが重要なのである。

5　ネットワーク基盤のビジネスシステムの必要性と可能性

　機会主義的な行動によってビジネスシステムが不安定になるリスクがあるにしても，外部資源の活用は企業にとって必要である。このとき自社優先の一方的な資源の活用ではなく，パートナーとして共通の利害を意識した連携や提携，同盟を活用したビジネスシステムを構築する。そうしたネットワークとしての外部資源の活用という視点から資源活用をみていく。

(1) ネットワークによる資源調達

　企業間ネットワークが今日の企業活動で重要になってきている理由をドーズとハメル（Doz and Hamel, 1998）は，新産業革命とグローバル化の進展に求めた。そして次のような3つの競争側面がネットワーク活用の要因だとした。

　第1に急速に進展する情報化への対応には，自社だけでなく他の企業が保有するスキルや経営資源との統合が必要であること。第2に今日の新産業革命は単独企業による垂直統合ではなく，水平的なネットワークを求めていること。

第3に多様な市場と技術が誕生しているために，事業には不確実性が高まっていること。このため企業は同盟関係を進めて相互補完によって目的を達成し，また不確実性を低下させて学習効果を加速させるために知識の融合を図る。

　新しい事業構築に必要な異質な経営資源の活用には，また素早く事業を立ち上げて事業基盤を確立するには，他組織の資源の活用が有効である。そして情報通信技術が進展して，コミュニケーションの面から新しい組織間関係が模索され，空間を越えたネットワークを基盤にするビジネスシステムが構築されるようになっている。

　それに規模の経済性による生産性やコスト効率よりも，多様性や複雑性に富む激しく変化する環境への対応という経営的な視点からも，ネットワークの有効性が高まっている。変動的で異質な環境のもとでは，自己完結的なビジネスシステムよりも，分散した組織がそれぞれ自律的に，多様性を少しでも縮減して独自の試みを行うことが意義を持ってくる。それは複雑な環境変化に対してそれぞれの企業が独自に対峙するので，そのさまざまな試みのなかから有効な対応が生まれる確率が高まるためである。アシュビィが指摘したように環境の多様性には，組織の多様性で対応することが基本なのである(Ashuby, 1961)[35]。

　実際，新しい製品や技術，サービスを開発しようとすると，さまざまな資源が必要になる。しかし資源は専門化し複雑化して育成や蓄積には，資金だけでなく時間が必要になる。そのうえ物理的で有形な資源だけでなく，ノウハウや知識など無形な資源が重要である。このため事業の進展や必要に応じて外部の資源を活用することになる。さらに新しい事業に参入してもそれが成功する確率はますます低下しているため，リスクの分散もできる。

(2) ネットワークによる小さな組織の活用

　小さな組織は成果向上のインセンティブを高めやすい。小さな組織はその行動の効率性や有効性が容易に把握でき，その成果に対して適切な処遇が行われれば，組織成員は自己の行動に責任を持ち，モチベーションや働き甲斐を持つことができる。さらに小さな企業の仕組みづくりは大きな組織よりも単純である。そうした自律型の中小企業をネットワーク化することによって，バーチャ

ル組織として総合的に業務を展開できる。組織の創造性や環境変化への対応という面では，小さな組織のほうが主体的に対応しやすいという側面が，ネットワークを基盤にする事業の仕組みの可能性を高めている(小川, 2001)。

そうしたビジネスシステムでは成員の自律化を促すとともに，ネットワークの効果を高め構成メンバーの結びつきを高める新しい事業概念の形成が不可欠である。さらに状況に合わせてネットワークによる事業概念を変革しながら，ネットワークの機能や業務範囲も企業の役割も，絶えず変革していくオートポイエーティクな自己創出ネットワークでないと退化してしまう(小川, 2000b)[36]。

第6節 競争力のある資源の育成

企業は環境変化に応じてビジネスシステムを変革し運営できるように，資源を調達するだけでなく育成することも課題である。とりわけ蓄積に時間を要するケイパビリティは持続的な育成と変革とが欠かせない。

本書のビジネスシステムでは，資源要素の一つであるケイパビリティを，ビジネスシステム主要素を結びつけて，事業の実行力にする主要素の一つに位置づけた。それはビジネスシステムをダイナミックに変容させる作用も担う。

1 ケイパビリティの硬直性

優れた組織能力があったとしても，絶えず育成しないと環境変化によって，それは陳腐化してしまう今日である。RBVの資源観に対してそれは静態的なとらえ方であって，今日の激しく変化する経営環境を考慮しない資源概念であるとの批判がある(河合, 2004, 2012；遠山, 2007)[37]。競争力のある資源とはいっても，それは安定的な環境のなかで有効で恒久的なものではなく，環境変化によって価値を失ってしまうのではないかという見解である。

さまざまな活動や資源が重層化して蓄積し発揮されるのがケイパビリティであり，組織にとっては当たり前で暗黙的な行動として，慣習のように機能す

る。このことは環境が変化してその意義が低下しても，それは旧来の能力のままに継続されやすいことを意味する。企業のルーティンのなかで形成され育成されてきたケイパビリティは，環境変化でその役割が低下しても，そのまま維持しようとする慣性がはたらく硬直性を内在するのである。

　トヨタ自動車はQCサークルを母体に，あくなき改善によって品質の向上とコストダウンを日常的に図り，2000年代中期にはその収益性で世界の頂点に立ち，自動車生産台数でもGMを凌ぐ位置を占めるまでになった。しかし自動車の品質はいつのまにか低下し，アメリカ市場では韓国の現代自動車に凌駕されるという深刻な事態も生じた[38]。さらに需要の飽和を迎えた先進国市場に替わって，たとえば成長著しいインドや東欧市場に新しい需要が高まっているものの，トヨタは市場を確保できないでいる。

　それは高品質で低コストなものづくりのケイパビリティが硬直化し，新興市場に合致した一段と低価格な製品創出の仕組みが構築できないからである。自動車生産システムの変化や新しい市場の登場のなかで，従来のケイパビリティを変革できず，環境変化に対応できない事態が生じている。それはアメリカの自動車産業が歩んできた道でもある。同じように過去のケイパビリティを変革できず，凋落していく優れた中小企業も少なくない。

2　ダイナミック・ケイパビリティ

　競争力のあるケイパビリティが存在しても，急速な環境変化には対応しにくいだけでなく，新たなケイパビリティ形成を阻害することもある。

(1) 新たなケイパビリティへの進化

　旧来のケイパビリティを意図的に断ち切って，新たなケイパビリティを構築することも必要になる。それがダイナミック・ケイパビリティ(dynamic capability)やコア・ケイパビリティ(core-capability)という考え方である。それは環境変化に合わせて組織能力を再構築する能力である。

　どのようにすれば新たな環境の下でも競争優位なケイパビリティを構築できるのだろうか。遠山(2005)はEisenhardt and Martinにならって，前述したよ

うな伝統的なRBVにおけるケイパビリティをオペレーショナル・ケイパビリティと呼んで，それに変化する環境に対応しようとするダイナミック・ケイパビリティがはたらきかけ，その作用によってオペレーショナル・ケイパビリティが進化していくというモデルを提示した。その進化が学習のメカニズムにはたらきかけて，ダイナミック・ケイパビリティとオペレーショナル・ケイパビリティとに進化を促す。

　業務プロセスの遂行のなかでの学習が新たなケイパビリティの必要性を促し，また新しい能力を形成していくのである。ただビジネスシステムのデザインを目的とする本書では，ダイナミック・ケイパビリティ論について吟味することは避ける。

(2) 事業進化とケイパビリティ

　ところで産業のイノベーションにはさまざまなパターンがあり，そのなかで真に構造的なイノベーションは通常数十年という時間を要し，しかもその変化はいくつかの段階を経て起こるのであり，長期的な視点を持てば早い段階で変化の行方を予測できる，としたのはマクガーハン(McGahan, 2004)である。

　彼女はコア活動とコア資産という2つが劣化の脅威があるか否かで，産業の進化パターンを4つに分類した。このときコア活動とは企業の販売意欲と，顧客の購買意欲を刺激して，価値を創造する活動で反復的な行為である。コア資産は企業が有効なコア活動を展開するために必要な耐久財で，ブランドや知的所有権などの無形資産を含む概念である。「何がコアか」を決める基準は，仮にその活動や資産が1年間消滅したとして，産業全体の収益性が大幅に低下するものをコアと判断する。収益性を損なうことなく1年以内に，他の資産や活動で代替できない資産や活動をコアとしている。

　コア活動とコア資産の双方が劣化の脅威を受ける過激な変化(radical change)は，めったに起こらない。それは徹底的でかつ広範囲にあらわれるので産業進化のタイプとしては一般的でない。もし過激な変化が起こった場合，それが始まる前にリーダーであった企業が，その後の進化した産業のなかでリーダーとして存在している例はまずないとマクガーハンは指摘する[39]。た

だその過激な変化のスピードは緩慢で不規則であるとした。

　われわれは今日，予測の出来ない変化が相次いで押し寄せていると思い込んでいる。確かに2008年のアメリカのサブプライム問題に端を発する世界同時不況は突発的であった。2011年3月の東日本大震災のような自然災害はさらに予測できないものである。

　しかしメタ環境の変化でなく，産業レベルでみると様相は異なる。彼女はアメリカの産業について1980年から99年の20年間で，過激な変化が生じた産業は19％で必ずしも多くはないとする。ケイパビリティや資産の双方が一挙に無力になるようなラジカルな産業の変化は少ないのであり，なおかつそれが生じる場合も突発的ではなく，長い時間をかけて不規則に変動するのである。そうであるとすれば多くの場合，やはり日常業務の遂行のなかで，顧客価値を高めようとするビジネスシステム向上の日常的な試みのなかで，ケイパビリティの変革や育成が可能であると考えてよいだろう。

　それには環境変化が激しい今日，自社のケイパビリティが顧客に価値を提供する核になっているかを評価していくことが必要である。定期的に業務プロセスの中でその有効性を検証し，日常業務の実行のなかで課題を改良し強化育成していくのである。

3　ケイパビリティの育成と強化

　ケイパビリティの育成と強化は3つの方法で行われる。1つは日常業務を通じた顧客ニーズへの対応のなかで行われる育成である。2つにはビジネスシステム要素の新しい付加や陳腐化など，変容する構成要素の不均衡を解消することから生じるものである。3つには外部の異質な資源との出会いによって生まれるものである。

　図5-2は第1の日常業務を通じてのビジネスシステムの洗練とケイパビリティの育成強化である。顧客価値を実現するビジネスシステムは一挙に完成するものではない。事業を行うなかで顧客の要望に応えながら，改良や変革を重ねて形成される。そのよりよい事業の追求のなかで見えざる資産や密着型知

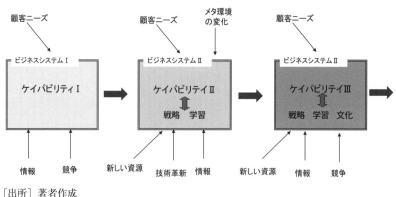

図5-2　ケイパビリテイの強化とビジネスシステムの進化

[出所] 著者作成

識，そしてケイパビリティが形成され蓄積される。顧客に支持されるケイパビリティが形成され，その有効性が意識されるとさらに意図的に強化される。それがビジネスシステムをリードし，仕組みの洗練や変革を促す。

　ただその過程で，従来のビジネスシステムやケイパビリティの価値を減殺するような環境変化が生じる可能性もある。しかしその予兆は業務のなかにあらわれてくる。予兆もなく押し寄せる突然の環境変化も起こるだろうが，それはマクガーハンが指摘したように実際は稀である。そして多くの環境変化は従来のケイパビリティで不完全ではあっても一時的には対応できる。その不完全な部分を修正する努力が新たな組織能力を形成し，ビジネスシステムも変革する。それが十分に機能しないときは新しいビジネスシステムの創造を促す。顧客価値に対応できていなければ，ビジネスシステムかケイパビリティに問題がある。そうした環境との相互作用を活かして，両者を変革し仕組みを洗練する[40]。

　第2のビジネスシステムへの新しい要素の付加や既存の要素の陳腐化など，変容する構成要素の不均衡解消から生じるビジネスシステムの再構築と，その要素の変化によるケイパビリティの育成強化である。業務プロセスに最新の設備が導入されたり，情報技術によって組織横断的な業務状況の把握や管理が可

能になった場合など、それらの新しい要素を活かそうとすれば、他のビジネスシステム要素も変革しないとシステムとしての能力は向上しない。

このとき、ビジネスシステムの重要な要素であるケイパビリティも変容を迫られる。そうした新しく求められる能力に対応することが、ケイパビリティ強化の方向に作用する。新しい要素を活かしたり、陳腐化した要素を他の要素が補完するという過程が、ケイパビリティも進化させるのである。

先の事例では新しい製品製造に必要な技術の取得に努め、その技術の習得によってコア・コンピタンスが進化し、一方で関連する技術が生まれている。あるいはそこで生まれた技術がまったく異なった分野での技術として花開いている。それが新しい受注や技術を呼び込み、次の変革への歩みを始めている。

第3は外部の異質な資源との出会いによるビジネスシステムとケイパビリティの創造である。変革するには新しい知識が不可欠である。企業内部で知識を創造すると同時に、外部の組織や人との関係から新しい知識を創造できる。それは外注企業や仕入先などとの組織間関係や、同業企業や金融機関、大学など外部組織との間の新しいネットワークで獲得できる[41]。ネットワークは組織内にアンバランスやコンフリクトをもたらす。その課題を解消しながら、顧客価値に対応できる方法を求め続けることでケイパビリティが進化していく。

ネットワークでは単独では獲得できない知識の創造が行われる(小川, 2006)。組織間連携ではパートナーと自社の知識の融合や創発によって異質な知識の創造も可能である。組織に密着している固有の知識の一部もパートナーから吸収できる。その知識の相互交流や異なった組織が融合して行動することで、ケイパビリティの強化やビジネスシステムの変革もできる。

第7節　資源とビジネスシステム

今までビジネスシステムの基盤になる資源についてその種類と特徴、そして非物理的な資源である知識的資源や組織の持つ能力をみてきた。資源は事業を開始する際に準備しなければならないビジネスシステムの基盤そのものである

と同時に，事業の円滑な実行や反対に失敗の経験など，活動の過程で形成され育成される側面もある。そして今日，コア・コンピタンスやケイパビリティ，そして知識といった資源が，資源の模倣性や希少性という視点から重視されている。しかし物理的な目にみえる資源の重要性はいささかも衰えることなく，ビジネスシステムではそれを軽視できないことも，われわれはみた。

　物理的なそして知識資源から構成される企業の資源は，古くはペンローズ(Penrose, 1959)女史が指摘したように，企業によって微妙にときには大きく異なっており，それが事業の多様性をもたらしている。そして企業は活用する資源を変容させなくては成長できない[42]。資源の獲得と企業の成長は相補的であり，それらは相互に制約される。資源の束は企業ごとの特質を創り出し，また競争優位の手段としての役割を持つこともできる。この点ではとりわけ資源の希少性が，そして持続的競争優位のためには模倣困難性が重要であった。

　資源は顧客を獲得するための手段構築の基盤で，ビジネスシステム構築を左右する。ただ事業対象になる顧客を絞り込み，その特定の顧客層の求めるニーズに応えられるビジネスシステムを形成すれば，中小企業のように資源が限られても，顧客を満足させる事業を資源に応じて形成することも可能である。

　いままでみてきたビジネスシステムの資源を構成する主なものをまとめると，表5-1のようになる。人材については詳しく取り上げなかったものの，それがビジネスシステムにとって最重要な資源であることは言うまでもない[43]。事業を遂行するのも人材であり，顧客価値の向上にむけてビジネスシステムを修正・変革していくのも人材である。その意味では能力のある人材，そして能力を向上できる人材，ケイパビリティの向上に貢献できる人材が事業を左右する。しかしそうした優れた人材の確保は，資金力や企業のブランドなどによって制約される。

　このため顧客価値を提供できるビジネスシステムのデザインでは，現実に活用できる人材の能力に合わせた業務プロセスの構築が重要になる。たとえばマクドナルドはアルバイト店員を活用しながら，笑顔のサービスと全国均一の味を持ったハンバーグを，専用の調理器具で顧客を待たせずに提供する業務プロ

表5-1 資源要素事業と多様化のパラメータ例

資源の要素	サブ要素	資源多様化のパラメータの例
人材	人員数，年齢構成 正規社員と非正規社員構成 職種構成 スキル 熟練技能者	高齢者，女性の活用，外国人活用 業務分担，処遇 重点職種，社内業務範囲 スキルが要求される業務，スキル活用業務 活用業務，能力の有効性，活用，継承
物理的資源	土地 建物 機械設備	立地条件，面積，所有権，所在地 景観，デザイン，耐用年数 機能，性能，保有台数，設備年齢，自社開発設備，自社開発治具工具，周辺機器とのシステム化の程度，情報技術の利用度
資金	自己資金 資金調達力 株主構成 株式公開	保有量，余裕資金 必要資金の調達可能性，借入れ能力 株主特性 公開，非公開，直接金融の度合い
ブランド，評判	保証機能 識別機能 想起機能	その源泉，どんな信頼を与えているか その源泉，他との違い イメージの内容，認知する顧客層
企業文化	企業文化	意識される企業文化の存在，事業との一致性
情報，知識	見えざる資産 移動型知識 密着型知識 固有技術 生産技術	資産として存在する知識は何か，活用方法 経済的価値，希少性，模倣困難性 明確に識別されているものとして存在するか，活用領域，応用領域，知識形成方法 機能，応用性，希少性，代替技術との差異 技術特質，技術水準，熟練技能の活用，情報技術の活用，マン・マシンシステム
コア・コンピタンス ケイパビリティ	具体的内容 明確化の程度 ビジネスシステムにおける役割 模倣可能性 代替可能性	具体性，希少性，経済的価値，応用性 識別され意識されているか，活用度，顧客の評価 顧客のニーズとの一致性，顧客の評価，事業の鍵になっているか，競争優位性 模倣コスト，時間 類似の存在
外部資源の活用	活用内容 活用形態 外部企業の能力 業務モジュール化の度合い 機会主義的行動の防止方法	活用概念，業務の異質性，技術革新の程度，顧客価値向上 市場調達，外注，アウトソーシング，業務提携，資本提携，合弁 業務の範囲，技術水準，管理能力 モジュール数，インターフェースのオープン度 逆選択，モラルハザード，ホールドアップ

［出所］著者作成

セスを構築して成功した。それは競合企業には対応しにくいものである。

　人材だけでなく，資金をはじめとする資源も多くの企業にとっては限られている。その資源の制約のなかで顧客に価値を提供できるビジネスシステムを構築することで，他にはない特異な独自のビジネスシステムが形成される。そのためのさまざまな工夫が組織能力を形成し，それら複雑な要素の組合せによるビジネスシステムは模倣しにくいものになる。

　ビジネスシステムは顧客により良い価値を提供できるように，絶えず進化させなくては，今日の激しい競争のなかでは短期間に陳腐化してしまう。このため顧客の求めるニーズに応え，さらに価値を高めるために，ビジネスシステムと資源との乖離を検証することで資源を更新し強化・育成していく。顧客価値を高めようとすれば，資源の調達や充実が必要になる。一方で顧客価値には貢献しない資源も現れて，資源とビジネスシステムの間に不均衡が生じてくる。その不均衡を調和させる活動がケイパビリティを向上させていく。このような資源の再構築は，ときにはビジネスシステムの再構築をも求めるようになる。

　今，資源の内容もその調達方法もそして活用方法も多様化し，それを組合せることによって，多様なビジネスシステムが可能になっている。それは，資金をはじめとする資源が脆弱といわれる中小企業にとっても，多様な事業の機会が登場していることを示している。顧客の求める新しい価値を発見すれば，それに応える斬新なビジネスシステム構築が可能なのである。

[注]
(1) コア・コンピタンスについてはPrahalad and Hamel(1990)を参照。
(2) コリスとモンゴメリー(1995)は，資源を価値あるものにするのは顧客のニーズにマッチするという需要要因と，希少性そして充当可能性の3つを満足するものであるとした。
(3) 利益要因が企業の内部にあるのか，それとも外部にあるのか，また利益要因そのものに注目するのか，利益要因を生み出すプロセスに注目するのかで経営戦略の特質を分類解明したものに次がある。青島・加藤(2003)pp.16〜39参照。

(4) 近年，インターネットを通じて不特定多数の人々に比較的少額の資金提供を呼びかけて資金を集めるクラウドファンディング（crowd funding）が注目を浴びている。それはネット上に製品やサービスを提示して，そのプロジェクトに賛同する人の投資額が一定額集まったら開発や事業を行う方法である。

(5) ベンチャー企業の資金調達市場として1999年12月に華々しく登場した東証マザーズの上場第1号がニューディール社である。全国の街頭に専用端末を設置して音楽をダウンロードする事業として旧社名リキッド・オーディオ・ジャパンで上場した。しかしその事業活動を行わずに撤退し，その後風力発電やDVD販売を企図したものの事業化には至らず，最終的にヨガ教室を展開する。元経営者の逮捕や株価1円，上場維持に必要な株式代行事務手数料も支払えない状況で2009年上場廃止となる。こうした企業や粉飾決算を繰り返したライブドアのような企業を受け入れたマザーズ市場は低迷し，その存在自体が問われた時期もある。

(6) たとえば，エーベルは競争企業の分析に際して，目に見える相違と隠れた相違とに分けた。前者は業績や市場戦略，事業の定義であり，後者の外部からは見えない企業の力として資源，能力（competences），組織の仕組み，戦略的意図をあげた。ここで資源は資金，人間，物理的有形物の形態をとり，顧客満足のために活用可能な何らかの手段のことである。Abell（1993）邦訳pp.58～59参照。

(7) 伊丹（1984）pp.47～59，また伊丹（2001）参照。

(8) 吉田（1967）pp.82～83参照。

(9) Badaracco（1991）邦訳pp.45～70参照。

(10) 知的財産権に抵触せずに同様な製品を作る方法にクリーンルーム設計がある。これは模倣する製品を調べて仕様書を書き，その仕様書が著作権を侵害していないか法律家による検査を受ける。その後にリバース・エンジニアリングを行った者とはつながりの全くない別のチームが，仕様書に即して製品を作る手法である。

(11) 新聞や雑誌のような部数の多い印刷物は，レイアウトされた版から印刷シリンダーに合わせた曲面の刷り版を作成して輪転機で印刷する。

(12) SOHO（Small Office/Home Office）の明確な定義はないが，パソコンなどの情報通信機器を利用して，小さなオフィスや自宅などでビジネスを行う事業者という意味で使われる。テレワーク，在宅勤務，マイクロビジネスなどと同義語で使われる場合もある。クラウドソーシング（crowdsourcing）は不特定多数の人に業務を委託するもので，新しい雇用形態でもある。必要とするサービスやア

イデアなどをネットを通じて募集したり，業務を細かく分割して，その業務が可能な人を募集して業務を委託したりする。優れたノウハウを持つ特定の組織に一括で業務を委託するアウトソーシングと対比される。
(13) Grant(2002) pp.139～157参照．
(14) ケイパビリティの基本的な概念については次を参照。Barney(2002)pp.159～172，邦訳pp.233～298。
(15) 資源や活動のフィット・蓄積によって生じるケイパビリティは見えにくく模倣しにくいため，持続的競争優位の源泉としての役割をもつ。
(16) 東大阪の産業集積の状況と課題については植田(2000)を参照。東大阪産業集積企業の新たな動向については湖中(2009)を，そして，グローバル化する経済のなかで東大阪の中小企業については前田(2005)を参照。東京大田区におけるものづくり企業の現状と新しい胎動については山田(2009)を参照。
(17) 渡辺(2011)は分業を東アジアに拡大していく今日の製造業の現象は空洞化ではなく，国内完結型の地域分業から，東アジアも含めた分業空間の拡大とみるべきであり，空洞化という視点は適切でないとする。
(18) わが国を代表する産業集積の一つである東京都大田区の場合，1990年から2000年までの推移をみると，製造品出荷額で約1/3に，事業所数で1/2以下に，従業者数で約1/3にまで減少している。主な集積地のこれらの状況比較は『ものづくり白書2014年版』pp.119～120参照。
(19) バーニーのVRIOフレームワークについては，Barney(1991a)論文，およびBarney(2002)前掲著pp.173～177，邦訳pp.250～279。
(20) このような先行者利得がいかに幻想であり無意味であるかは，ポーター(Porter, 2001)の論文を参照。
(21) Rapp(2002)は日本やアメリカで情報技術を活用して成功している企業は，既存の文化や組織構造から進化させてうまくやってきたことを，そこに情報技術を活かした戦略として発展させていることを指摘する。
(22) Barney(2002)前掲書pp.163～165，邦訳pp.256～258。
(23) フランスやイタリア，アメリカのラグジュアリー・ブランドの形成過程については山田(2006)が詳しい。
(24) バーチャル・コーポレーションの考え方についてはDavidow and Malone(1992)を参照。
(25) パソコンにおける規格の役割やイノベーションが起こす変化と事業について，インテルを中心に解明したものにガワーとクスマノフ(Gawer and Cusumano,

2002)がある。
(26) アンドリュー・グローブ(Andrew Grove, 1996)は，1980年代にコンピュータ・ビジネスが，従来の縦割り型から横割り型の産業構造に転換を遂げたことを指摘している。
(27) そのような例を端的に示すのが北京小米科技で，2010年に創業してモジュールを活用したAndroidプラットフォームのスマートフォンで，2014年には中国国内では首位のサムスンにせまりトップシェアを獲得しようとしている。
(28) これは，台湾のコンピュータ製造業エイサー(Acer：宏碁電脳)の会長スタンシーが提唱したスマイル・カーブという概念で説明されている。それはパソコン製造業界の描く付加価値曲線を表し，縦軸に付加価値，横軸に製造工程(左から順にコンポーネント製造，製品組立，流通，メンテナンス)のグラフを描くと，製品組立の付加価値が低いためU字形を描き，あたかもスマイル(笑顔)のように見えることから名付けられた。上流層(提供者側の層)と下流層(利用者側の層)の利益率は高いが，中流層(組立企業など)では低いという現象を指す用語である。佐藤(2007)pp.195〜216参照。
(29) 山田(1993) pp.31〜49。
(30) このような外部資源活用による事業の仕組みに注目するのはビジネスモデル論だけではない。加護野・井上(2004)参照。
(31) 企業と市場という2分法に対してその中間領域にあるものを中間組織という(今井・伊丹・小池，1982)。
(32) 1990年代，情報システムの運営管理を高度なノウハウを持つ専門企業に全面的に委託するという状況をさしてアウトソーシングという概念が導入された。このような経緯から，著者はアウトソーシングという用語を外注と区分して，調達企業に比してより高度な業務ノウハウを保有する受託企業から調達するときにアウトソーシングという用語を用いる。小川(2000b)pp.63〜90参照。
(33) Milgrom & Roberts(1992)邦訳pp.136〜149。
(34) Barney(2002)前掲著pp.370〜381，邦訳(下)pp.8〜25。
(35) 区別される要素の数と多様度を定義したアシュビイは，多様度だけが多様度を破壊するという最小多様度の法則を唱えた。Ashby(1961)邦訳pp.154〜156参照。
(36) 小川(2000)前掲書pp.215〜240参照。
(37) RBVの課題については次が詳しい。河合(2004, 2012)および遠山(2007)。
(38) J.D. Power and Associates社の2006年全米自動車の初期品質調査ブランド別調

査データでは，100台あたりの不具合件数でレクサスブランドとトヨタを分けると，1位ポルシェ，2位レクサス，3位ヒュンダイ，4位トヨタの順であった。「品質崩壊―人材劣化の苦渋―」『日経ビジネス』2006年7月24日号。同社の2009年調査では，2008年トップのLexusを抜いてBuickとJaguarがトップで，3位がLexus，4位はトヨタである。

(39) McGahan(2004) pp.15～95，邦訳pp.1～94参照。

(40) ビジネスシステムの変容による企業の成長については，本書第6章のほか小川(2002)参照。

(41) 企業行動を革新するには関連する組織との関係を再構築し，また新しい関係を創出することになる。外部組織とのネットワークの革新なしに，企業を革新することはできない。新しい関係は組織に事業革新を迫るのである。小川(2000b)参照。

(42) 企業の成長は単純に外面的な企業規模だけでなく，内面的なもので，内面的な資源が変わらなければ企業規模も変わらないとペンローズ(Penrose, 1959)は主張した。

(43) コリンズ(Collins, 2001)は，企業を飛躍させた経営者は事業に合わせた人材を採用するのではなく，人材に合わせて事業を構築していると，事業における人材の重要性を指摘した。

第6章 ビジネスシステムと事業の進化

　顧客価値を創出するビジネスシステムは固定的なものではなく，環境変化に応じてその機能とそれをもたらす構造を進化させないと，変容する顧客価値に対応できなくなってしまう。一方で，ビジネスシステムを構成する資源や業務プロセス，ケイパビリティなどの変化も新たな仕組みを促す。ビジネスシステムは顧客価値や環境の変化，そしてビジネスシステム要素の変容に応じてダイナミックに進化しないと退化してしまう。本章では事業とビジネスシステムの進化，その外的・内的進化要因，さらに積極的にビジネスシステムを改変するビジネスシステムのイノベーションについて検討する。

　第1節では企業成長モデルをレビューするなかで，企業の成長は組織的課題に備えるだけで成長できるものではなく，環境変化に応じて事業を洗練させ進化させていくことが不可欠なことをみる。第2節では製品ライフサイクルのなかで，とりわけ導入期と成熟期にビジネスシステムの確立が重視されること，そしてビジネスシステム形成要因には，顧客価値と製品特質や業界の慣行という外的要因と，企業の内的要因という3つが作用することをみる。それら3つの要因の変容に応じたビジネスシステムの進化が求められることを検討する。

　第3節ではビジネスシステムに変容を迫る外的要因として，顧客価値の変化と多様化，産業内のプロフットプールの変化という産業構造の変化要因，そして競合企業への対抗を取り上げる。第4節ではビジネスシステム進化の内的要因を取り上げ，ビジネスシステム要素のいずれかが変容すると，それに合わせて他の要素とのフィットが必要になり，それがダイナミックなビジネスシステムの進化要因となることをみる。第5節では受動的ではなく，能動的にビジネスシステムを進化させていくにはどうするか，ビジネスシステムのイノベーションを検討する。

第1節　事業の進化とビジネスシステム

　顧客に価値を提供し満足度を高めるためのさまざまな工夫が，また環境変化に対応する事業変革の試みが，ビジネスシステムを進化させ事業を成長させる。はじめに事業とその進化について検討する。

1　企業成長モデルと事業の進化

　企業は事業を通じて成長し，また環境に適応できなければ消滅してしまう。事業の進化を検討するに当たって，まず企業の成長モデルからみていく[1]。組織行動を成長ステージに合わせて向上させることも重要だが，それだけでなく環境に適応することで企業は進化する。

(1) 組織の内在的変化に注目した成長モデル

　企業がどのようにして成長していくかを示したものに，グライナー(Greiner, 1972)のモデルがある。これは売上高と従業員を指標に，小企業が大企業に成長するには，また未熟企業が成長企業に発展するには5つの段階を経るとする。それは①創造性(creativity)による成長，②指揮(direction)による成長，③権限委譲(delegation)による成長，④調整(coordination)による成長，⑤協働(collaboration)による成長である。そしてこの間には，創造性による成長の後に，①リーダーシップの危機が，次の段階以降，②自律の危機，③管理の危機，④形式主義の危機，最後の協働による成長の後には，⑤新たな危機が発生する。

　このモデルでは成長のステージごとに革新と危機があり，革新によって危機を克服することで次のステージに成長することになる。しかし示されている成長要因や危機は，必ずしも企業の発展段階のなかで順序をへて発生するものではない。それらは同時に起こることもあるし，危機の発生順もその衝撃の大きさも企業が置かれた状況によって異なる。必ずしも実態に即した成長モデルとはいえない。

　またチャーチルとルイス(Churchill and Louis, 1983)は企業規模や事業の多

様性，組織の複雑性，経営スタイル，組織目標などの要因を踏まえて企業の成長をモデル化した。それは成立(existence)，生存(survival)，成功(success)，離陸(take off)，資源成熟(resource maturity)の5段階である。従業員や企業所有者の組織行動，組織の公式度など，経営スタイルのほかにも多様な管理要因や経営要因から企業の成長段階を提示し，ステージごとの重点行動を示した。

この企業成長モデルでは組織や経営スタイル，戦略行動といった事業に必要な要因が発展段階ごとに異なることに注目する。ただ企業を成立させる製品や技術の創出，顧客価値への対応，そして環境変化への対応や事業の仕組みへの関心は薄い。

こうした企業の成長モデルは，企業規模の拡大とともにその組織内容を変容させながら成長していくという組織ライフサイクル概念を基盤にしている。そして成長とともに発生してくる組織内の課題を解決しないと，新たなステージに登りつめることはできないとして，特に組織構造や組織過程など，組織行動の向上に主眼をおく。事業に必要なより複雑な組織行動を確立することが，企業の規模拡大とともに重要性を増していくことは間違いない。しかし企業の成長は組織的要因だけでは説明できない。

(2) 事業の確立による企業成長

これに対してフラムホルツとランドル(Flambholtz and Randle, 2000)は，ベンチャー企業から成長していくための7つの段階を提示した。それは企業の創設からはじまって，確固とした事業を確立するための組織開発事項に注目したものであり，事業拡大，プロフェショナリゼーション，コンソリデーション(強化)，多角化，統合，最後に衰退・再活性化と進展する。それぞれの段階には企業として成長するための痛み(growing pains)があり，その痛みを克服するための重要な開発領域があること，その開発を怠ると企業は成長できないばかりでなく破綻消滅していくとした。

その企業成長のための開発内容とは，事業概念の定義で事業基盤を構築した後，第1段階では市場の特定・定義と製品・サービス開発，第2段階では資源獲得とオペレーション・システム開発，第3段階ではマネジメント・システム

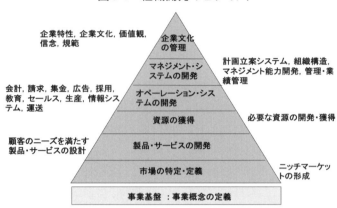

図6-1 組織開発のピラミッド

［出所］Flambholtz & Randle (2000), 邦訳p.22, 筆者加筆修正

の開発,第4段階では企業文化の管理を行うことである。そして第5段階以降では,これら初期の開発事項を強化することが提唱されている。

ここでは組織行動ではなく,企業が営む事業の製品や市場の確立,必要な資源調達,事業の仕組みや経営体制,それらから醸成される企業文化などの充実や発展に注目し,事業の構築や確立という視点から成長を解明している。しかし内在的な事業能力の向上に重点が置かれ,ここでも環境変化に適応していくための行動や事業の仕組みの創造が解明されているとはいえない。

2 環境との相互作用による事業の進化

組織ライフサイクル視点に基づいたモデルは企業規模の発展段階に応じて,どのような経営行動を重視すべきなのかを検討する場合には有効である。しかし内部の組織的課題の解決を図ることが主体になり,事業経営の核になる事業をどのように行うか,それをどのような仕組みで行うか,どのように事業を変革していくか,そしていかに企業の生存を左右する環境に対応するかは十分に考慮されていない。

そこには組織が確立すれば事業は円滑に運営できる,また環境変化に対応で

きるとの前提があることになる。しかし組織行動をあらかじめ整備しておけば環境変化に適応できるわけではない。それだけでは環境に適応できなことは，1997年の北海道拓殖銀行，2000年のそごう，2004年のダイエーなど大企業の破綻や，2008年に顕在化したアメリカ金融機関のリーマン・ブラザーズやメリルリンチ，AIGの破綻，それに自動車産業ビッグ3のGMやクライスラー，2010年の日本航空などの著名な企業の破綻が例証している。

　企業が消滅するのは顧客に価値を提供できなくなったか，競争企業に対する優位性を失ったか，またそれらを環境変化のなかで見失ってしまったことによるのではないか。そうであるとすれば顧客価値を提供できる事業であることが成長や生存の基本であり，そのことを実行し，また変革できる事業行動が必要になる。新たな顧客価値を提案する製品，それを創出するビジネスシステムを創造して環境に適応し，また働きかけることで企業は成長していく。また未知で突発的な環境変化にも，柔軟に素早く事業を対応させていく適応力を企業は備える必要がある[2]。

　企業は環境との相互作用のなかで事業を環境に適応させ，新しい顧客価値を創出し，提供する価値を高めることで生存し成長していく。さらに競争企業よりも優位な効率性の高い仕組みを追求していく。この過程で環境が安定しているときは，その効率的なビジネスシステムを維持するという自己維持機能（self-regulation）によって生存する。しかしそれまでの製品や仕組みでは有効に対応できない大きな環境変化に対しては，ビジネスシステムや企業の形態そのものを変革して生存を図ることになる。そうした自己組織化（self-organization）の過程を経ながら企業は進化していく[3]。

3　再構築の繰返しによる事業の洗練

　顧客に価値を提供できる競争優位な事業は，どのようにして形成されるのだろうか。一般的な事業の進化のプロセスを図6-2のように示すことができる。利益を獲得できる事業の風評，経験による顧客ニーズの発見，そして自らの事業ノウハウの発露を求めて事業が開始される。このとき事業に必要な資源を調

図6-2　ビジネスシステムの再構築による事業の進化

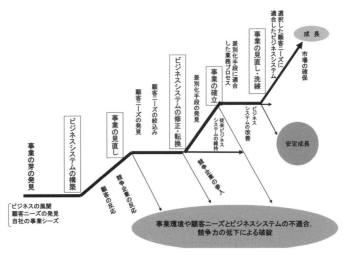

［出所］渡辺・小川・黒瀬・向山（2013），p.49

達し，顧客に製品やサービスを提供するために，既存の類似した分野と同じような仕組や，有効だと想定するビジネスシステムが構築される。

　その後多くの場合，事業の見直しを迫られる。実際に事業を実行すると顧客の反応が明確になり，製品の改良や変更だけでなく，事業の仕組みそのものも変革しなくては顧客ニーズに対応できないからである。競争企業の動向に対応した優位性のある事業構築にも迫られる。需要を獲得できれば，それに対して競争企業が登場し対抗策を講じてくるからである。ただ現実には想定した需要が獲得できないために，事業の修正を迫られることが一般的である。

　事業の見直しのなかでは，新たな顧客ニーズの発見や特定の顧客価値へのフォーカスによってビジネスシステムを修正する。ときには事業そのものを大きく転換して，事業概念の段階から事業の再構築を余儀なくされることも少なくない。その際に，業界の慣行や従来から存在するビジネスシステムに拘泥せずに，顧客に価値を提供できる優れたビジネスシステムを創造できるかが鍵になる。新規創業企業は比較的容易に新しい方法を構想できるが，既存の企業は

従来の方法や慣習に縛られてしまう。初期の構想にとらわれず，顧客獲得のための方法を創造できる企業家精神が問われることになる。

　ティモンズ(Timmons, 1994)は新規事業創造の必要条件を創業者，事業機会，必要資源の3つの要素から解明した[4]。事業の創業には事業機会を見つけることが出発であり，その機会を認識するのも，それに必要な資源を調達するのも創業者である。これら三者間の不均衡を絶えず克服して3つの事項の適合性を高め，試行錯誤を繰り返しながら事業を成功に導いていく行動力が創業者には必要になる。確信を持って事業機会をとらえたものの，顧客のニーズが多様で把握が不十分だったり，顧客の満足度を得るには想定した資源が揃わず，ビジネスシステムが不十分であったりと，新しい事業には不確定要素が多い。

　こうして図6-2のように顧客ニーズに対応できるそして競争優位性を確保できるビジネスシステムを目指して，ビジネスシステムの構築－見直し・修正－確立－見直し・洗練というサイクル繰り返すことで事業は進化していく。顧客価値や環境変化に応じて，ビジネスシステムの洗練を絶えず試みる事業が成長していくのである。

　顧客層を絞り込んでさらに顧客満足度を高める仕組みに挑戦したり，競争企業に対する差別化の視点で事業を再構築したり，といった事業の変革がビジネスシステムを進化させる。その過程で，事業として選択した顧客価値の創出により合致できるビジネスシステムに洗練されていく。しかし顧客ニーズを見誤って有効ではないビジネスシステムを構築したり，資源不足で望ましいビジネスシステムが不十分であったり，より優れた方法で競争企業が先行したりといった理由で，顧客を獲得できない事業になってしまう危険性も高い。

　事業を成長させるには社会経済環境や顧客価値の変化，そして企業の資源の変容に合わせて製品だけでなく，ビジネスシステムも変容させていくことが不可欠である。それをいかにして実現していくかが課題になる。以下ではビジネスシステムの進化についてまず検討する。

第2節　ビジネスシステムの進化と形成要因

　製品や産業のライフサイクルと，競争力確保のための企業行動という側面からビジネスシステムの進化を検討する。ついでそのビジネスシステムの進化について，それがどのような要因から生じるのかを解明する。

1　製品イノベーション

　図6-3のように，新たな製品や産業の導入期には，顧客を獲得できる製品の機能や形態を求めてさまざまな企業がそれぞれ独自に，優れた製品を目指して製品イノベーション競争を展開する。開発の中心は製品の機能や性能，それにふさわしい形状などである。当初はどのような機能や性能が顧客から支持されるか不明なので，激烈な製品開発競争のなかで多様な製品が登場する。現実には顧客が求めていない機能や性能も追求されがちである。

　そうした製品イノベーションのなかで，いつしか顧客から支持される標準的な製品仕様が形成される。製品開発競争を制覇した競争企業から模倣されるそのモデルになる製品をアバナシー (Abernathy) とアッターバック (Utterback, 1994) は，ドミナント・デザイン (dominant product design) と呼んだ[5]。その市場をリードする支配的な製品の座は，機能や性能で優れたものが必ずしも勝ち取るとは限らない。より多くの需要を獲得する模倣対象になる製品がその座を射止める。

　特にデジタル製品の分野ではドミナント・デザインは製品規格の獲得競争の結果として登場することが多く，製品そのものの優位性だけでなく，規格の同調者を獲得できた製品が事実上の標準の地位まで獲得する（山田，2009）。その企業は業界の利益を集中的に獲得してしまう。こうした競争による標準の形成の一方で，企業や研究機関など関係する組織による協議で，標準規格を設定するデジュアリー・スタンダード (de jure standard) という方法も採用される。この場合は製品や技術に関係する組織の合議で標準規格が形成されるが，標準規格決定後はやはり価格競争中心の競争に移行する。

図6-3 産業ライフサイクルと企業行動の重点

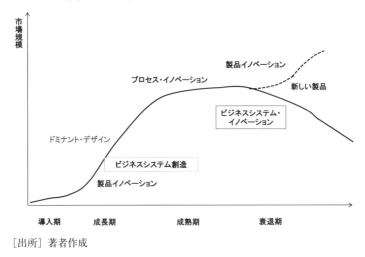

[出所] 著者作成

　導入期には製品イノベーションが企業活動の中心になるが，一方でその製品の開発や生産，提供方法などの事業の仕組みの創造も課題になる。顧客に製品を提供するための顧客価値に合致した有効な方法が不可欠だからである。ただドミナント・デザインが登場するまでは，顧客を獲得できる優れた製品開発が可能で顧客価値を創出できる事業の仕組みが必要になる。顧客情報を収集し開発者のアイデアや創意工夫を活かしてスピーディに開発できる仕組みである。

2　プロセス・イノベーション

　ドミナント・デザインが明確になると性能競争や技術開発も続くが，製品そのものでは差別化しにくくなるため，産業内の開発内容や競争行動の重点が変化する。製品開発よりもプロセス・イノベーションによって効率的な生産技術を開発し，一方で規模の経済性を発揮させてコスト削減を図ろうとする。製品や産業をリードするのは，効率的な業務プロセスを形成し，また規模の経済性を発揮できる企業である。そして産業の成熟化のなかで，優れたビジネスシステムの模倣によって産業内では一般的な事業の仕組みへと収斂していく。

一方で製品ライフサイクルが成熟化するなかで，より広く顧客を獲得しようと製品が多様化していく。それが進むと反対に，顧客の求める機能だけに絞り込んだカスタマイズ化した製品や，ニッチな製品などに市場を絞る企業も登場するようになる。さらに衰退期にかけて市場の低迷を打破しようと，再び製品開発が活発化して新たな機能を付加した製品が登場し，また新しい活用方法が開発されて製品の用途が拡大する。製品の使用目的さえも変化していく。

そうした新しい機能や用途の開発によって需要を獲得できた製品は，産業の寿命を延命させ新たな市場を立ち上げる。製品の持つ基本機能だけでなく，顧客が潜在的に求めている機能や，新たな活用方法などを積極的に見出すことで，企業は需要を獲得し，新たな製品を創出しながら産業は発展していく。

製品ライフサイクルの成熟期以降，事業の仕組みの変革が再び重要性を増す。規模の経済性を発揮できる販売シェアの大きな企業は，効率的な生産と販売が可能な仕組みへと洗練させ，他方でシェアの小さな企業は新たな顧客価値や特定顧客層にフォーカスした事業の仕組みへと移行して，新たな活路を見出そうとする。

3　ビジネスシステムのイノベーション

成熟化した製品や産業は，新しい次元での製品や技術の開発，それに新たな顧客価値を提供するビジネスシステムの開発などによって，さらに市場を拡大して産業分野を拡大するか，それができずに衰退する命運をたどる。たとえばエレクトロニクス産業ではラジオの後に白黒テレビ，カラーテレビ，ビデオレコーダー，そして液晶テレビといった具合に，次元の異なった製品を開発してラジオ産業から規模を拡大して発展してきた[6]。この間に製品の生産方法や販売方法などさまざまなビジネスシステムの開発も行われてきた。

こうして産業のライフサイクルをイノベーションの変化からみると，製品イノベーションの次にはプロセス・イノベーションが，そして再び製品イノベーションに重点が移っていく。このときビジネスシステムのイノベーションは仕組による差別化を図るため，ライフサイクルの成熟期に比重が大きくなるもの

の，導入期にも製品開発と一体になって行われる。新しい製品とそれを活かす仕組みとが一体になって，顧客価値を形成することではじめて需要を獲得できるからである。製品ライフサイクルの変化はビジネスシステムの進化を促す。

　ビジネスシステムのイノベーションは多様化する顧客ニーズに対して，特定の価値提供や新たな顧客価値を実現する事業の仕組みへの革新である。このとき製品だけでは十分な顧客価値を創出できず，事業の仕組み全体での価値創造が必要になる。加えて社会の複雑化や技術の高度化・専門化が製品の変革だけでなく新しい仕組みを求める。このとき新たな仕組みの創造は，製品や技術の革新という未知なるものの創造よりも，対象にする顧客価値を明確にすれば企業にとって比較的実現可能である。そして顧客価値の創造を目指すビジネスシステムの革新は，同時に製品や技術の開発をも促す。

4　ビジネスシステム形成の要因

　次に，ビジネスシステムはどのような要因で形成されるのかである。顧客のニーズに最も応えやすい方法を基に事業は開発される。しかし，そのための理想的なビジネスシステムは実現しにくいのが現実である。それは図6-4に示すように第1の顧客ニーズへの対応という要因の他に，第2の製品やサービスの特質によって生じる要因と，そして第3の企業が保有する資源からの制約という企業の内的要因とがあるからである。

　第1の顧客ニーズへの対応については本書で多々触れているので，第2の要因から検討していく。たとえば立体的な形状の製品を顧客に提供する場合，その技術には金属やプラスチック素材を切削や切断して組立てる方法と，鋳物やプラスチック射出成形のように材料を溶融して型に注入して成形する方法，それに金属プレス加工による成形などがある。後者の方法は均一な製品を大量に生産するには適するが少量生産はしにくい。どの方法を採用してもそれぞれ長短があり，またその技術形態によってコストや生産期間，変更の容易性などに影響し，また設備や管理方法，販売方法，業界の慣行なども異なって業務プロセスも異なってくる。

図6-4　ビジネスシステム形成の要因

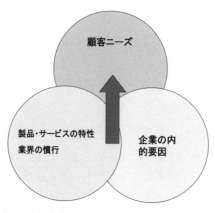

［出所］著者作成

　加えて第3の保有する資源という企業の内的要因に制約される。プラスチック射出成形技術しか保有しなければ，プレス加工の方が顧客ニーズに応えやすいとしても自社では対応できず外製になる。また自社の営業所網を構築したほうが顧客の要望に即した販売ができるとしても，販売網の設置や運営に必要な資金，そのコストを吸収できる収益が確保できなければ，代理店や問屋を活用したルート販売という流通チャネルにならざるを得ない。このように顧客のニーズに最も応えやすい仕組みが想定できても，そのビジネスシステム形成は資源に制約される。

　前述のような要因はビジネスシステム構築の際の制約条件として作用するが，それを克服しようとする行動や，少しでも顧客を獲得するための方法が多様な事業の仕組みを生む。他方で，企業ごとに多様なビジネスシステム形成の可能性があるものの，競争の中で成功した企業に類似したビジネスシステムに産業内では収斂していくことが多い。そして製品やサービスの特性から生じる一般的な仕組みとあいまって，産業内では一般化した，慣行化したビジネスシステムが構築されるようになる。いわばドミナントなビジネスシステムが登場してくるのであり，優れた仕組みの模倣でありモデル化である。製品や技術の

図6-5 ビジネスシステム進化の要因

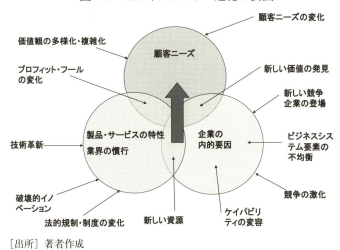

[出所] 著者作成

同質化だけでなく、画一化したビジネスシステムによる競争はいつしか価格競争に陥っていく。

5　進化を迫られるビジネスシステム

　ところが顧客ニーズや業界の一般的な慣行、企業の内的要因という3つの要素は図6-5にみるような進化要因によってビジネスシステム陳腐化させ変容を迫られる。顧客のニーズは多様化しかつ移ろい易い。顧客の価値観も多様化するため、多くの顧客をターゲットにするほど顧客の満足度は低下しがちである。また製品特性や業界の慣行は技術革新によって変容する。新しく登場した技術を採用する企業が登場し、従来の方法を陳腐化させたり、斬新な発想によって新たな顧客ニーズを獲得する仕組みを創造する企業も登場する。

　ときには破壊的イノベーションが、業界慣行を根底から変えてしまう。また業界の収益構造も変容する。加えて社会のなかには新しい資源が登場し、従来の資源を陳腐化させる。社会・経済環境や法的規制・制度の変化も加わって、これら製品の技術革新や業界慣行の変化などによってビジネスシステムは変革

図6-6　ビジネスシステム進化の外的要因と内的要因

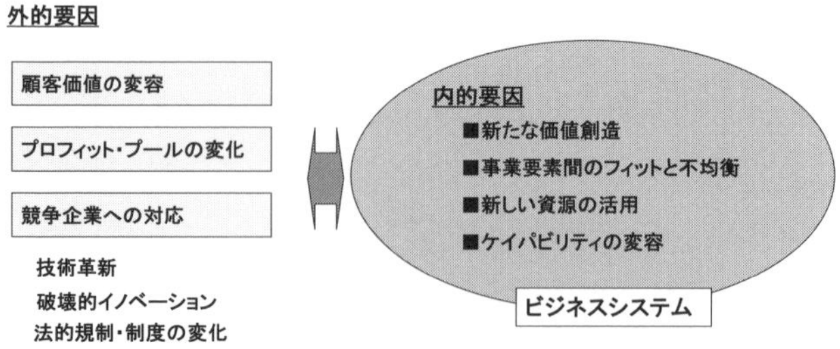

外的要因
- 顧客価値の変容
- プロフィット・プールの変化
- 競争企業への対応
- 技術革新
- 破壊的イノベーション
- 法的規制・制度の変化

内的要因
- ■新たな価値創造
- ■事業要素間のフィットと不均衡
- ■新しい資源の活用
- ■ケイパビリティの変容

ビジネスシステム

［出所］著者作成

を迫られる。それは業界構造さえ変容させるようになる。

　さらに企業の内的な要因も変化する。新しい価値を発見すれば、その価値獲得に向けてビジネスシステムの変革を構想するようになる。一方でビジネスシステムを形成する業務プロセスや資源などの要素間のフィットが破られ、ビジネスシステム要素の不均衡も生まれる。新しい資源が導入されたり、企業の能力や資源が陳腐化してしまったり、また組織に蓄積されたケイパビリティも変容していくからである。ビジネスシステム要素は相互にシステムとしてフィットし創発することで顧客に価値を提供している。それらが不均衡になるとビジネスシステムの再編が不可欠になり、進化要因として作用する。

　そこで以下の2つの節では、ビジネスシステムを進化させる要因を図6-6のように、外的要因と内的要因に分けて順次みていこう。以下で取り上げる外的要因は第1に顧客価値変容への対応、第2にプロフィット・プールの変化、第3に競争企業に対する対応である。このほかに技術革新という重要な要因があるが、本章では技術要因を内的な資源の項目で扱う。また破壊的イノベーションと法的規制・制度の変更は改めては取り上げない。

　次の第4節で述べるビジネスシステムにおける企業の内的要因として、まず新たな価値創出を目指す活動が重要だが、これは本書で全体的に触れているのでここでは取り上げない。事業要素間の不均衡を第1に、以下第2に新しい資源の活用、第3にケイパビリティの変容をとりあげる。

第3節　ビジネスシステム進化の外的要因

　ビジネスシステムに変容を迫る外部からの影響についてみていく。複雑化する社会のなかで顧客は既知なものだけでなく潜在的なニーズを抱えている。それに対応するため，新しい事業概念の構想や採算確保の工夫が仕組みを進化させる。

1　顧客価値変容への対応

　個々の顧客は多様なニーズを持ち，満たされないニーズに不満を感じているだけでなく，企業が見逃してきたニーズや明確に認識していないニーズを持っている。それを把握せず旧来の価値や仕組みで，平均的な顧客像として扱っている企業が少なくない。

(1) 価値の多様化

　社会・経済の変化のなかで顧客は新しい価値を見出し，その価値が多様化し変容する。顧客が認める価値を発見して製品だけでなく，事業の仕組み全体で新たな価値創出が必要である。

　たとえばパソコンを必需品として使用する顧客がいる。使用の際のトラブルでメーカーのサポートセンターに連絡すると，たとえば使用するソフトがマイクロソフト・オフィスでもプレインストール版でないことを理由に対応しない。それに従前に比べるとサポート対応時間が長くなったといっても，家庭に帰宅後には窓口が終了して連絡できない。これに対してセキュリティ・ソフト企業などが，年間数千円でパソコンに関するサポート商品を販売する。低価格を売り物にするテレビショッピングでは，パソコンの設置やインターネット，メール環境の設定まで含めて提供する企業もある。すでにパソコンは性能よりもサポートの重要性が高まっているのに，コンピュータ企業の多くはその重要性を無視し，サポートを付随したサービスとして扱う。このように顧客の求める価値を無視して，製品だけで事業を行おうとする企業が圧倒的である。

　図6-7にみるように顧客が求めるのは基本機能や性能の向上，そして簡単な

図6-7 消費者が求める価値

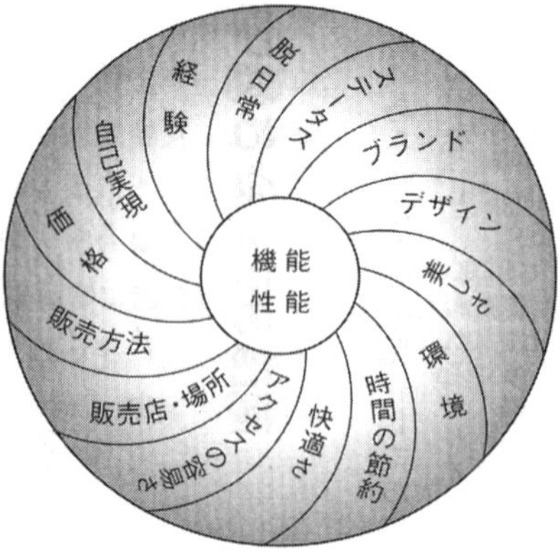

(図：機能・性能を中心に、ブランド、デザイン、使いやすさ、環境、時間の節約、快適さ、アクセスの良さ、販売店・場所、販売方法、価格、自己実現、経験、脱日常、ステータスなどが配置された円形図)

［出所］著者作成

使用や使い勝手の良さなど付加する機能だけではない。さらに活用方法や活用条件，新たな活用目的，販売店や場所，販売方法，購入のアクセスなど提供方法も購買行動を左右し，製品ライフサイクルが成熟化してくるとより多様な購入要因が登場してくる。そして顧客が製品に見出す価値は快適さ，活用による時間の節約，環境，美しさ，デザイン，ブランド，ステータス，脱日常，経験，自己実現，自己変革などへと膨らんでくる。

顧客は製品の使用だけで満足するのではない。それによって自分の生活を実感したいのであり自己を実現したい。周囲と同じ製品を所有し低価格な製品を使用する一方で，自己をアピールしたい製品を購入する。製品を活用して豊かな生活を経験し自己に満足したい。製品にそうした価値があれば，顧客はバリュー価格を支払う。このため顧客価値を追求する事業は，価格競争を避けた利益重視の経営にもなる。

そうした多様化し変化していく顧客ニーズへの対応は，新しい事業に結び付く。たとえば書籍離れといわれる市場変化なかで，コミック本や文庫本という手軽な書籍に需要が移行する。そうすると顧客は短時間で読み終わった本を処分し，次の本を読みたい。このような顧客ニーズに注目して新しい形態での古

書店の仕組みを構築したのがブックオフである。そこには専門書や稀覯本などを品揃えする，東京神田に象徴される古色蒼然とした古書店とはまったく異なった仕組みがある。

繁華街やロードサイドに明るい店舗を設置して，刊行されて間もない鮮度のあるコミックや文庫，CD，DVDなどを中心に手に取りやすく展示して販売する。気軽に購入できる価格で多数の書籍を品揃えするには，書籍の買取りが鍵になる。そこで書籍の内容に対する価値査定の買取りではなく，本の状態と定価に対する掛け率で査定し，目利き能力がなくても買い取れる仕組で書籍を大量に調達する。今日ブックオフは新古書店という新しい事業概念を掲げて，チェーン店の全国展開を行う。この例は顧客の新しいニーズに注目した斬新な仕組によって，新しいビジネスが登場することを如実に示す。

(2) 顧客の問題解決

本来，企業は顧客の多様なニーズを見つけて新しい事業を創造している。しかしいつの間にか業界の通念で一般化した価値にこだわり，自社の得意な資源を活用した製品や技術開発に始終するようになる。そうではなく，製品の使用場面や使用法に注目して新しい価値を創造することが今日の課題である。新たな価値に注目して新しい発想で事業を点検し，価値創出の方法を創造する。社会が求める価値に効果的に対応しようとする行動がビジネスシステムを進化させる。顧客価値の多様化や個性化は，製品の画一化や提供方法の画一化からの脱皮を求めている。

顧客が一般消費者ではなく企業であるとき，求める価値を把握するのは比較的容易である。一般消費者よりも顧客は自らのニーズを意識しているからである。しかし業界の常識や慣行などにとらわれ，視点を変えれば解決できることが問題視されず放置されることも少なくない。顧客企業は激しい価格競争や新規の需要獲得のなかでさまざまな問題の解決を模索している。

図6-8にみるように価格や精度，品質だけでなく，ジャスト・イン・タイム，業務スピードの向上，手間のかからない一括納入，提供される業務範囲の拡大，イノベーション，アクセスの容易性，環境対応，省資源など多様な価値を

図6-8 企業ユーザーが求める価値

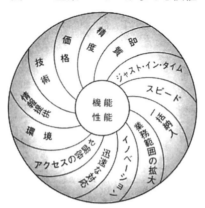

［出所］著者作成

ユーザーは求めている。そして顧客は多様な問題の解決に直面している。それを具体的に解決できる方法を製品やサービスと一体で提供する。このため顧客の抱える問題を発掘し，顧客ニーズの原点に立って事業を組み立てれば，新しいビジネスシステムに発展する。主観的なものである価値は多様に存在するため，特定の価値に絞り込んで優位性を持てば，ブルーオーシャン（Kim, 2005）での事業になる。

2 プロフィット・プール変化への対応

産業全体の生み出す利益は環境変化のなかでその創出領域が変化する。それに対応するにはビジネスシステムを変化させることになる。

(1) 参入障壁の低下と顧客との関係

ガディシュとギルバート（Gadiesh and Gilbert, 1998a；1998b）は産業内のバリューチェーンにおいて，すべての事業分野で獲得した利益の総和をプロフィット・プールと定義して，産業分野のなかでのバリューチェーン領域別に利益構造を把握し，利益を獲得できる事業分野への移行や，利益を獲得できる仕組み構築の必要性を指摘した。1990年代中期のアメリカ自動車産業では，

売上高の60％は製造と販売分野によるものであるが，一方で利益が集中するのは自動車リース事業を筆頭に，保険や自動車ローンであることを彼らは解明する。アメリカの自動車企業はこのような領域に参入して利益を獲得して再生したことを示した[7]。

こうしたドラスチックな変化が産業の少なからずで生じている。金属プレス加工やプラスチック射出成形加工には成型用の金型が使用され，かつてそれは職人技能を持つ金型業の事業分野であった[8]。ところがCAD/CAMと呼ばれるコンピュータによる設計と，その設計データを活用した加工プログラムで制御でき，高度な加工能力を持つ複合的な工作機械マシニングセーターが登場してくると，金型ユーザーは金型を外製化せず内製するようになる。職人技能がなくとも付加価値の高い加工領域が内部化でき，生産期間の短縮や技術力も向上できるからである。

その結果，産業のバリューチェーンも変容し，付加価値の高い業務が金型加工企業から成形企業に移行して，金型専業事業者は急速に減少する[9]。技術革新によって企業のビジネスシステムだけでなく，産業構造全体が変容する。それは素形材加工分野での大きなプロフィット・プールとして存在した金型事業からの利益の争奪でもあった。その利益構造の変化をもたらしたのは，技術進歩による金型加工領域への参入障壁の低下である。

このような参入障壁の低下，そして企業と顧客との関係変化によって利益構造が変化する。アメリカの自動車産業でいえば，激しい競争によって自動車の販売価格が低下して製造や販売事業から利益が消失する。一方で次々と販売される新しいモデルを手軽に購入するために自動車リース需要が拡大する。顧客が求める価値を創出できる事業へと，産業のバリューチェーンのなかで利益創出分野が移動するのである。

(2) 利益が薄い分野では新しいビジネスシステムで対応

参入障壁や企業と顧客との関係で特定の事業分野に利益が集中し，しかもそうした利益構造は絶えずときには劇的に変化する。構造的な変化が起こっている分野では急速に産業内の利益構造が変化してしまう。このため利益が集中す

る事業分野でなければ売上を拡大しても利益は獲得しにくくなる。

しかしガディシュとギルバートは利益が薄い分野でも事業の仕組みによって，利益獲得が可能なことをコンピュータ産業におけるデルの例をあげて示した。基本ソフトのマイクロソフトとMPUのインテルに利益が集中し，コンピュータ製造業が利益を獲得できないなかで，デルは法人ユーザーという顧客セグメントに集中し，そこにカスタマイズした製品を直販するためのサプライチェーンで収益を確保した。利益が集中する事業分野に移行できなければ，既存事業の利益は低下していく。それでも新たな価値を求める顧客との関係を基盤にした斬新なビジネスシステムを構築すれば，低収益な産業領域のなかでも収益は獲得できる。

環境変化の中で顧客価値は変化する。そのなかで見逃されているニーズ，従来の仕組みでは対応できないニーズを発見し，それに対応できるビジネスシステムを構築する。プロフィット・プールの変容のなかで，新たな顧客価値に対応することが収益獲得に必要なのであり，それが新しいビジネスシステムへと進化させる。

3　競合企業との対抗

ついでビジネスシステムを進化させるものに競合企業との対抗がある。需要を獲得できる事業であれば，それは競合企業の模倣の対象になる。ただポーター（Porter, 1985）が5つの競争要因で示したように同業の企業だけではなく，新規参入企業，代替品を持ち込む企業，そして売り手や買い手との交渉力が収益を左右する。収益を低下させる競争を回避するためには，それら競争者よりも顧客を獲得できる優れた製品やビジネスシステムを構築し，競争優位なポジショニングを行うことになる。ただ競争環境が変化するため，その変化に応じて事業の仕組みを創造しないと競争優位は維持できない。

前身企業の経営が破綻して企業再生を迫られ，苦難の道のりを経てブランドを確立した企業がある。ソメスサドル（北海道砂川）は今日，著名デパートや文具専門店で，高級カバンやステーショナリーの専門売り場を獲得し日本のエル

メスにも喩えられる。わが国で唯一の馬具メーカーが丹念に仕上げたカバンやバッグは堅牢性だけでなく，革の味を活かした品質が評価されている(10)。

同社は次のようにして再生した。1970年代馬具用品の輸出専門企業は，急速な円高に直面して輸出市場を失い経営不振に陥る。止むを得ず国内市場に転換するものの馬具需要は少なく，乗馬用のバッグをはじめとしてあらゆる皮革製品の生産・販売に努めた。それが結果的に馬具製品だけでなく洋品雑貨製品に結びつき，馬具と用品雑貨2つの事業分野を形成することになる。

試行錯誤のなかでファッション性や機能性が重要な洋品雑貨製品でも，堅牢性や耐久性が求められる馬具製品を生産していることが品質の訴求になることを認知し，馬具で培ったコア・コンピタンスを磨き上げる。鞍などの縫製で活用される二本針縫いのようなクラフト技能を活かした生産技術を重視したのである。馬具製造技術を応用した洋品雑貨製品という，既存企業にはない戦略ポジションを形成し，それが次第に高級カバンを中心に評価される。

ただ単純に製品開発をしただけではない。一方で新しい事業概念で独自の仕組みを創る。革を国内外のなめし業者から直接買い付け，その素材の特質を活かす企画デザインを行い，問屋に依存せず販売するという仕組みである。これは革製品などの洋品雑貨では珍しい業務プロセスである。培ってきた資源を強化して活用し，素材の直接購入や特殊な生産技術，小売店への直接販売といった既存企業とは異なった事業の仕組みで顧客を獲得し再生を図った。

事業に未来がなく抜本的対策を迫られても，現実にはそれまでの事業の踏襲に始終したり，反対に事業領域や蓄積した資源を離れて未知の分野に挑戦しようとする。また後発で参入して既存企業と同様な事業の仕組みで失敗する。

後発で成功するには新しい製品だけでなく，先行の競争企業にはない強みを活用したビジネスシステムを核にした戦略が不可欠である。それによって競合企業と差別化を図って対抗することが，ビジネスシステムを進化させる。

第4節　ビジネスシステム進化の内的要因

　ビジネスシステムは外部だけでなく内部からも進化への胎動が生まれ，それを活かすことで新しい仕組みが生まれる。反対にそうした進化誘因を放置しておくと，事業の実効性が低下してしまう。

1　事業要素間のフィットと不均衡

　ビジネスシステムは事業要素で構成されるシステムである。オープンなシステムは要素間の相互作用と環境との相互作用のなかで存在する。このため顧客価値や競争状況など環境変化に対応することによって，ビジネスシステムが進化するだけでなく，ビジネスシステムを構成する要素の変化や，その結びつきの変化もシステム進化の誘因として作用する。

　ビジネスシステムを構成する要素やその結びつきは静態的なものではなく変容していく。たとえば情報技術化された新しい設備が導入されると，その資源を活用するために業務方法が変化する。新しい設備を有効に活用するには新たなスキルが必要になり，業務組織の変更も求められる。さらにその設備の有効な活用にも業務の遂行にも，蓄積してきたケイパビリティに加えてデジタル技術活用の新たな能力や，高精度な技術を訴えるための営業活動不可欠になる。

　組織活動が硬直化した企業では要素間のコンフリクトが放置されがちだが，柔軟な企業ではその軋轢を解消して新たな要素間のフィットを目指していく。そして新たな資源の調達や既存資源を変容させて活用しなければ，ビジネスシステムは次第に機能を低下させる。このため企業は新たな資源を調達したり，新たな行動を開始してビジネスシステム機能の向上を図ろうとする。また資源は時間の経過のなかで変容して機能を低下させることも生じる。

　それらはビジネスシステムの要素間の調和を低下させるので，再び顧客価値に対応できるように，仕組みを再編することでビジネスシステムを洗練し進化させる。そこでは個々の業務活動を向上させ，不足する資源を調達するだけでなく，それらの活動や資源間の調和が重要になる。その戦略資源を顧客価値の

確保のためにフィットさせていく能力もケイパビリティといえる[11]。変容する活動や戦略資源を調和させて新たな顧客価値獲得を目指していくことが，結果として独自のビジネスシステムに進化させる。

2　資源の発掘と新しい資源の活用

資源は企業の活動を有効にするだけでなく，他方で企業活動を制約している。しかし存在する資源は固定的なものではなく変容し，またその調達や活用形態も多様である。

(1) 隠れた資源の活用

優れた人材の採用には給与支払い能力だけでなく，企業としての魅力が不可欠である。実際多くの中小企業にとって人材確保は，不況の時でさえ難しく常に課題である。しかし今日，団塊世代をはじめとする大量退職者が存在するために高度な技能を持った人材の活用は従前よりも可能になっている。また日雇い派遣規制により一時期よりは難しい側面もあるが，1日単位や1時間単位で必要な人材をスマートフォンで確保することも可能である。女性や高齢者，外国人の活用もさまざまな形態で行われている。クラウドソーシングで必要な時に必要な資源を活用することも可能である。古い通念にこだわると活用できる資源を見逃し，新しいビジネスシステム構築の機会を逃してしまう。規制緩和やグローバル化，技術進歩のなかで多様な資源が出番を待っている。そうした資源を活用するには，古い枠組みにとらわれない新しい発想の事業概念によるビジネスシステムが必要になる。

外部の新しい資源の活用によってビジネスシステムが進化するだけではない。一方で企業のなかに存在している資源を新しい視点で見直してビジネスシステムに活かすことも重要である。事業を継続しながら事業の仕組みを変革しないと企業は成長できないとしたズック(Zook, 2007)は，隠れた資産(hidden asset)の再発見とその活用に事業変革の鍵があるとした。保有しながらも従前は過小評価されて十分に認識されていなかった資産や，有効に活用されていなかった資産が隠れた資産である。あまり重要視されず取るに足らなかったよう

な隠れた資産を新しい視点で見直し，それを重要な資源として事業の核にしていくとの主張である[12]。

一般的な技術を再定義しながら強化してコア・コンピタンスにした企業にナミテイ（東大阪市）がある。戦後，釘の生産から出発してボルト・ナットや建築金物，自動車部品，海底ケーブル用線材と，その当時の旺盛な需要の製品に次々と転換しながら企業を成長させてきた。その事業革新のなかで同社は異型線というコア技術を育てる。通常，線材の断面は丸形だが，同社は四角や六角，さらに複雑な断面形状の線材生産のノウハウを蓄積する。

線材を伸ばして表面の不純物を取り除いて釘や針金，ボルト・ナット用線材や製品を加工するのが同社の基本技術である。そこに丸い形状ではなく異型な形状の線材需要があることを発見し，その技術を追求して新たなコア技術を形成する。比較的単純な伸線技術を独自な技術に育成したのである。

その技術から海底ケーブル部品事業も生まれている。海底ケーブルは光ファイバー線の束の周囲に外径6ミリ，内径3ミリのパイプ状になる「鉄3分割片」と呼ぶ3本の同社製の異型線材で被覆される。補強するだけでなく外周の被覆材が疵ついたときでも，内部に海水が浸水しないように3本の線材の密着度の精密性は千分の5ミリを要求され，かつ1本の長さは55kmになる。伸線加工という単純な技術のなかに，断面形状を変えることで高度な加工技術が誕生し，その潜んでいる技術が新しい製品を生んだ。

単純そうな技術のなかにも可能性が潜み，独自に応用し進化させることが可能なことをナミテイの例は示唆する。普段活用しているさまざまな資源も，見直して新たな発想で強みのある資源に強化できる可能性が潜んでいる。普及した資源を他社と同様に用いるだけでは，競争優位は形成できないし新しい事業の糧にはならない。斬新な技術を誇る企業は，異なった視点から社内の技術の可能性を引き出して独自の資源として組合せ進化させる企業でもある。

(2) 再定義による資源の有効化

このように企業のなかの資源は新しい活用方法や，新しい概念で再定義していくと有効な資源に転換できる可能性がある。コア事業から離れた事業創出は

失敗の確率が高いので，隠れた資産を活用してコア事業を集中して強化し，そのうえでコア事業の周辺領域への拡張を行い，さらにコア事業とその基本的なケイパビリティを明確にして再定義するという連鎖をズック(Zook, 2007)は強調した。事業のフォーカス(focus)－拡張(expand)－再定義(redefine)というサイクルで，本業事業を中心に事業をイノベーションするとの主張である。

　そのコア事業を再定義する場合，①将来における市場規模や成長性よりもプロフィット・プールの変化に注目，②競争企業に対する差別化と，リーダー企業としてのポジションを追及できる戦略の構築，③常に時代を先取りしたケイパビリティへの投資，という3つの戦略原則を提示する[13]。これらの戦略によって本業であるコア事業の強化を図るだけでなく，環境変化に応じて事業の再定義を行い，コア事業を転換することが企業の成長を推進する(Zook and Allen, 2001)。

　事業のフォーカス－拡張－再定義というサイクルで事業を変革するとき，事業の量的・質的変容や転換に向けた新たなビジネスシステムの構築が不可欠になる。顧客ニーズや提供する価値を絞り込み，需要が見込めれば拡張することになるが，このときも拡張にあわせたビジネスシステムへの変革が必要で，既存の仕組みのままでフォーカスや拡張を図ると事業は齟齬をきたす。そしてビジネスシステムを構築する際に，強みのある資源やケイパビリティを軸に構築する。そうした強みは従来の事業のなかにも潜んでいるのであり，それを再定義してコア事業の強化を軸に事業を創造し進化させる。

(3) 価値を創出できる資源

　ところで資源ベースの戦略論(Barny, 2002)では，次のような条件を満たすのが価値のある資源であった。環境の機会や脅威に適応できる経済的価値を持つこと，その資源を保有する企業が少なく希少であること，その資源を模倣するには時間やコストがかかり模倣困難性があること，そしてその資源を経済的な価値に結びつける方法を保有していることである。

　経済的な価値を持つ資源であるためには，事業に活用できなくてはならない。優れた資源といっても経済的価値をもたらさなければ無用になる。顧客が

求める価値を創出できる資源，事業に不可欠な資源という視点から，前述のような価値ある資源へと見直して強化する。

このとき事業に結びつけて育成強化するには，資源の応用領域を絞り込む。事業は基本的に関連領域で系統的に変化していくのであり，事業ドメインや保有資源を離れるほど未知な領域になり事業成功の確率は低下していく。自社の優れた資源を活用できる戦略ドメインのなかで，それは市場や技術の隣接領域と応用領域に絞られるが，事業を構想することがとりわけ中小企業では重要である。

第5節 ビジネスシステムのイノベーション

チェスブロウ(Chesbrough, 2006a)は知的財産のライフサイクルモデルに対応したビジネスモデルへのイノベーションを指摘したが，同様に産業のライフサイクルに応じたビジネスシステムのイノベーションが必要であり，顧客価値に対応したイノベーションが不可欠である[14]。前節まではビジネスシステムの進化要因をみたが，さらに進めてより積極的なビジネスシステムのイノベーション行動をみていく。

1 イノベーションの推進

今日のめまぐるしく変化する環境のなかでは，顧客を獲得できるビジネスシステムが形成できたとしても，それを不変なものとして扱っていると，いつの間にか顧客を失ってしまう。環境変化に合わせて，また事業や戦略の変化，資源の変容にあわせて，ビジネスシステムのイノベーションを図って行くことが必要である。テッド(Tidd et al, 2001)は，企業が提供する製品やサービス，それらの生産方法や市場に提供する方法などを刷新するときに，それに伴って組織内に生じる中核的なプロセスであるとイノベーションを定義して，イノベーションをマネジメントすることの重要性を指摘した。

ビジネスシステムのイノベーションを組織的に進めるとすればそのプロセス

が重要になる。イノベーションの実現をプロセスとしてとらえたテッドは，そのための重要なルーティンとして次の4つの活動を示した。戦略に基づいた行動であること，内部および外部との効果的な連携が必要であること，変化を起こさせる有効な実行メカニズムが必要であること，イノベーションを支える組織的な文脈が必要であること，である。次にこの主張を援用してビジネスシステムのイノベーションについて検討する。

(1) 戦略との一体性

　ビジネスシステムは事業活動の構造として安定的に機能するためのものであり，戦略と連動してまた戦略を実現する方法として一体的に形成して効果を発揮する。顧客価値が実現できているかを検証するだけでなく，競争企業に対して優位性を持つ仕組みかを検証し変革していくことが不可欠になる。

　戦略は環境に合わせてイノベーションするものであり，ターゲットにする顧客の選択，顧客層に対して提供すべき価値，そのための製造や流通，販売の手法などを最適なものに見直していく（Markides, 2000）。このマルキダスのいう戦略のイノベーションは，まさにビジネスシステムの革新と同じであり，両者は一体で進めなくては効果がない。

　マルキダスにとって複数の戦略ポジション候補の中から，一つのポジションを選択することが戦略である。その戦略ポジションはターゲットにする顧客，提供する製品，そして提供戦術の組合せから構成される。競合他社とは異なる独自の戦略ポジションを設定できれば，事業の成功可能性は高まる。このため，他の企業が模倣しにくい自社の能力に適合したポジションを設定し，事業の定義を行うことが必要だとしたのである[15]。

　マルキダスのいう戦略イノベーションのエッセンスは新しい顧客や製品，そして競争戦術を見つけ出すことである。そのために，どの顧客をターゲットにすべきか，その顧客層に対してどのような価値を提供すべきか，製造や流通，販売の手法は顧客ニーズを満足させることができるかを模索する。こうした戦略の革新はビジネスシステムの変革を求める。

　企業は新しい顧客，価値提供の方法，製造や流通，サービスのより適切な方

法であるビジネスシステムを迫られている[16]。このとき戦略は長期的な企業の行動パターンであるが,めまぐるしく変化する今日の環境では絶えずその有効性を検証して微調整を怠らない。そのためビジネスシステムを戦略の核にする一方で,そのイノベーションにも務めていくことになる。

(2) 外部との連携

ビジネスシステムの実効性を高めるには,変容する顧客価値に応えることが起点になる。しかし変容する価値の内容が必ずしも明確になって存在している訳ではない。このため単純な市場調査ではそのニーズを的確に発掘できない。そこで大規模な販売データから未知の知識を解析するデータマイニング手法や,実験を行いそのデータのコンジョイント分析によって消費者の心の中の製品やデザインなどを創るという法則開発実験法(RDE:Rule Developing Experimentation),といった統計解析手法も試みられている(Moskowitz and Gofman, 2007)。

また平均的な顧客を想定した現実には存在しないニーズの把握ではなく,具体的な顧客像を設定してマーケティングを行うペルソナ手法など,多彩な顧客のニーズ把握が今日行われている(Pruitt and Adlin, 2006)。ペルソナはデータのなかから導き出された特徴に対して,名前と顔,行動様式や購買傾向などを持たせた仮想ユーザーで,それを活用してニーズを発見する。

それでも一つの方法だけで顧客価値を把握することはできない。やはり顧客の使用場面や消費の場に入って異質な視点で観察し,顧客とともに行動して顧客の課題や,顧客が何に価値を認めるのかを引き出すことが基本になる。顧客との行動は潜在する顧客ニーズ発掘の可能性を高める。それに顧客との共同行動やさらに顧客との共同開発など,外部との連携を行えばそれは事業イノベーションの場にもなる。顧客と一体で事業を開発すればより効果的である。

プラハラッドとラマスワミ(Prahalad and Ramaswamy, 2004)は企業が価値を創造して顧客に販売するという,これまでの価値創造の方法に疑問を投げかけて価値共創を主張する。顧客が企業やその仕入先,事業パートナー,消費者コミュニティなどとともに価値を共創する傾向が強まっているとしたのであ

る。今日，顧客は多様な情報を持ち，企業と消費者の情報の非対称性が崩れてきている。さらにネットワークの発達によって消費者は製品の情報を交換し，自分の経験を伝えて情報を他と共有するようになった。このため消費者との対話(dialogue)，利用の経験(access)，潜在リスクに対する評価(risk assessment)，情報の透明性(transparency)などを高めて，顧客価値を共創することが重要な企業行動になるという。

　これは次にみるヒッペルの主張とも一致するものである。顧客からの情報を活用するだけでなく顧客との相互浸透の関係をつくり，相互信頼の中でビジネスシステムの目的を検証し，創出する価値を共創する姿勢とそのメカニズムの構築が企業に求められている。属性や価値観，行動様式などが多様な顧客とのふれあいや一体的行動のなかで，製品だけでなく新しい顧客価値や仕組みを共に模索することが事業のイノベーションにとって重要である。

(3) 顧客のイノベーションの活用

　製品やサービスの作り手である企業ではなく，受け手であるユーザーがイノベーションを起こす例が増えている。ユーザーが自らイノベーションを起こすのは，自己のニーズに対応した製品が提供されないからで，必要に応じて自らイノベーションを図る。企業はそうした外部のユーザーのイノベーションを積極的に活用すべきであると，ヒッペル(von Hippel, 2005)は提唱する。企業がユーザーのニーズや使い方に応えないのは，その意欲が希薄なためだけでなく，ユーザーが求めているイノベーションに必要なニーズや利用情報が，それが生み出された場所から他に移転することが難しい粘着性の高い情報からなっているからだとする。

　粘着性の高い顧客側の情報がイノベーションには必要であり，作り手に不足するとすればユーザーのイノベーションの活用や，その取り組みを積極的に取り入れることで対応できる。すでにコンピュータ・ソフトでは，開発したソフトをβ版と称してユーザーに無償で提供し，使用したユーザーの意見を取り入れて徐々に完成させるという方法もとられている。また3Dプリンターを活用して個人が製品を生産するメイカーズと呼ばれる形態も注目される(Anderson,

2012)。

　ビジネスシステムのイノベーションには，幅広くそしてより深く顧客の多様なニーズを把握する必要がある。購買や消費の行動はターゲットにする顧客層を明確にすれば比較的解明し易いし，さまざまな実験的な試みも可能である[17]。顧客と密着することで製品だけでなく，顧客が価値を認めるビジネスシステムを発見しやすくなる。

　顧客価値を発見するため顧客に接近するには，自社の情報を顧客に提供することが前提になる。優れた製品や技術の情報を市場に提供し，価値あるものを提供できる企業であることを伝えると，それが市場からの情報を呼び込む。情報提供や収集活動が戦略ドメインの中で行われれば，それに対する反応によって自社の強みについても変革の必要性が認識でき，顧客が求める新しい価値を理解できるようになる。それはコア事業領域のさらなる深耕や，周辺の事業領域で生じている顧客情報の獲得に結びつき，新たな事業形成を呼び起こす。

(4) ルーティンからのイノベーション

　未知の斬新な事業に全面的に一挙に転換することや，画期的なイノベーションでビジネスシステムを一挙に変革することは難しく，一般には漸進的なイノベーションが少なくない。その源は日常業務のなかでの変革の必要性や新しいあり方の察知である。顧客ニーズの変化を知り，それに対応できるビジネスシステムのあり方を検討する主な情報はルーティンのなかにある。顧客が求めているものが何かは，日常活動のなかで十分とはいえないが把握できる。このとき業界の常識では考えられない目を疑うようなニーズに注目することがイノベーションに結び付く。

　そうした顧客の声を意味化するためには顧客の問合せや苦情などに耳を傾け，それが現状のビジネスシステムではなぜ対応できないのかという疑問や判断力を，顧客と接する担当者が持つことが前提になる。それには単純に販売活動を行うだけでなく，顧客の声や行動から何かを察知することが業務そのものであり，売上拡大や顧客サービスの向上などと同じように，顧客の満たされない不満を把握することが重要であることをルーティンとして浸透させる。そう

した顧客の情報を組織内に持ち込む活動を重視する。

　ついで創造に結びつく情報を収集し発言・報告させる仕組みをつくる。たとえば日常的なミーティングの場の設定，専任の担当者による日常的な聞き込みなど制度化する。その情報をトップが定期的に把握して検討し，事業やビジネスシステムの問題点を検証する場を設ける。またビジネスシステムの効率や効果について検証項目を設定し，定期的にモニタリングするといった方法もある。そこから得られる小さな情報に対応し，また蓄積することで漸進的なイノベーションの材料にする。

　製品の開発だけでなく，それを提供する仕組みの実効性，仕組みの課題を絶えず評価し改善していくことが，ビジネスシステムのイノベーションを実現する。それを日常的な活動にして，トヨタの改善のようにビジネスシステムの修正を積み重ねて結果的に斬新なものに変革していく。

2　事業ドメインと企業文化

　ビジネスシステムのイノベーションを推進するとき，事業ドメインと資源とのかかわり，そして企業文化の醸成が欠かせない。

(1) 事業ドメインのなかでの資源の進化

　顧客のニーズに的確に応え，求める価値を提供するためには，新たな資源調達や既存資源の見直し，充実が不可欠になる。資源を応用して事業を革新し新しい事業を創造するためには図6-9にみるように，資源を組合せて新しい能力へと止揚させることも必要になる。

　資源を進化させるには，さまざまな事業機会を求めて事業ドメインをいたずらに拡大するのではなく，市場や技術領域を明確にしてその範囲のなかで，事業のあり方を検証することから出発する。そうすれば自社の得意とする領域や知見のある領域で事業に関する情報が得られ，顧客ニーズや技術動向，市場が求めている価値などを把握しやすい。そうした情報を活用して事業を見直し，自己の資源を検証すれば，環境変化による資源の陳腐化や顧客の求める価値との齟齬などによって不足する資源を認識でき，その解決に向かうことができ

図6-9 コア資源の進化によるビジネス・イノベーション

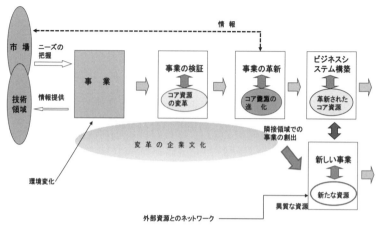

［出所］著者作成

る。その一方で事業の革新，ビジネスシステム変革の方向を設定できればさらに資源の進化を促す。

他方で既存事業を強化するだけでなく，その隣接領域での新しい事業創造の挑戦も必要になる。そこでは図6-9のように新しい資源や，優れた外部資源を活用して新たなビジネスシステムを構築する。隣接領域で新たな事業が生まれれば，それは既存事業の競争力をも強化する可能性がある。新しい事業で活用する資源を既存事業に活用することもできるし，異なった視点から既存事業のあり方を検証できるからである。また既存事業の競争力を向上させる試みが，事業変革や新しい事業ニーズに遭遇する可能性も高める。このような事業と資源，そして事業と事業の共進化がビジネスシステムのイノベーションを促す。既存事業を強化して応用性のあるコア資源を形成していくことが，ビジネスシステムの進化には必要であり，そこで行われる資源の強化は一方で新しい事業創出をも可能にする。

(2) 革新の企業文化の形成

ビジネスシステムのイノベーションを図り，絶えず事業を進化させる組織的

文脈としては企業文化が重要であり，何よりも革新の企業文化を組織に形成することが必要になる。経営史家ウィルソン(Wilson, 1995)は1720年から1994年という，産業革命期から現代までのイギリス企業のビジネスの進化要因をアメリカやドイツ，日本も含めた比較研究のなかで探った。その結果，事業の進化にもっとも影響を与えるのは，企業に内在する価値体系を反映する文化であると主張する。その影響をマネジメント様式の発達から資金調達の方法にまですべての側面で確認した。

今日では企業の重要な資源として意識される企業文化ではあるが，それを明確にとらえることは難しい。しかし個々の企業を実証的に研究するとき，確かに企業行動に大きな影響を及ぼしていると，企業文化の存在を意識させられる例がみられる。

明和グラビア(東大阪市)もそうした企業である。ビニール製テーブルクロスを主力製品に，壁用ビニールクロスなどのフィルム製品，インテリア用品，不織布や座椅子などの雑貨，自動車内装品，携帯電話部品などのエレクトロニクス製品，医療製品など多彩な製品と事業分野を保有する。国内各社の薄型携帯電話の文字盤も同社の製品であった。これら各分野でトップシェアか，顧客の最大取引シェアを獲得している。

戦時下の陸軍科学研究所勤務で偽札印刷に従事した創業者は，紙幣印刷に用いられる凹版印刷技術を活用して当時未開拓のビニール印刷事業を開拓する。次いでアメリカ視察の際に，ビニール製テーブルクロス需要を発見して製造技術を開発する。印刷インクの代わりに凹版に樹脂を注入して硬化させるレースのテーブルクロス技術を開発し，さらに輪転機による連続生産で低コスト化を図るというイノベーションでアメリカ市場を開拓する。同時に生活の洋風化がはじまった国内市場にも投入するなどして多様な事業を創造してきた。

なぜ同社は多彩な事業を創造できたのだろうか。第1に凹版によるビニール素材への印刷という未開領域に挑戦し，その応用性のあるコア技術を育成し発展させた。第2に量販店やDIY店などに直接販売して顧客情報を収集し，一方ではマスコミも活用して情報を発信し，顧客の視点で製品を開発した。第3に

関連の知見がある既存事業の隣接領域で事業を模索する。第4に行動力を活かした素早い事業開発である。

このような経営姿勢が顧客から相談を受ける企業になり，「他社のやらないものを作る」という企業文化の形成に結びつく。そうした新しいものを開発するという企業文化の存在が第5の要因である。経営者が先頭に立って製品や事業を創造するだけでなく，それを企業文化として定着させるために全社員による製品開発コンテストも行う。

もう一つの例である。斬新なデザインと製品コンセプトを次々と発表して著名なアメリカのデザイン・ファームIDEOは，そのイノベーションの基本ステップとして次の5つをあげる。①制約事項の理解，②対象ユーザーの観察，③目に見える形への視覚化，④評価による改良の積み重ね，そして⑤新しいものの実現を提示する。

この単純な方法によって斬新な製品やサービスを実現できるとするが，ただそうした方法を有効にする独自の企業文化が背後にある。多様で異能な人材の能力を活用できる自由で明るくて自信に満ちた組織があり，その組織文化がデザイン・ファームの創造力を支えているのである[18]。より優れたビジネスシステム創造への企業文化の醸成が仕組みのイノベーションには必要である。

3 環境への働きかけと感受性

ビジネスシステムをイノベーションし進化させるとき，真っ白なカンバスに新しいアイデアで新規に創業するベンチャー企業のような場合は別して，一般には既存の事業をより顧客を引きつけられるように漸進的に刷新していくことになる。ただ多くの場合，積極的に事業をイノベーションする過程で企業は失敗しがちである。事業を変革するなかでビジネスシステムを歪ませ実行力を低下させてしまったり，市場の見通しを誤ったり，ケイパビリティを過大評価したり，資源確保に失敗したりといった理由からである。しかし挑戦しなければ事業の成長や発展の機会をつかむこともできない。

環境変化に柔軟に適応できるようにビジネスシステムをイノベーションして

いくには，環境との情報作用を高めることが不可欠である。環境から情報を収集し，環境に働きかけるなかで情報交換が行われ，それが組織を刺激する[19]。顧客や競争企業，関連組織，そして社会経済一般であるメタ環境から新しい情報が企業に流入すればビジネスシステムの変革を迫ることになる。その情報によって事業概念を修正し，資源を再編し，新たな能力を基に新しいビジネスシステムを形成する。加えて業務プロセスや組織の変化を，ケイパビリティや事業概念の変革に結びつける。

このとき製品に対する顧客の満足度の検討，そして顧客のニーズとビジネスシステムとの乖離を比較検証し，仕組みを修正する日常行動が事業を活性化していく。そうした新しい情報が企業のなかに流入することによって企業は変革への意志を整え，資源の向上やビジネスシステムの変革方法を模索する。このような環境変化に対する感受性と，それを基に企業活動を変革するサイクルが持続的成長には欠かせない。事業が成長するには環境変化を梃子として，組織の活性化とビジネスシステムの革新とを図ることになる。

ただ生存するシステムには柔軟性だけでなく，安定性がともに必要である（Cook, 1980）。過剰な柔軟性はシステムの安定性を破壊してしまう。安定性なしにシステムは長期に生存できないし，柔軟性がなければ環境に適応できない[20]。そのとき事業活動の核になり，事業の安定性を保つのがビジネスシステムである。構造的な事業の仕組みであるビジネスシステムには，変化にもそのまま対応できる安定性と同時に変化を受け入れ，新たな構造を創造する柔軟性とが求められる。

企業は新しい顧客価値を開発して成長していくが，それが優れたものほど競争企業が出現する。このため，企業は絶えず新しい価値を創出しなくては生存できない。その新しい価値創出が同時に企業に安定をもたらす可能性を持つ。

第6節　小　括

本章では，ビジネスシステムには静態的に止まるものではなく，それを進化

させる要因があり，また意識的にイノベーションを図って変革してくことをみてきた。事業が環境変化を克服して成長していくためには，ビジネスシステムの進化が不可欠である。それに，はじめから優れたビジネスシステムが形成できるわけではなく，変化に対応しそれを克服しようとするなかで，顧客価値実現と企業の資源に合った仕組みが生まれてくることが少なくない。

そしてビジネスシステムを進化させる要因は環境のなかにも，内部環境である企業内の資源の不均衡という要因にもある。これらの要因を活用して，変容する顧客価値に合致するビジネスシステムへと修正を加えていくことが必要である。そこでは積極的にビジネスシステムを変革するために，イノベーション理論を活用できることもみてきた。

ビジネスシステムは構造として事業を支え実行する役割だが，それを固定化してしまうと今日の複雑化する環境変化のなかでは事業を衰退させてしまう。マグレイス(McGrath, 2013)が指摘するように，持続的競争優位はすでに終焉した幻想であり，一時的競争優位しか確立できない今日，戦略と同じようにビジネスシステムも絶えずイノベーションしていくことが求められている。

しかし企業の少なからずが，事業が軌道に乗るとそのビジネスシステムの進化をとどめてしまう。効率的な仕組みの形成に邁進して環境が変わっても従来の仕組みを維持し，顧客価値と合致したビジネスシステムの在り方を忘れて凋落の道を歩むことが少なくない。顧客価値の変化や新しい顧客価値の登場に注目して対応していくことが，ビジネスシステムを進化させていくのであり，それを怠れば事業は退化してしまう。

[注]
(1) 企業の成長とは何か，何をもって成長とするのかは議論の余地がある。本章では一般にイメージされているように，売上高や従業員規模などの拡大を成長として捉える。もちろん，企業の成長にはそれらの外面的なものでなく，それを実現する内面的な能力や資源の充実や成長が不可欠である。このことを明確に主張したのがペンローズ(Penrose, 1995)である。

(2) わが国企業の創業と廃業が少生多死の状況にあることを分析したうえで，先のグレイナーモデルの適用と，グレイナーが触れていない企業の環境不確実性の課題について，ベンチャー企業を焦点に分析したものに港(1999)がある。
(3) 自己維持と自己組織化による適応については遠山(1998, pp19～25)を参照。
(4) Timmons(1994)邦訳pp.26～46。
(5) Utterback(1994)邦訳pp.47～80。
(6) アメリカにおける家電産業の盛衰について大貝(1998)を参照。
(7) プロフィット・プールの変化に注目したアメリカの自動車産業は，自動車ローン事業などで利益を獲得して復活するものの，小型で燃費に優れた自動車開発を怠り，自動車事業そのものの新たな仕組みの創造を怠ってしまう。このため次第にわが国やヨーロッパ，韓国の自動車メーカーに競争力を奪われて衰退しはじめる。そして2008年サブプライム問題に端を発する金融事業の破綻と自動車需要の急速な低下のなかで，ビッグスリーは破綻状況にまで追い詰められる。自動車企業にとって金融事業は，本業の自動車事業が円滑に進んで初めて収益を獲得できる事業であった。
(8) 金型産業の技術実態とその競争力については(田口，2011)が詳しい。
(9) 経済産業省『工業統計表』によると，1991年には金型製造業の事業所数は12,815であったが，2009年には9,680と約25％減少し，さらに2012年には8,334と約35％減少した。
(10) ソメスサドルのビジネスシステムについて詳しくは小川(2008)pp.145～170参照。
(11) ポーター(Porter, 1996)は業務活動と戦略の，また業務活動間のフィットこそが，持続的成長の源泉であるとしている。ただ，ポーターには資源や能力などのフィットという概念はみられない。フィットがケイパビリティの源泉となるというのは，筆者の見解である。
(12) Zook(2007)邦訳p.34。
(13) Zook(2001)邦訳pp.45～52。
(14) Chesbrough(2006a)邦訳pp.111～130。
(15) Markides(2000)pp.1～2，邦訳pp.3～4。
(16) Markides(2000)pp.31～34，邦訳pp.49～53。
(17) 大阪の中小企業8社とギャルママと呼ばれる若い母親たちが，開発テーマに即して母親や子供の視点でファッションや雑貨製品を開発して販売するために，2012年有限責任事業組合(LLP)「ギャルママ商品開発部」を設立して活動すると

いった新しい動きもみられる。母親たちは製品開発するだけでなく，その販売活動の一翼も担う。
(18) Kelly and Littman(2002)および，Kelly and Littman(2005)を参照。
(19) 企業と環境との情報作用による変革については(小川, 1996, pp.195〜221)を参照。
(20) システムはその存続のために，柔軟性と安定性という2つの機能を保有している。そのため制御パターンを扱ったものに次がある。Cook(1980)参照。

終章
変革と創造に向けた事業の仕組みと課題

　いままでものや知識，情報，能力などの資源を経済的価値に変換し，顧客価値を創造して利益を獲得するための構造をビジネスシステムとしてモデル化し，事業の仕組みとその構成要素の特質を検討してきた。まとめになる本章では今まで述べてきたことを振りかえるとともに，課題として残ったことを整理する。

第1節　事業のデザイン・ツールとしてのビジネスシステム

　今日，企業は技術開発や製品開発に挑戦するだけでなく，事業の仕組みという方法で事業そのものの創造や変革を実現して，複雑化する経済社会環境の変化に対応することが必要になっている。そのなかで，事業の仕組みという意味でビジネスモデルという用語が盛んに使用されるようになったものの，その定義さえあいまいであり，どのような方法で事業の仕組みを解明するのか明らかではない。

　これについては第1章で，定義が明確なビジネスモデルや事業システムなどの事業の仕組み研究についてその内容を検討した。これらの理論を適用して事業の仕組みを解明しようとしても，対象に応じて注目点を探して説明することになってしまい，どのように仕組みを捉えるか判然としにくい。

　ビジネスモデルや事業システムを活用して，事業をデザインすることはさらに難しくなる。確かにオスターワルダー（Osterwalder and Pigneur, 2010）やハメル（Hamel, 2000）など一部のモデルは，仕組み構想の際のフレームワーク設定としては活用できるものの，それだけでは事業全体のデザイン・ツールとして活用することが難しい。その理由は事業の仕組みをどのような要素から組立てていくかということが具体的に提示されていないからであった。

既存の事例を分析するとき，当該事例の特質に応じた特徴的な事項を取り上げて説明するビジネスモデル一般にみられる方法ではなく，仕組みを構成する共通的な要素から説明することが必要で，とりわけ事業の仕組みをデザインする場合には，それがないと難しいとの立場を本書は採用してきた。それは既存の事業の特徴を捉えて説明するだけでなく，事業の仕組みモデルは新たな事業を創造するときや，革新のツールでもあるべきだという主張からである。

　そこで本書では事業概念以下7つの要素によるシステムとしてビジネスシステムを提起し，その要素の提示を試みてきた。事業概念を基に業務プロセスや組織，資源，ケイパビリティ，市場との情報作用，そして顧客に提供する価値の核になる製品やサービスという7つの構成要素による相互補完的なシステムとビジネスシステムをモデル化した。それぞれの要素はさらにいくつかのサブ要素と，要素を仕組みとして実現するパラメータというレイヤ構造で構成した。企業はこれらサブ要素やパラメータを相補的に組合せて，トータルに形成される仕組みによって顧客価値を提供する。

第2節　本書の解明課題への対応

　事業の解明やデザインを行う際に，仕組みがより適用しやすくなるように本書では，次のような視座からビジネスシステムのモデル構築を検討した。①事業概念をもとに仕組全体で顧客価値を創造する，②仕組みを構成する一般的な要素の提示，③競争企業との差別化を可能にする仕組み，④ダイナミックに進化するビジネスシステムとそのイノベーションが可能な仕組み，である。これらについての対応を以下まとめていく。

1　斬新な事業概念によるフレームワーク設定

　事業概念を軸にしたシステムのフレームワークについては第2章でみてきた。ビジネスシステムは顧客価値が起点になる。そこで顧客機能から出発しさらに事業対象にする顧客層を明確にする。これら両者が明確になるとそのため

の実現手段としての技術形態が誘導される。ただ現実には多くの企業は自社の技術を前提に顧客価値創出を構想する。しかし今日，技術をはじめとする自社で保有しない資源を外部から容易に調達できることも第5章でみた。また競合企業に対する差別化の方法も事業概念として設定しておくことも欠かせない。

　顧客満足度を高め収益性のある事業を創造するには，複雑化する社会の中に存在している顧客価値を，それは当初はニッチであるが発掘し，それを新しい仕組みで提供する。そのとき斬新な事業概念を実現する事業の仕組み設定の方法としてビジネスシステムを提案してきた。ビジネスシステムの基盤である資源は，今日社会のなかに多様に存在し調達できる。国内になければ海外から調達できる。顧客価値さえ発見すれば，新しい事業を多様な仕組みで創出できる可能性が高まっている。

　その意味では事業の創造や革新は，まだ実現されていない顧客価値の発見が重要になる。今まで実現できなかった顧客価値の発見と，それを求める顧客層の特性を把握することが仕組み創造の出発になる。その顧客価値さえ発見できれば，限られた資源をベースに価値創出のための業務プロセスや組織，資源，ケイパビリティの相補的なシステム設定が可能になる。

　それは資源に劣る中小企業でも可能であり，本来，ニッチなニーズを発見して限られた資源で斬新な仕組みを創造するのが中小企業の経営でもある。ただ新しい価値を発見しても，それは従来の方法では実現できなかったり，収益が獲得できなかったりすることが多い。それを克服できる事業概念の発想が新たな事業を創造していく。

2　ビジネスシステム構成要素の提示

　次に一般的な構成要素の提示である。第2章で仕組みの中心になる事業概念を，第3章では業務プロセスを，第4章では業務プロセスを運営する組織を，そしてこれらのもとになる資源については第5章でみてきた。各章で提示したビジネスシステムの主要要素とサブ要素をまとめると表終-1のようになる。これは今日の事業の在り方と，製造業とりわけ中小企業の事例を題材として抽

表終-1　ビジネスシステム要素とサブ要素

事業概念要素	サブ要素
顧客機能	基本機能 付随機能 サービス
技術形態	主たる技術
顧客層	対象顧客 顧客特性
独自の価値創出の方法	顧客価値の焦点 差別化の方法 プライシング 利益獲得の方法

業務プロセスの要素		サブ要素
製品・業務の範囲		産業での事業分野選択 製品ラインの幅
バリューチェーンの定義		保有業務領域 バリューチェーン 業務の重点
コア技術		特質 応用性 情報技術の活用 機械と技能 独自性，模倣性
管理システム		中核となる管理システム 管理システムの運用 管理技法 会計制度
コア・プロセス	研究開発業務	保有する研究開発機能 研究開発の重点
	企画設計業務	企画設計機能 試作開発機能
	資材調達業務	資材調達システム 在庫
	製造業務	生産方式 製造拠点 製品の個別性と画一性 製品の規格化の度合い 生産単位の拡大と縮小 品　質 コスト水準 納　期 在庫保有度
	販売業務	販売価格 販売チャネル 販売の場所 販売の時間 アクセス 販売促進の方法 課金方法
	アフターサービス業務	実施度合い 実施方法
	物流業務	物流組織 納期単位 納品頻度 物流手段 サプライチェーン

組織の要素	組織サブ要素
組織構造	公式化 分業化の程度 権威の階層構造 中央集権化 専門性 調整
組織形態	組織のパターン 横断組織
組織のコミュニケーション	垂直方向 水平方向 情報技術の活用
組織のエネルギー発揮	組織学習 リーダーシップ 社員の動機づけ，報酬

資源の要素	サブ要素
人　材	人員数，年齢構成 正規社員と非正規社員構成 職種構成 スキル 熟練技能者
物理的資源	土地 建物 機械設備
資　金	自己資金 資金調達力 株主構成 株式公開
ブランド，評判	保証機能 識別機能 想起機能
企業文化	企業文化
情報，知識	見えざる資産 移動型知識 密着型知識 固有技術 生産技術
コア・コンピタンス ケイパビリティ	具体的内容 明確化の程度 ビジネスシステムにおける役割 模倣可能性 代替可能性
外部資源の活用	活用内容 活用形態 外部企業の能力 業務モジュール化の度合い 機会主義的行動の防止方法

［出所］著者作成

出した要素である。

本書では事業の仕組みを重視して事業をデザインするとき，顧客価値を実現するために採用できる手段の組合せによって，全体として最適な仕組みが重要との立場をとってきた。そうすると手段を探索する具体的な要素やそのパラメータが必要で，事業の実務に即した要因を取り上げることになる。そしてさらに重要なのはそれらをいかに結びつけて相互補完しながら顧客価値を実現するかである。

本書のモデルではこれら要素がシステムとしての相補関係で結び付くことで仕組みの機能を発揮し，さらに資源の範疇に入るケイパビリティが相補関係を高める役割を持つとした。それはケイパビリティがさまざまな活動を蓄積することによって発揮される組織としての能力，という特質をさらに拡張したためである。またケイパビリティが事業の仕組みの中で発揮されないと事業の実行力が高まらないためである。

ただ表終-1に事業の要素をまとめてみると，すべての産業の共通要素にはならないことはもちろん，製造業一般の事業の仕組み要素としても十分とはいえない。業種や事業方法によって，仕組みを決定するより重要な要素が潜んでいる可能性もある。そのことも含めてより重要な要素やパラメータの抽出は今後とも課題である。また要素の結びつきについては論理的な解明には及んでいない。

3 差別化できる事業の仕組み

次に同じような事業を志向する競争企業との仕組みの違いや，差別化を設計できる仕組みである。事業概念の中に差別化の方法を設定するが，それを製品の性能や機能そして価格だけでなく仕組み全体で実現することが重要になる。事業による差別化には多様な要素やパラメータの組合せが必要で，第2章でみたイビザ社の例や，利用空港や機材，チーム編成，成果配分などさまざまな手段を結びつけて，空港での15分のターンで運行するアメリカのサウスウエスト航空にみられるように実現すると大きな効果を持つ(Freiberg, 1996)。

この例のように仕組み全体で実現する差別化は，顧客価値に直結するもので

なくては効果が薄いことは当然である。そしてこのとき，他からみると効果的でない，あるいは非効率な無駄な活動や資源などを組合せることも重要であった。それらが存在することで他の要素を活かした顧客価値を形成できる場合があるからである。その場合にはより模倣しにくい仕組みになって差別化の効果が高い。

だが，同様な事業の仕組みのなかでの差別化を追求すると，要素の相補的な組み合わせや結びつきを的確に設定するだけでなく，細かな要素にも注目していくことになる。ただ細分化しすぎると仕組みは複雑になってしまい，ビジネスシステムは事業の解明にも，設計のツールとしても使用しにくくなるというジレンマを持つ。

4　顧客価値の変容に合わせた仕組みの進化とイノベーション

最後の新たな価値創造への進化と，イノベーションが行える事業の仕組みである。本来仕組みは構造的なものでありそれは固定的なものである。しかし環境変化が激しい今日，顧客を獲得できるビジネスシステムが形成できても，それに安住していると短期間に顧客価値と乖離してしまう可能性が増えている。

それに独自の顧客価値によってゆるぎない地位を獲得している仕組みであっても，それは初めから構想されたものでないのが圧倒的である。資源不足の中での止むを得ない方法であったり，失敗のなかで偶然発見した活動や資源を取り込んだり，それまで有効であったパラメータを排除することさえ行いながらビジネスシステムは洗練され進化している。事業概念と結びついた効果的な仕組みであっても，それは顧客価値に対応するために試行錯誤で形成される。失敗の繰り返しの中で形成される仕組みが少なくない。

顧客価値の変容の一方で企業が活用する資源も変容し，新たな活動も展開される。このとき相補的な関係が不均衡になり，仕組みの効果や効率が低下してしまうことも珍しいことではない。そこで事業を一挙に進化させるためには，積極的にイノベーションを図ることになる。そのとき外部との情報作用が役割を果たすことも第6章でみてきた。環境変化とビジネスシステムとの齟齬，そ

して仕組み要素の相補的な関係の齟齬は，イノベーションの源泉でもある。

　業界の通念や自社の都合ではなく，絶えず顧客側の視点に立ってビジネスシステムの不適合を見直すことができれば事業は進化していく。ただそれは現実には難しい。また自己組織化することによってシステムは環境に適応できなくなってしまうことさえ起こる。それを克服する試行錯誤の活動が事業の仕組みを進化させる。

第3節　事業の仕組み解明に残された課題

　さまざまな事業の仕組を共通的に解明，設計できるビジネスシステムが必要である。しかし製造業や卸・小売業さらにインターネットを基盤にサービスや販売を行う事業，実に多様なサービス産業など産業自体が異質で多様である。さらにその中に多様な事業が存在しまた新しく創造されている。できるだけそれらを共通的に扱えるビジネスシステムの解明を目論むもののそれは難しく，今後の課題である。

　本書ではものづくり事業を中心に，とりわけ中堅・中小企業のビジネスシステムを解明し提示してきた。ただ製造業いってもその事業は業種ごとにも多様であり，また社会の変化や技術進歩，そして新たな資源の登場によって仕組みの要素も変化する。このため本書で示したのは製造業の事業の一般的な仕組みをとらえる試みの一つというのが実情である。さらに情報技術を基盤にする事業が生まれているが，これについても課題として残る。

　ビジネスモデルや事業システムなど従来の事業の仕組み研究は，事業の仕組みの重要性を改めて認識させ，経営学に大きな示唆を与えている。ただ事業の解明そして事業の設計ツールとしては十分ではないと提起してきた。しかし本書で提起してきたモデルがそれを克服できたかといえば，まだまだ解りやすさと適用において課題がある。それでも本書が中小企業の事業の創造と革新に少しで貢献でき，また今後の事業の仕組み研究に少しでも役立つことがあれば幸いである。

初出一覧

各章の初出一覧は下記のようになる。ただその内容は全面的に修正加筆した。

第2章「事業の仕組みによる独自事業の創出」『商工金融』財団法人商工総合研究所，Vol.57，9月号，2007年。
第3章「もの造りパラダイムと業務プロセス」『産研論集』札幌大学経営学部附属産業経営研究所，No.29，2004年。
第4章「ビジネスシステムを支える組織」『経済と経営』札幌大学，Vol.36，No.1，2005年。
第5章「経営資源とビジネスシステムのデザイン」『産研論集』札幌大学経営学部附属産業経営研究所，No.33，2007年。
第6章「ビジネスシステムと事業の進化」『産研論集』札幌大学経営学部附属産業経営研究所，No.38，2009年。

参考文献

Aaker, David A. (1996), *Building Strong Brands*, The Free Press.（陶山計介他訳『ブランド優位の戦略』ダイヤモンド社，1997年）．

Aaker, David A. (2011), *Brand Relevance-Making Competitors Irrelevant*, Jossey-Bass.（阿久津聡監訳『カテゴリー・イノベーション』ダイヤモンド社，2011年）．

Abegglen, J.C. and G. Stalk Jr. (1985), *KAISHA*, Basic Books.（植山周一郎訳『カイシャ』講談社，1986年）．

Abell, D.F. (1980), *Defining The Business*, Prentice-Hall.（石井淳蔵訳『事業の定義』千倉書房，1984年）．

Abell, D.F. (1993), *Managing with Dual Strategy*, The Free Press.（小林一・二瓶喜博『デュアル・ストラテジー』白桃書房，1995年）．

Adam Smith (1776), *An Inquiry into The nature and Causes of The Wealth of Nations*.（大内兵衛・松川七郎訳『諸国民の富』岩波文庫，1959年）．新訳は（山岡洋一訳『国富論 上・下』日本経済新聞社，2007年）．

Afuah, Allan (2004), *Business Models,* MaGraw-Hill Irwin.

Afuah, Allan (2014), *Business Model Innovation*, Routledge.

Albrecht, Karl and Ron Zemke (2002), *Service America in the New Economy*, The McGraw-Hill.（和田正春訳『サービスマネジメント』ダイヤモンド社，2003年）．

アメリカ商務省（1999）『デジタルエコノミーⅠ』東洋経済新報社．

アメリカ商務省（1999）『デジタルエコノミーⅡ』東洋経済新報社．

青木昌彦（2002）「産業アーキテクチャーのモジュール化」青木昌彦・安藤晴彦編著『モジュール化』東洋経済新報社．

Anderson, Chris (2006), *The Long Tail*, First Hyperion Books.（篠森ゆりこ訳『ロングテール』早川書房，2006年）．

Anderson, Chris (2012), *Makers*, Random House.（関美和訳『Makers』NHK出版，2012年）．

Ansoff, H. Igor (1965), *Corporate Strategy*, McCraw-Hill.（広田寿亮訳『企業戦略論』産能大，1969年）．

Ansoff, H. Igor (1988), *The New Corporate Strategy*, John Wiley & Sons.（中村元

一・黒田哲彦訳『最新・戦略経営戦略』産能大学出版部, 1990年)。
青島矢一・加藤俊彦 (2003)『競争戦略論』東洋経済新報社。
浅田彰 (2009)「アーキテクチャの思考と場所」東浩紀・北田暁大編『思想地図 Vol.3 アーキテクチャ』日本放送出版協会。
浅羽茂・新田都志子 (2004)『ビジネスシステム・レボリューション』NTT出版。
雨宮寛二 (2012)『アップル，アマゾン，グーグルの競争戦略』NTT出版。
Ashby, W.R. (1961), *An Introduction to Cybernetics*, Chapmam & Hall.（篠崎武他訳『サイバネティクス入門』宇野書店, 1967年)。
Badaracco Jr, Joseph L. (1991), *The Knowledge Link-How Firms Compete through Strategic Alliances*, Harvard Business School Press.（中村元一・黒田哲彦訳『知識の連鎖』ダイヤモンド社, 1991年)。
Bain, Joe S. (1968), *Industrial Organization 2nd ed.*, John Willey & Sons.（宮澤健一監訳『産業組織論 上・下』丸善, 1970年)。
Baker, Wayne (2000), *Achieving Success Through Social Captal*, Jossey-Bass.（中島豊訳『ソーシャル・キャピタル』ダイヤモンド社, 2001年)。
Baldwin, Carlis Y. and Kim Clark (1997), Managing in an Age of Modularity, *Harvard Business Review*, Sep.-Oct..
Baldwin, Carlis Y. and Kim Clark (2000), *Design Rules*, MIT Press.（安藤晴彦訳『デザイン・ルール』東洋経済新報社, 2004年)。
Barney, J.B. (1991a), Firm Resourcees and Sustain Competitive Advantage, *Journal of Management,* Vol.17, No.1.
Barney, J.B. (2001b), Is Sustained Competitive Advantage Still Possible in the New Economy? Yes.（岡田正大監訳「リソース・ベースト・ビュー」『DIAMONDハーバード・ビジネス・レビュー』2001年5月号)。
Barney, J.B. (2002), *Gaining and Sustaining Competitive Advantage, 2nd ed.*, Prentice Hall.（岡田正大訳『企業戦略論』ダイヤモンド社, 2003年)。
Barnard, Chester I. (1938), *The Function of the Executive*, Harvard Business School Press.（山本安次郎他訳『経営者の役割』ダイヤモンド社, 1968年)。
Baumgartner, Peter, and Richard Wise (1999), Go Downstream, *Harvard Business Review* 9-10.（有賀裕子訳「製造業のサービス事業戦略」『DIAMONDハーバード・ビジネス・レビュー』2000年12月号)。
Beer, Stafford (1981), *Brain of the Firm*, John Wiley & Sons.（宮沢光一監訳『企業組織の頭脳』啓名社, 1987年)。

Besanko, D. and D. Dranove, M. Shanley (2000), *Economics of Strategy 2ed*, John Wiley & Sons.（奥村昭博・大林厚臣『戦略の経済学』ダイヤモンド社，2002年）。

Bezos, Jeff (2008), The Institutional Yes, *Harvard Business Review,* Feb.（有賀裕子訳「アマゾン・ウエイ 挑戦，顧客志向，楽観主義」『DIAMONDハーバード・ビジネス・レビュー』2008年2月号）。

Bookstaber, Richard (2007), *A Demon of Our Own Design*, John Wiley & Sons.（遠藤真美訳『市場リスク 暴落は必然か』日経BP社，2008年）。

Boulding, Kenneth E. (1985), *The World as a Total Systems*, Sage Pubications.（高村忠成他訳『トータル・システム』第三文明社，1988年）。

Bower, J.L. and C.M. Christensen (1995), Disruptive Technologies: Catching the Wave, *Harvard Business Review*, 1-2.（坂本義実訳「イノベーションのジレンマ」『不確実性の経営戦略』ダイヤモンド社，2000年）。

Bowler, T. Downing (1981), *General Systems Thinking*, Elsevier North Holland.（中野文平訳『応用一般システム思考』紀伊国屋書店，1983年）。

高橋宏幸・丹沢安治・坂野友昭（2002）『現代経営・入門』有斐閣。

Campbell-Kelly & Aspray (1996), *Comouter: A Hisrtry of The Information Machine*, HarperCollins.（山本菊男訳『コンピュータ200年史』海文堂，1999年）。

Chandler, Jr., Alfred D. (1962), *Strategy and Structure*, MIT Press.（三菱経済研究所訳『経営戦略と組織』実業之日本，1967年）。なお，同書は2004年ダイヤモンド社から『組織は戦略に従う』で新訳刊行。

Chandler, Alfred D. (1990), *Scale and Scope: The Dynamics of Industrial Capitalism*, Harvard Business School Press.（安部悦生他訳『スケールアンドスコープ―経営力発展の国際比較』有斐閣，1993年）。

Cheasbrough, Henry (2003), *Open Innovation*, Harvard Business School Press.（大前恵一朗訳『OPEN INNOVATION』産業能率大学出版部，2004年）。

Cheasbrough, Henry (2006a), *Open Business Models: How to Thrive in the New Innovation Landscape*, Harvard Business School Press.（栗原潔訳『オープンビジネスモデル』翔泳社，2007年）。

Chesbrough, Henry (2006b), *Open Innovation,* Harvard Business Press.

Chesbrough, Henry, Wim Vanhaverbeke, and Joel West (2006c), *Open Innovation: Researching a New Paradigm,* Oxford University Press.（長尾高弘訳『オープン・イノベーション』英治出版，2008年）。

Churchill N. and V. Louis (1983), The Five Stages of Small Business Growth, *Harvard Business Review*, Mar.-Jun.

Clark, Tim and A. Osterwalder, Y. Pigneur (2012), *Business Model YOU*, Wiley & Sons.（神田昌典訳『ビジネスモデルYOU』翔泳社, 2012年）。

Coase, Ronald H. (1988), *TheFirm, The Market, and The Law*, The University of Chicago Press.（宮澤健一外訳『企業・市場・法』東洋経済新報社, 1992年）。

Collis, David J. and Cynthia A. Montgomery (1995), Competing on Resources: Strategy in the 1990s, *Harvard Business Review*, 7-8.（白鳥東吾訳「コア・コンピタンスを実現する経営資源再評価」『DIAMONDハーバード・ビジネス・レビュー』1996年）。

Collins, Jim (2001), *Good to Great: Why Some Companies Make the Leap...and Others Don't*, HarperBusiness.（山岡 洋一訳『ビジョナリー・カンパニー2——飛躍の法則』日経BP社, 2001年）。

Cook, N.D. (1980), *Stability and Flexibility*, Pergramon Press.（雨宮俊彦他訳『自然のコード』HBJ出版局, 1993年）。

Daft, Richard L (2001), *Essentials of Organization Theory & Design, 2nd Edition*, South Western College Publishing.（高木晴夫訳『組織の経営学』ダイヤモンド社, 2002年）。

Davenport, Thomas H. (1993), *Process Innovation: Reengineering Work through Information Technology*, Harvard Business School Press.（卜部正夫他訳『プロセス・イノベーション』日経BP社, 1994年）。

Davidow, E.H. and M.S. Malone (1992), *The Virtual Corporation*, Harper Business.（牧野昇監訳『バーチャル・コーポレーション』徳間書店, 1993年）。

Dell, Michael (1999), *Direct From Dell*, William Morris.（吉川明香訳『デルの革命』日本経済新聞社, 1999年）。

Dertouzos, M.L. and R.K. Lester, R. M. Solow (1989), *Made in America*, MIT Press.（依田直也訳『Made in America』草思社, 1990年）。

Doz, Yves L. and Gary Hamel (1998), *Alliance Advantage,* Harvard Business School Press.（志田・柳監訳『競争優位のアライアンス戦略』ダイヤモンド社, 2001年）。

Drucker, Peter F. (1954), *The Practice of Management*, Harper & Brothers Publishers.（野田一夫監修・現代経営研究会訳『現代の経営 上』ダイヤモンド社, 1965年）。

Elberse, Anita (2008), Shoud You Invest in the Long Tail?, *Harvard Business Review*,

Jul.-Aug..（DHR編集部訳「ロング・テールの嘘」『DIAMNDハーバード・ビジネス・レビュー』2008年12月号）．

Flambholtz, E.G. and Y. Randle (2000), *Growing Pains*, Jossey-Bass.（グロービス・マネジメント・インスティチュート訳『アントレプレナー マネジメント・ブック』ダイヤモンド社，2001年）．

藤本隆宏（2007）『ものづくり経営学―製造業を超える生産思想』光文社新書．

藤本隆宏・武石彰・青島矢一編（2001）『ビジネス・アーキテクチャ』有斐閣．

Frank, Rpbet H. and Philip J. Cook (1995), *The Winner-Take-All Society*, The Free Press.（香西泰監訳『ウイナー・テイク・オール』日本経済新聞社，1998年）．

Freiberg, Kevin and Jackie (1996), *NUTS!*, Bard Books.（小幡照雄訳『破天荒！』日経BP社，1997年）．

Gadiesh, Orit and James L., Gilber T. (1998a), Profit Pools: A Fresh Look at Strategy, *Harvard Business Riview*, May.-Jun..（森本博行訳「事業再構築への収益構造分析：プロフィット・プール」『DIAMONDハーバード・ビジネス・レビュー』1998年9-10月号）．

Gadiesh, Orit and James L. Gilber t (1998b), How to Map Industry's Profit Pool, *Harvard Business Riview*, May.-Jun..（原田由貴子・有賀裕子訳「プロフィット・プール・マップによる戦略発想」『DIAMONDハーバード・ビジネス・レビュー』1998年9-10月号）．

Garvin, David (1993), Building a Learning Organization, *Harvard Business Review*, Jul.-Aug..

Gawer, Annabell and Michel A Cusumano (2002), *Platform Leadership*, Harvard Business School Press.（小林敏男訳『プラットフォーム・リーダーシップ』有斐閣，2005年）．

Goldratt, E.M. and J. Cox. (1992), *The Goal, Second Revised Edition*, The North River Press Publishing.（三本木亮訳『ザ・ゴール』ダイヤモンド社，2001年）．

Galbraith, Jay R. (1978), *Strategy Implementation: The Role of Structure and Process,* West Publishing.（岸田民樹訳『経営戦略と組織デザイン』白桃書房，1989年）．

Galbraith, Jay R. (2001), *Designing Organizations*: *an executive guide to strategy, structure, and process*, Jhon Wiley & Sons.（梅津祐良訳『組織設計のマネジメント』生産性出版，2002年）．

Gerloff, Edwin A. (1985), *Organizational Theory and Design*, McGraw-Hill.（車戸實

監訳『経営組織の理論とデザイン』マグロウヒル，1989年）。

Gershenfeld, Neil (2008), *Fab*, Basic Books.（糸川洋訳『Fab』オライリージャパン，2012年）。

Grant, R.M. (2002), *Contemporary Strategy Analysis, 4th ed,* Blackwell.

Greiner, L.E. (1972), Evolution and Revolution as Organization Growth, *Harvard Business Review*, Jul.-Aug.

Grove, Andrew S. (1996), *Only the Paranoid Survive*, Crown Business.（佐々木かをり訳『インテル戦略転換』七賢出版，1997年）。

Hamel, G. and C.K. Prahalad (1990), The Core Competence of the Corporation, *Harvard Business Review*, 5-6.

Hamel, Gary (2000), *Leading The Revolution*, Harvard Business School Press,（鈴木主税・福嶋俊造訳『リーディング・ザ・レボリューション』日本経済新聞社，2001年）。

Hammer M. and J. Champy (1993), *Reengineering The Corporation*, Harper Business.（野中郁次郎監訳『リエンジニアリグ革命』日本経済新聞社，1993年）。

Hargel III, John and Marc Singer (1999), Unbundling the Corporation, *Harvard Business Review,* 3-4.（中島由利訳「アンバンドリング：大企業が解体されるとき」『DIAMONDハーバード・ビジネス・レビュー』2000年5月号）。

秦郷次郎（2006）『私的ブランド論―ルイ・ヴィトンと出会って―』日経ビジネス人文庫。

Heskett, J.L. and W. E. Sasser Jr., L.A. Schlesinger (2003), *The Value Profit Chain,* The Free Press.（山本昭二・小野譲司訳『バリュー・プロフィット・チェーン』日本経済新聞社，2004年）。

広岡治哉・市川弘勝（1959）「日本製鉄業の史的発展と技術進歩」『現代日本産業講座II』岩波書店。

Hounshell, David A. (1984), *From The American System to Mass Production, 1800-1932*, The Johns Hopkins University Press.（和田一夫・金井光太朗・藤原道夫訳『アメリカン・システムから大量生産へ1800-1932』名古屋大学出版会，1998年）。

今井浩（2002）『特許ビジネスはどこへ行くのか』岩波書店。

今田高俊（1986）『自己組織性』創文社。

今井賢一・伊丹敬之・小池和男（1982）『内部組織の経済学』岩波書店。

今井正明（1991）『カイゼン』講談社。

今枝昌宏（2014）『ビジネスモデルの教科書』東洋経済新報社。
板橋悟（2010）『ビジネスモデルを見える化するピクト図解』ダイヤモンド社。
稲垣公夫（2001）『EMS戦略』ダイヤモンド社。
伊丹敬之（1984）『新・経営戦略の論理』日本経済新聞社。
伊丹敬之（2001）「見えざる資産の競争力」『DIAMONDハーバード・ビジネス・レビュー』7月号。
伊丹敬之（2007）『経営を見る目』東洋経済新報社。
井上達彦編著（2006）『収益エンジンの論理』白桃書房。
井上達彦（2010）「競争戦略論におけるビジネスシステム概念の系譜」『早稲田商学』No.423。
石山四郎（1967）『松下連邦経営』ダイヤモンド社。
岩崎邦彦（2003）「リテーリングにおける事業開発」小川正博編著『事業創造のビジネスシステム』中央経済社。
Johnson, Mark W. and Clayton M Christensen, Henning Kagerman (2008), Reinventing your Business Model. *Harvard Business Review,* Dec.（関美和訳「ビジネスモデル・イノベーションの原則」『DIAMONDハーバード・ビジネス・レビュー』2009年4月号）。
加護野忠男（1999）『競争優位のシステム』PHP新書。
加護野忠男・井上達彦（2004）『事業システム戦略』有斐閣。
加護野忠男（2006）「新しい事業システムの設計思想と情報資源」伊丹敬之他編『戦略とイノベーション』有斐閣。
河合忠彦（2004）『ダイナミック戦略論』有斐閣。
河合忠彦（2012）『ダイナミック競争戦略論・入門』有斐閣。
川辺信雄（2003）『新版セブンイレブンの経営史』有斐閣。
川濱昇・大橋弘・玉田康成編（2010）『モバイル産業論』東京大学出版会。
川上昌直（2011）『ビジネスモデルのグランドデザイン』中央経済社。
Kelly, Tom and J. Littman (2002), *The Art of Innovation*, Profile Business.（鈴木主税/秀岡尚子訳『発想する会社！』早川書房，2002年）。
Kelly, Tom and J. Littman (2005), *The Ten Faces of Innovation*, Profile Business.（鈴木主税訳『イノベーションの達人！』早川書房，2006年）。
Kim, W. Chan and Renée Mauborgne(2005), *Blue Ocean Strategy*, Harvard Business School Press.（有賀裕子訳『ブルー・オーシャン戦略』ランダムハウス講談社，2005年）。

楠木建（2003）「ソニー―コーポレートアーキテクチャの革新―」『ビジネスケースブック1』東洋経済新報社。

楠木建（2010a）「イノベーションの「見え過ぎ化」」『一橋ビジネスレビュー』57巻第4号。

楠木建（2010b）『ストーリーとしての競争戦略』東洋経済新報社。

国領二郎（1999）『オープンアーキテクチャ戦略』ダイヤモンド社。

Kotler, Philip (2002), *A Framework for Marketing Management, 1st ed.*, Prentice-Hall.（恩蔵直人監訳『コトラーのマーケティング・マネジメント・基本編』ピアソン・エデュケーション，2002年）。

Kotler, Philip and L.K. Kevin (2006), *Marketing Management, 12th ed.*, Prentice-Hall.（恩蔵直人監訳『マーケティング・マネジメント』ピアソン・エデュケーション，2008年）。

湖中斎（2009）『都市型産業集積の新展開』御茶ノ水書房。

小関 智弘（2002）『ものづくりの時代』日本放送出版協会。

Lawrence, Paul R. and Jay E. Lorsch (1967), *Organization and Environment*, Harvard University Press.（吉田博訳『組織の条件適応理論』1975年）。

Lester, Timothy M, 他（2000）「あなたの業界もアマゾンされる」『Eビジネス・勝者の戦略』東洋経済社。

Levitt, Theodore (1960), Marketing Myopia, *Harvard Business Review*, Jul.-Aug..（編集部新訳「マーケティング近視眼」『DIAMONDハーバード・ビジネス・レビュー』2001年11月号）。

前田啓一（2005）『岐路に立つ地域中小企業』ナカニシヤ出版。

Magretta, Joan (2002), Why Business Models Matter, *Harvard Business Review*, May.（村井章子訳「ビジネスモデルの正しい定義」『DIAMNDハーバード・ビジネス・レビュー』2002年8月号）。

Markides, Constantinos C. (2000), *All the Right Moves,* Harvard Business School Press.（有賀裕子『戦略の原理』ダイヤモンド社，2000年）。

Markides, C.M. (2001), *"A Dynamic View of Strategy", Strategic Thinking for The Next Economy*, John Wiley & Sons.（グロービス・マネジメント・インスティチュート訳「ダイナミックに戦略を見る」『戦略論』東洋経済新報社，2003年）。

McGahan, Anita M. (2004), *How Industries Evolve*, Harvard Business School Press.（藤堂圭太訳『産業進化の4つの法則』ランダムハウス講談社，2005年）。

McGrath, Rita (2013), *The End of Competitive Advantage*, Harvard Business Review

Press.（鬼澤忍訳『競争優位の終焉』日本経済新聞出版社，2014年）．
Milgrom, Paul and Jhon Roberts (1992), *Economics, Organization & Management,* Prentice Hall.（奥野正寛他訳『組織の経済学』NTT出版，1997年）．
港徹雄（1999）「ニューベンチャーの環境適合能力」『商工金融』9月号，㈶商工総合研究所．
港徹雄（2011）『日本のものづくり 競争力基盤の変遷』日本経済新聞社．
宮崎智彦（2009）『ガラパゴス化する日本の製造業』東洋経済新報社．
Modahl, Mary (1999), *Now or Never,* Harperbusiness,（村田晴代訳『既存企業VS.ドットコム企業』ソフトバンクパブリッシング，2000年）．
門田安弘（1991）『新トヨタシステム』講談社．
森清（1982）『町工場のロボット革命』ダイヤモンド社．
森本博行（2000）「eカンパニーのビジネスモデル」『DIAMONDハーバード・ビジネス・レビュー』5月号．
Moskowitz, Howard and Alex Gofman (2007), *Selling Blue Elephants*, Pearson Education.（渡辺典子訳『モスコウィッツ博士のもの造り実験室』英治出版，2008年）．
森杲（1996）『アメリカ職人の仕事史』中公新書．
Nadler, David A. and Michel L. Tushman (1999), *Competing by Design*, Oxford University Press.（斉藤彰悟監訳『競争優位の組織設計』春秋社，1999年）．
中川功一（2011）『技術革新のマネジメント』有斐閣．
中根甚一郎（2000）「マスカスタマイゼーションを実現するマネジメントシステム」中根甚一郎編著『BTO生産システム』日刊工業新聞社．
中沢孝夫（1997）「東大阪工場群は不況知らず」『中央公論』12月号．
根来龍之・浜屋敏（2012）「ビジネスモデル・イノベーション競争」野中郁次郎・徳岡晃一郎編著『ビジネスモデル・イノベーション』東洋経済新報社．
NTTデータ北米技術センター（2001）『eエコノミーはどこに向かうか』NTT出版．
野中郁次郎・竹内弘高（1996）『知識創造企業』東洋経済．
野中郁次郎他（1978）『組織現象の理論と測定』千倉書房．
野中郁次郎・徳岡晃一郎編著（2012）『ビジネスモデル・イノベーション』東洋経済新報社．
沼上幹（2004）『組織デザイン』日経文庫．
小川秀樹（1998）『イタリアの中小企業』日本貿易振興会．
小川正博（1996）『創造する日本企業』新評論．

小川正博（2000a）「企業の創業と進化」渡辺幸男・小川正博・黒瀬直宏・向山雅夫『21世紀中小企業論』有斐閣。
小川正博（2000b）『企業のネットワーク革新』同文舘。
小川正博（2001）「ネットワークと自律分散型の事業システム」『調査季報』第56巻2月号，国民生活金融公庫総合研究所。
小川正博（2002）「企業の持続的成長」『商工金融』5月号。
小川正博（2005a）「カンディハウス」小川正博・森永文彦・佐藤郁夫編著『北海道の企業』北海道大学出版会。
小川正博（2005b）「総合商研―顧客の本質的なニーズを解決する印刷ビジネスの創造―」小川正博・森永文彦・佐藤郁夫編著『北海道の企業』北海道大学出版会。
小川正博（2006）「事業変革のためのネットワーク活動」『日本中小企業学会論集』第25巻。
小川正博（2008）「ソメスサドル―革を極めたもの造り―」佐藤郁夫・森永文彦・小川正博編著『北海道の企業2』北海道大学出版会。
小川正博（2012a）「カテゴリーのイノベーションによる新事業創出」小川正博・西岡正編著『中小企業のイノベーションと新事業創出』同友館。
小川正博（2012b）「オープンなモジュール化の進展と中小企業経営」『CUC View & vixion』No.34，千葉商科大学経済研究所。
小川正博（2012c）「カテゴリーのイノベーションによる新事業創出」小川正博・西岡正編著『中小企業のイノベーションと新事業創出』同友館。
小川正博（2013）「自律分散型のものづくりと中小企業経営」『中小企業季報』No.1，大阪経済大学中小企業・経営研究所。
小川進（2000）『デマンドチェーン経営』日本経済新聞社。
小倉昌男（1999）『経営学』日経BP社。
岡室博之（2009）『技術連携の経済分析』同友館。
奥村惠一（2001）「経営学とビジネス」『オフィス・オートメーション 情報系』Vol.22 No.1，オフィス・オートメーション学会。
大野耐一（1978）『トヨタ生産方式』ダイヤモンド社。
大貝威芳（1998）『アメリカ家電産業の経営史』中央経済社。
Osterwalder, A. and Y. Pigneur (2010), *Business Model Generation*, Wiley & Sons.（小山龍介訳『ビジネスモデル・ジェネレーション』翔泳社，2012年）。
Penrose, E.T. (1959), *The Theory of the Growth of the Firm*, Wiley.（末松玄六訳『会社成長の理論』ダイヤモンド社，1980年）。

Penrose, E.T. (1995), *The Theory of the Growth of the Firm Third Edition*, Wiley.（日高千景訳『会社成長の理論（第3版）』ダイヤモンド社，2010年）。

Pine II, Joseph (1992), *Mass Customization*, Harvard Business School Press.（江夏健一・坂野友昭監訳『マス・カスタマイゼーション革命』日本能率協会マネジメントセンター，1994年）。

Piore, M.J. and C.F. Sabel (1984), *The Second Industrial Divide,* Basic Books.（山之内靖・永易浩一・石田あつみ訳『第2の産業分水嶺』筑摩書房，1993年）。

Porter, Michael E. (1980), *Competitive Strategy*, Harvard Business School Press.（土岐坤・服部照夫・中辻万治訳『競争の戦略』ダイヤモンド社，1982年）。

Porter, Michael E. (1985), *Competitive Advantage*, The Free Press.（土岐坤・中辻萬治・小野寺武夫訳『競争優位の戦略』ダイヤモンド社，1985年）。

Porter, Michael E. (1996), What is Strategy?, *Harvard Business Review*, Vol.11-12.（中辻萬冶訳「戦略の本質」『DIAMONDハーバード・ビジネス・レビュー』1997年，第3巻）。

Porter, Michael E (2001), Strategy and the Internet, *Harvard Business Review*, Vol.3.（藤川佳則監訳「戦略の本質はかわらない」『DIAMONDハーバード・ビジネス・レビュー』2001年，5月号）。

Prahalad, G.K. and G. Hamel (1990), The Core Competence of the Corporation, *Harvard Business Review*, Vol.5-6.（坂本義実訳「コア競争力の発見と開発」『DIAMONDハーバード・ビジネス・レビュー』1990年8-9月号）。

Prahalad, C.K. and Venkat Ramaswamy (2004), *The Future of Competition*, Havard Business School Press.（有賀裕子訳『価値共創の未来へ』ランダムハウス講談社，2004年）。

Prahalad, C.K. (2005), *The Fortune at the Bottom of the Pyramid*, Wharton School Publishing.（スカイライトコンサルティング訳『ネクスト・マーケット』英治出版，2005年）。

Pruitt, John and Tamara Adlin (2006), *Persona Lifecycle*, Morgan Kaufmann Publisher.（personadesign.net運営事務局監訳『ペルソナ戦略』ダイヤモンド社，2008年）。

Rapp, William V. (2002). *Information Technology Strategies*, Oxford University Press.（柳沢亨・長島敏雄・中川十郎訳『成功企業のIT戦略』日経BP社，2003年）。

Rosenblum, D. and D. Tomlinson, L. Scott (2003), Bottom-Feeding for Blockbuster

Business, *Harvard Business Review*, Vol.3.（松本直子訳「不採算顧客でもうけるビジネスモデル」『DIAMONDハーバード・ビジネス・レビュー』2003年6月号）.

坂爪裕（2012）『セル生産方式の編成原理』慶應義塾大学出版会.

佐藤幸人（2007）『台湾ハイテク産業の生成と発展』岩波書店.

Scott, W.G., T.R. Mitchell and P.H. Birnbaum (1981), *Organization Theory: A Structural and Behavioral Analysis 4th ed.*, Richard D. Irwin.（鈴木幸毅監訳『組織理論』八千代出版, 1986年）.

Scott-Morton, M.S. (1991), *The Corporation of the 1990s.*, Oxford University Press.（宮川公男・上田泰監訳『情報技術と企業変革』富士通経営研修所, 1992年）.

Senge, Peter M. (1990), *The Fifth Discipline*, Dobleday.（守部信之訳『最強組織の法則』徳間書店, 1995年）.

Seybold, Patricia (1998), *Customers. Com*, Times Books.（鈴木純一監訳『ネットビジネス戦略』翔泳社, 1999年）.

嶋口充輝編（2004）『仕組み革新の時代』有斐閣.

Simon, Herbert A. (1969), *The Science of the Artifical 2ed ed,* The MIT Press.（稲葉元吉/吉原英樹訳『新版システムの科学』パーソナルメディア, 1988）.

Simon, Herbert A. (1976), *Administrative Behavior,* Macmillan.（松田武彦・高柳曉・二村敏子『経営行動』ダイヤモンド社, 1989年）.

Slywotzky, Adrian and David J. Morrison (1997), *The Profit Zone*, Random House.（恩蔵直人・石塚浩訳『プロフット・ゾーン経営戦略』ダイヤモンド社, 1999年）.

Slywotzky, Adrian and David J. Morrison (2000), *How Digital is Your Bisiness,* Crown Pubishers.（成毛眞監訳『デジタル・ビジネスデザイン戦略』ダイヤモンド社, 2001年）.

Slywotzky, Adrian (2002), *The Art of Profitability,* Warner Books.（中川治子訳『ザ・プロフィット』ダイヤモンド社, 2002年）.

Slywotzky, Adrian and Karl Weber (2011), *Demand*, William Morris.（佐藤徳之監訳・中川治子訳『ザ・デマンド』日本経済新聞社, 2012年）.

Spector, Robert (2000), *Amason.Com*, HarperColins Pub.（長谷川真実訳『アマゾン・ドット・コム』日経BP社, 2000年）.

Stalk Jr, George (1990), *Competing Against Time*, The Free Press.（中辻萬冶・川口恵一訳『タイムベース競争戦略』ダイヤモンド社, 1993年）.

Stalk Jr., George and P. Evans, L. Shulman (1992), Competing on Capabilities, *Harvard Business Review*, 3-4.（鈴木泰男訳「ケイパビリティ競争論」『DIAMONDハーバード・ビジネス・レビュー』2008年4月号）．

月泉博（2006）『ユニクロvsしまむら―専門店2大巨頭圧勝の方程式』日本経済新聞社．

Spencer, Lyle M. and Signe M Spencer (1993), *Competece at Work*, Jhon Wiley & Sons.（梅津佑良他訳『コンピテンシー・マネジメントの展開』生産性出版，2001年）．

Sull, Donald N. (2003), *Revival of The Fittest*, Harvard Business School Press.（大舘健二訳『変革へのコミットメント経営』生産性出版，2005年）．

鈴木直次（1995）『アメリカ産業社会の盛衰』岩波新書．

Stalk, G. and P. Evans, L. Shulman (1992), Competing on Capabilities, *Harvard Business Review*, 3-4.（鈴木泰男訳「ケイパビリティ競争論」『DIAMONDハーバード・ビジネス・レビュー』2008年4月号）．

田口直樹（2011）『産業技術競争力と金型産業』ミネルヴァ書房．

田村正紀（2008）『業態の盛衰』千倉書房．

寺本義也・岩崎尚人（2000）『ビジネスモデル革命』生産性出版．

Thompson, James D. (1967), *Organization in Action*, McGraw-Hill.（高宮晋訳『オーガニゼーション・イン・アクション』同文舘，1987年）．

Tidd, Joe, John Bessant and Keith Pavitt (2001), *Managing Innovation*, John Wiley & Sons.（後藤晃/鈴木潤監訳『イノベーションの経営学』NTT出版，2004年）．

Timmons, Jeffry A. (1994), *New Venture Creation 4th ed.*, Richard D. Irwin.（千本倖夫・金井信次訳『ベンチャー創造の理論と戦略』ダイヤモンド社，1997年）．

遠山曉（1998）『現代経営情報システムの研究』日科技連．

遠山曉（2005）「ダイナミック・ケイパビリティの進化と学習プロセス」『商学論纂』第46巻第5号，中央大学商学研究会．

遠山曉（2007）「企業革新におけるダイナミックケイパビリティ」遠山曉編著『組織能力形成のダイナミックス』中央経済社．

植田浩史編著（2000）『産業集積と中小企業』創風社．

Utterback, James M. (1994), *Mastering the Dynamics of Innovation*, Harvard Business School Press.（大津正和・小川進監訳『イノベーション・ダイナミクス』有斐閣，1998年）．

Veryard, Richard (2000), *The Component-Based Business: Plug and Play*, Springer.

（阿保栄司監修『コンポーネント・ベースド・ビジネス』同友館，2003年）.
von Bertalanffy, Ludwig (1968), *General System Theory*, George Braziller.（長野敬・太田邦昌訳『一般システム理論』みすず書房，1973年）.
von Hippel, Eric (2005), *Democratizing Innovation*, The MIT Press.（サイコム・インターナショナル監訳『民主化するイノベーション』ファーストプレス，2006年）.
渡辺幸男（2011）『現代日本の産業集積研究―実態調査研究と論理的含意』慶應義塾大学出版会.
Walton, E. Richard (1989), *Up & Running*, Harvard Business School Press.（髙木晴夫訳『システム構築と組織整合』ダイヤモンド社，1993年）.
和田一夫（2009）『ものづくりの寓話』名古屋大学出版会.
Wiener, Nobert (1961), *Cybernetics, 2nd ed.*, The MIT press.（池原止戈夫・彌永昌吉・室賀三郎・戸田巌訳『サイバネティクス（第2版）』岩波書店，1962年）.
Wilson, John F. (1995), *British Business History 1920-1994*, Manchester University Press.（萩本眞一郎訳『英国ビジネスの進化』文眞堂，2000年）.
Womac, J.P. and Daniel T. Jones (1990), *The Machine That Change The World*, Macmilian Publishing.（沢田博訳『リーン生産方式が，世界の自動車産業をこう変える』経済界，1990年）.
Womac, J.P. and D.T. Jones (1996), *Lean Thinking*, Simon & Schuster.（稲垣公夫訳『リーン・シンキング』日経BP社，2003年）.
Woodward, Joan (1965), *Industrial Organization: Theory and Practice*, Oxford University press.（矢島鈞次訳『新しい企業組織』日本能率協会，1972年）.
山田英夫（1993）『競争優位の規格戦略』ダイヤモンド社.
山田英夫（2009）『デファクト・スタンダードの競争戦略（第2版）』白桃書房.
山田伸顕（2009）『日本のモノづくりイノベーション』日刊工業新聞社.
山田登世子（2006）『ブランドの条件』岩波新書.
安室憲一・ビジネスモデル研究会編著（2007）『ケースブック ビジネスモデル・シンキング』文眞堂.
安本雅典（2010）「グローバルな携帯電話メーカーの競争力」「海外携帯電話産業の転機」丸川知雄・安本雅典編著『携帯電話産業の進化プロセス』有斐閣.
Yin, Robert K. (1994), *Case Study Research 2/c*, Sage Publications.（近藤公彦訳『ケース・スタディの方法』千倉書房，1996年）.
吉田民人（1967）「情報科学の構想」吉田民人他『社会的コミュニケーション』倍風

館。

財団法人ソフトウエア情報センター（2000）『ビジネス方法特許と権利行使』日本評論社。

Zook, Chris and James Allen (2001), *Profit from the Core*, Havard Business School Press.（須藤美和監訳『本業再強化の戦略』日経BP社，2002年）。

Zook, Chris (2007), *Unstoppable*, Harvard Business School Press.（山本信司・牧岡洋訳『コア事業進化論』ダイヤモンド社，2008年）。

索　引

あ行

RBV　197, 199
アウトソーシング　28, 222, 227
浅羽茂　54
アシュビィ(Ashuby)　233
アダムスミス　158
アッターバック(Utterback)　254
アファー(Afuah)　37
アフターサービス　134
アマゾン　23
アメリカン・システム　109
アンゾフ(Ansoff)　73
EMS　93, 116
伊丹敬之　210
市場区分の組織　176
移動型知識　213
井上達彦　57
インターフェース　115
ウィルソン(Wilson)　279
ウォルトン(Walton)　184
エーベル(Abell)　74, 90
SCM　112
ODM　116
大野耐一　144
オープン・イノベーション　130
オープン化　118
オスターワルダー(Osterwalder)　46, 285

か行

ガービン(Garvin)　185
課金　133
課金の仕組み　28
学習　158
学習する組織　185
隠れた資産　269
加護野忠男　55
カスタム化　112
ガディシュとギルバート(Gadiesh and Gilbert)　264
カテゴリー・イノベーション　138
ガルブレイス(Galbraith)　168
カンパニー制　173
管理システム　128
官僚制　180
機会主義的行動　229
機械的組織　155
企画設計業務　130
企業間ネットワーク　232
企業文化　279
技術　214
機能別組織　171
規模の経済性　110
キム(kim)　88
逆選択　230
業界慣行　259
競争優位　143
業態　135
協働システム　157
業務プロセス　91, 108
グライナー(Greiner)　248
クラウドソーシング　216, 269
グラント(Grant)　95, 217
クリック＆モルタル企業　22
計画化　161
ケイパビリティ　77, 94, 199, 217, 234, 237
経路依存性　139, 223
研究開発業務　130
限定された合理性　158

コア・ケイパビリティ　235
コア・コンピタンス(core competence)
　34, 94, 137, 198
コア・プロセス(core process)　34, 130,
　225
コア技術　136
コア事業　271
公式組織　92, 157
コース(Coase)　228
ゴールドラット(Goldratt)　143
互換性　109
顧客価値　262
顧客価値提供　45
顧客機能　85
顧客生涯価値　51
顧客層　87
顧客の問題解決　263
コミットメント　191
固有技術　214
コンティンジェンシー理論　156
コンピテンシー　191
コンポーネント・ベース・ビジネス　146
混流生産(1個流し生産)　110

さ行

サイコグラフィックス　87
サイモン(Simon)　158
サウスウエスト航空　90
差別化　88
産学連携　130
産業の進化　236
3次元CAD　111
参入障壁　265
CAM　111
事業(ビジネス)　70
事業システム　55
事業の仕組み　52
事業の進化　251

事業の定義　74
事業部制　173
資金　210
資源ベースの戦略論　38
自己創出ネットワーク　234
自己組織化　251
自己組織性　85
事実上の標準　226, 254
自主的作業チーム　180
下請企業　96
嶋口充輝　52
ジャスト・イン・タイム　89, 110
受注生産　142
受注引当生産　142
情報　178, 211, 213
情報技術　111, 181, 216
ジョンソン(Johnson)　44
進化要因　260
真空地帯仮説　54
人材　208
垂直統合型　145, 225
水平分業　227
スコットモートン(Scott-Morton)　182
ズック(Zook)　269
ストーク(Stalk)　143, 218
スライウォツキー(Slywotzky)　30
すり合わせ型　41
3Dプリンター　111, 131
スループット　144
成果主義　190
生産技術　215
製造業務　132
製品・業務の範囲　125
製品アーキテクチャ　41, 111
製品イノベーション　254
製品別組織　172
セル生産方式　145
センゲ(Senge)　185

専門化　158
専門性　171
戦略的資源　34
相互調整　162
創発性　84
SOHO　216
組織　153
組織形態　170
組織構造　168
組織行動論　187
組織理論　187
損益分岐点分析　89

た行

ダイナミック・ケイパビリティ　235
タイムベース　143
大量生産方式　110
ダイレクト・モデル　91
多義性　211
多機能化　113
多品種少量生産　110
ダフト（Daft）　169
ダベンポート（Davenport）　119
地域別組織　174
小さな組織　233
チェスブロウ（Chesbrough）　42, 272
知識　213
チャンドラー（Chandler）　77, 154
中間組織　229
調整　160
TOC　143
ティモンズ（Timmons）　253
データマイニング手法　274
デザイン・ルール　115, 117
デジタル・エンジニアリング　111
デジュアリー・スタンダード　254
テッド（Tidd）　272
デモグラフィックス　87

統合型製品　117
同盟関係　233
独自能力　200
ドミナント・デザイン　118, 254
共創　275
トヨタ生産方式　110
ドラッカー（Drucker）　71
取引コスト　228
トンプソン（Thompson）　160

な行

内発的動機づけ　191
ナドラー（Nadler）　180
ネット・バブル　20
ネットビジネス　27
野中郁次郎　185

は行

ハーゲルⅢ（Hargel Ⅲ）　225
パーソナル・ファブリケーション　114
バーチャル・コーポレーション　93, 225
バーナード（Barnard）　92, 157
バーニー（Barney）　94, 138, 217, 220, 223
バーンズとストーカー（Burns & Stalker）　155
ハイブリッド組織　177
パイン（Pine）　112
ハウンシェル（Hounshell）　109
破壊的イノベーション　259
バダラッコ（Badaracco）　213
ハマーとチャンピー（Hammer & Champy）　146
ハメル（Hamel）　33, 285
バリュー・プロフィット・チェーン　49
バリューチェーン　41, 126
販売価格　133
販売業務　132

BOP　116
ビジネスエンジン　85
ビジネスシステム　54, 82
ビジネスシステムのイノベーション　256
ビジネスモデル　21, 30, 48
ビジネスモデル特許　20
ヒッペル（von Hippel）　275
標準化　160
フォーカス　88
藤本隆宏　41
物理的資源　209
物流業務　134
プハラッドとハメル（Prahalad and Hamel）　198
プラハラッド（Prahalad）　116
フラムホルツとランドル（Flambholtz and Randle）　249
フランチャイズ・チェーン　93
ブランド　212
フリー・ロケーション　24
VRIOフレームワーク　220
VRISA分析　38
ブルーオーシャン　264
プロセス・イノベーション　92, 255
プロフィット・プール　127, 264, 271
分業化　159
ベイン（Bain）　197
ヘスケット（Heskett）　49
ペルソナ手法　274
ベンチャー企業　210
ペンローズ（Penrose）　240
ボウルディング（Boulding）　84
ポーター（Porter）　126, 197, 198, 222, 266
ホールドアップ　231
ボールドウィン（Baldwin）　117
ポジショニング　53, 197
ポジション　38

ま行

マーケティング　52, 73
マクガーハン（McGahan）　236
マグレッタ（Magretta）　28
マス・カスタマイゼーション　112
マトリックス組織　175
マルキダス（Markides）　273
見えざる資産　210
見える資産　210
見込生産　142
密着型知識　213
モジュール　112, 115, 142, 159, 226
モジュラー　41
モチベーション　190
ものづくりパラダイム　109
模倣　138
模倣困難性　221
モラル・ハザード　231
森晃　109

や行

安室憲一　37
有機的組織　155
有形な資源　209
U字ライン　145
吉田民人　213

ら行

リーダーシップ　188
リーン生産方式　111
リエンジニアリング　183
リバース・エンジニアリング　139
レコメンデーション機能　25
レビット（Levitt）　72
ローレンスとローシュ（Lawrence & Lorsch）　156
ロングテール　26

【著者紹介】

小川 正博（おがわ まさひろ）

現在　青森大学総合経営学部東京キャンパス特任教授
　　　静岡県立大学客員教授

東京都商工指導所（東京都産業労働局），札幌大学経営学部教授，大阪商業大学総合経営学部教授を経て2020年より現職。

専　門　中小企業経営論，イノベーション論

博士（経営学）

公　職　中小企業診断士試験委員（基本委員）

［主な著書］

『情報技術と中小企業のイノベーション』（単著），御茶の水書房，2017年。
『21世紀中小企業論（第3版）』（共著）有斐閣，2013年。
『中小企業のイノベーションと新事業創出』（共編著）同友館，2012年。
『ネットワークの再編とイノベーション』（共編著）同友館，2012年。
『日本企業のものづくり革新』（共編著）同友館，2010年。
『北海道の企業Ⅱ』（共編著）北海道大学出版会，2008年。
『北海道の企業Ⅰ』（共編著）北海道大学出版会，2005年。
『事業創造のビジネスシステム』（編著）中央経済社，2003年。
『企業のネットワーク革新』（単著）同文舘，2000年（中小企業研究奨励賞本賞受賞）。
『創造する日本企業』（単著）新評論，1996年。
『企業の情報行動』（単著）同文舘，1993年。

2015年5月29日　初版第1刷発行
2021年3月31日　初版第2刷発行

中小企業のビジネスシステム
─仕組みによる多様なイノベーション─

Ⓒ著　者　小　川　正　博

発行者　脇　坂　康　弘

発行所　株式会社　同友館

〒113-0033　東京都文京区本郷3-38-1
TEL.03（3813）3966
FAX.03（3818）2774
http://www.doyukan.co.jp/

落丁・乱丁本はお取り替えいたします。
ISBN 978-4-496-05143-2

三美印刷／東京美術紙工
Printed in Japan

本書の内容を無断で複写・複製（コピー），引用することは，特定の場合を除き，著作者・出版者の権利侵害となります。